Origen de la masonería en España

FERNANDO GIL GONZÁLEZ

Origen de la masonería en España

ALMUZARA

Primera edición: abril de 2024

Editorial Almuzara • Colección Historia
Director editorial: Antonio Cuesta
Editora: Rosa García Perea
Maquetación: Miguel Andréu

www.editorialalmuzara.com
pedidos@almuzaralibros.com - info@almuzaralibros.com

Editorial Almuzara
Parque Logístico de Córdoba. Ctra. Palma del Río, km 4
C/8, Nave L2, nº 3. 14005 - Córdoba

Imprime: Liberdúplex
ISBN: 978-84-10520-99-8
Depósito: CO-573-2024
Hecho e impreso en España - *Made and printed in Spain*

Índice

Aún larga patria espera
abrir al corvo arado sus besanas;
bajo cardos de abrojos y bardanas.
¡Qué importa un día! Está el ayer alerto
al mañana; mañana al infinito,
hombres de España, ni el pasado ha muerto,
Ni está el mañana —ni el ayer— escrito.

(Antonio Machado, «El dios íbero»)

PREFACIO

Este libro tiene como objetivo resolver algunos interrogantes y avanzar en los estudios sobre la masonería desde una perspectiva divulgativa, pero con base histórica y documental. Entonces, alguna vez, como lector, te has preguntado: ¿qué es la masonería?, ¿qué representa una logia masónica?, ¿cuáles son sus ritos?, ¿cuál es el origen y cómo se desarrolla la masonería en España?; o ¿qué mitos existen en la masonería? Todos estos interrogantes y otros más se irán desgranando a lo largo del libro, para intentar comprender los entresijos de la masonería. Iniciamos el estudio con una cuestión fundamental, «¿Cuál es el origen y el significado de la masonería?», ahondando en los valores ilustrados, que reutilizan, a modo de *cajón de sastre,* los elementos griegos, hebreos, romanos, griegos etc. para comprender lo que es la masonería.

El libro continúa con «A modo de entrante: ¿qué es la masonería?» para averiguar cuál es el origen de las sociedades masónicas. Después, seguiremos con el capítulo «¿Fundó el conde de Aranda la masonería en España?», en el que conoceremos lo que realmente ocurrió. En «El mito de la masonería en las Cortes de Cádiz» y «¿Constitucionalismo liberal masónico?», conoceremos si los liberales formaron parte de la masonería o, por el contrario, es fruto de la tergiversación de los textos históricos.

Seguidamente, se analizará «¿Cómo es la masonería en la Edad Contemporánea?», eliminando, por ende, los elementos revolucionarios en el seno de la masonería. En el siguiente capítulo, «¿Masonas españolas?», se aludirá a la iniciación de algunas mujeres en las logias masónicas; ahondando, de esta manera, en la masonería de adopción. Acto seguido, se analizará «¿Cómo es la masonería española en el siglo XX?», que alude a la estructura federal de la masonería desde los años 1900-1922, o incluso a los diputados electos en Cortes que formaron parte de las logias españolas.

Además, abordaremos «¿Por qué Franco tuvo problemas con la masonería?», cuyo enunciado alude a los problemas que tuvo el dictador para ingresar; principalmente por los altos cargos militares que copaban la masonería. Por otro lado, el capítulo «¿Masones exiliados?» aborda el estudio de la masonería española, en México a partir de 1943, donde existían masones que trabajan en los ritos franceses y escocistas y no británicos.

Finalmente, el libro concluye con el capítulo «La masonería en la actualidad: 1976-2024», en el que se dan a conocer los aspectos de la corporación en los años finales del siglo XX y los primeros años del segundo milenio. Por último, se menciona un epílogo: «¿Qué no es masonería en España?», con el fin de desmentir los bulos que han vilipendiado, sin pruebas documentales, la masonería. En definitiva, este libro es distinto de los demás que se han publicado, porque la idea es proponer que la masonería está intrínsecamente conectada con todas las capas sociales, evitando caer en la trampa de que la masonería forma parte de un sector social determinado, como la aristocracia, la Iglesia católica o el proletariado.

En suma, el texto que tienes en tus manos tiene el objetivo no de describir de manera somera una serie de acontecimientos de la historia de la masonería española, sino, más bien, la de plantear nuevos estudios e interrogantes desde una perspectiva innovadora que no te dejarán indiferente, como lector, desde la primera página hasta la última.

Fernando Gil González Londres
Agosto de 2023

PROLEGÓMENOS DEL LIBRO

La presente historia no consiste en realizar una mera descripción académica o de acontecimientos relacionados con la historia de masonería española desde el siglo XVIII hasta el 2024 sino, más bien, intentar comprender, desde una perspectiva divulgativa, la institución y forma de socialización de la Edad Moderna desde sus aspectos simbólicos, culturales, sociales, históricos etc. Para la confección de este texto, recuerdo todos los días mi condición de profesor universitario y académico en The Royal Historical Society (Londres, Reino Unido), y mi especialización, que es la Inquisición, en relación con la masonería con la Inquisición. Entonces, en esta ocasión fue interesante pensar en compilar un texto, desde una perspectiva divulgativa sin caer, en exceso, en una cosa que solemos hacer los que nos dedicamos al mundo académico, que es la escritura con un estilo arduo y complejo. Eso, como diría un eximio escritor, por activa o por pasiva, *imprime carácter.*

Debo mencionar que la idea de redactar una historia sobre la masonería española en un principio no me atraía demasiado, pero pronto se me ocurrió una cuestión reveladora: ¿qué novedad podría aportar tu manuscrito? Dándole vueltas, caí en la cuenta de la importancia del sector de las clases medias y, principalmente, el de la burguesía, ya que, la gran mayoría de las veces, se han publicado algunos escritos de la temática desde la perspectiva del proletariado, de la Iglesia católica o, incluso, se han publicado escritos que mencionan la idea de la conexión de la masonería con la aristocracia. Por esa razón, era fundamental, desde mi punto de vista, poner sobre la mesa algunos sectores de las clases medias como los militares, los profesores, los funcionarios, los abogados, los médicos, los periodistas, los políticos etc. que han sido escasamente estudiados en la investigación. Acto seguido, le estreché la mano a mi editor y me lancé a la aventura para dar voz a este colectivo, que ha sido apartado de la historiografía actual. Entonces, en uno de mis paseos, empecé *in mente*, a imagen y semejanza de lo que solía hacer el escritor británico Charles Dickens en sus largas caminatas por el Londres decimonónico, a redactar una especie de guion ordenado, que corresponde, en gran medida, con lo que se ha publicado en este libro, con el fin de intentar resolver infinidad de incógnitas sobre la masonería española que todavía quedan en los recovecos más recónditos de la historia de una de las instituciones más demonizadas de nuestro país.

INTRODUCCIÓN

La masonería peninsular no tuvo, en el siglo XVIII, una destacada existencia institucional como la conocemos en la actualidad. De hecho, la primera logia fue fundada en 1728 en la capital del reino, por seis ingleses que estuvieron amparados y patrocinados por el duque Philip (Felipe) Wharton. Estos miembros se aglutinaron en una corporación con el nombre de *La Matritense*. Esta logia estaba auspiciada por la Gran Logia de Inglaterra, que se mantuvo vigente hasta 1768, a pesar de que su última noticia documentada la tenemos desde 1767. Por otro lado, las exiguas corporaciones masónicas que se asentaron en la península ibérica fueron fundadas por comerciantes, abogados, médicos, profesores, artistas, profesionales libres y militares extranjeros al servicio del rey de la monarquía católica. Asimismo, tales logias estuvieron en condiciones precarias y con numerosas dificultades, ya que la Inquisición, entre sus competencias, tenía la de investigar, sin posibilidad de condenar, los procesos de aquellos que se habían iniciado en las corporaciones masónicas, aunque el organismo inquisitorial estuvo pendiente de hacer cumplir las bulas papales (documentos emitidos por el pontífice) y el decreto de Fernando VI, emitido, sancionado y publicado el 2 de julio de 1751, que prohibía la masonería. Sin embargo, se fundó en 1748, en Barcelona, una logia por un militar que se había iniciado en la ciudad francesa de Niza, siendo denunciado, poco tiempo después, por sus vecinos. Tras esto, se incoó un proceso, por parte de la Inquisición, tres años después. Tiempo después, las logias se reagruparon en

1776, aunque, como es bien sabido, la Inquisición consiguió *inquirir* (investigar) judicialmente a todos sus miembros, y tras esto la justicia civil detuvo a los máximos dirigentes de la corporación masónica.

A partir del año siguiente a la promulgación y sanción de la Real Cédula (documento de real despacho en el Antiguo Régimen expedido por algún tribunal a instancias del rey) de Fernando VI, fechada en 1751, como se irá comentando a lo largo del texto, se prohíbe la masonería, gracias a las directrices del confesor del monarca, el padre franciscano José Torrubia, quien publicó una polémica obra titulada *Centinela contra francmasones* (1752)[1], cuyo contenido alude a una serie de escritos y reflexiones que tratan de vilipendiar a las corporaciones masónicas francesas e inglesas. Tras la publicación del libro del abad, se observa que el iniciado y masón fue vilipendiado y tildado de judío, jansenista, ateo, hereje etc. sin pruebas evidentes ni reales.

Todos estos calificativos fueron utilizados para los masones, hasta la publicación de la palabra, «masonería», que se acuña, de manera interesada, en el diccionario de la Real Academia de la Lengua española. En este prestigioso diccionario de la lengua castellana, se definía de la siguiente manera: «La masonería es una asociación clandestina, en que se usan varios símbolos tomados de la albañilería, como escuadras, niveles, etc.»[2]; acepción que no se acerca a la realidad histórica.

Con el transcurso del tiempo, las logias se constituyen en una obediencia de mayor tamaño, bajo el título del Gran Oriente de España, auspiciada por las patentes de la masonería francesa en la que se congregarían, según una serie de fuentes, alrededor de casi medio millar de logias, en torno al Gran Oriente (unión de varias logias en un país y con un rito determinado).

Esto también fue expuesto por uno de los mejores novelistas de nuestro país: «Yo tengo para mí que antes de 1809, época en que los franceses establecieron formalmente la masonería, en España ser masón y no ser nada eran una misma cosa. Y no me digan que Carlos III, el conde de Aranda, el de Pedro Rodríguez de Campomanes y otros célebres personajes eran masones, pues como nunca los he tenido por tontos, presumo que esta afirmación es hija del celo excesivo de aquellos buscadores de prosélitos que, no hallándolos en torno a sí, llevan su banderín de recluta por los campos de la historia, para echar mano del mismo padre Adán, si le cogen descuidado»[3]. Esta frase la redacta el novelista Benito Pérez Galdós en sus *Episodios nacionales*; concretamente en el capítulo I, que alude al momento en el que Napoleón toma, por la fuerza, Chamartín de la Rosa (Madrid).

Justo en este momento, la masonería española, comprendida como una corporación intelectual, comienza su andadura a partir de 1809, gracias a la logia de San José, que fue liderada por el monarca hermano del emperador, José I Bonaparte; y sería considerada, la logia de San José, el germen de la Gran Logia Nacional de España (GLNE); la cual aunó a un conjunto de logias entre las que destacan, La Beneficencia de Josefina, San José (en honor al monarca francés) o, incluso La Santa Julia, junto a otras instituciones masónicas, con sede en Madrid. Esta gran logia nacional permaneció activa entre 1809 y 1812, en la que pudieron trabajar con total libertad, así como en la de José I Bonaparte, hermano del emperador de Francia, que figuraba como gran maestro de la logia (máximo representante de la corporación masónica). Dicha logia, Santa Julia, tenía un conjunto de influencias francesas, pero con esencia puramente peninsular. Por otro lado, con la invasión de las tropas de Napoleón, de 1808, en la península ibérica, se fundan y configuran un conjunto de logias, que en realidad son un instrumento de la política de Napoleón. Lo cierto es que, en Barcelona, existieron seis instituciones masónicas, de las cuales una de ellas llevaba el título de Los amigos de Napoleón. Aun así, todas estas corporaciones estaban integradas en su mayoría por masones y ciudadanos franceses. A pesar de ello, este tipo de masonería bonapartista desapareció en cuanto las tropas francesas abandonaron el país en 1813, cuando huyó el monarca francés, quien, por temor a lo que se le venía encima, construyó un túnel (hoy está soterrado por el paseo de la Virgen del Puerto) desde el Palacio Real hasta la Casa de Campo para escapar y evitar ser ejecutado por las algaradas del pueblo de Madrid.

La nueva España liberal, nacional y patriótica no reconocía las abdicaciones de Bayona y, por tanto, seguía considerando como su rey legítimo al rey Fernando VII. Justo en este instante, hay que afirmar que proliferaron un número considerable de logias masónicas. Esto lo conocemos por algunos de los artículos antimasónicos o periodísticos, como en el caso del matinal *El Sol de Cádiz* (1812-1813), que publicaba algunas de sus columnas, artículos, opiniones o editoriales, como el que se nos presenta a continuación: «Se ha derramado por toda España una casta de hombres perniciosos, que no desean otra cosa que la subversión del Estado y aniquilamiento de la religión»[4]. Otro mito que se acentúa, sin base documental, es que los masones actuaban con secretos ocultos y por la noche. En un artículo publicado en 1812 se coteja la siguiente advertencia: «Malagueños, huid de estos lobos porque [los masones] en la noche hacen sus presas»[5].

Asimismo, se mantiene el tono para vilipendiar a la masonería tras la restauración borbónica y el absolutismo de Fernando VII, a partir de 1814. En este instante, las «fuerzas vivas» como la Inquisición o el obispo asturiano Francisco Mier y Campillo llegaron a condenar rápidamente, sin pruebas o por el miedo, la masonería de manera pública. Esto fue potenciado por el Vaticano, en ambos edictos y documentos que fueron publicados en 1815. En estos edictos, algunos expertos apuntaron que los masones atacaron los tronos y la religión.

Por otro lado, el obispo alentó a la población a que delatara a sus vecinos masones con el fin de extirpar el mal mayor, que era la masonería. Tras este anuncio público, comenzaron con la autoinculpación o, incluso, con las denuncias falsas, provocando, de esta forma, el cierre de logias y, sobre todo, la confiscación de los numerosos inmuebles y otros bienes como joyas masónicas, mandiles o textos de la constitución de James Anderson, un conocido pastor presbiteriano, historiador escocés y, por último, impulsor de la masonería especulativa y moderna. A un gran número de masones internacionales se les invitó a salir de la península ibérica y a algunos se les permitió que pudieran trabajar en un conjunto de ejercicios espirituales con el fin de extirparse ese mal de la masonería. No ocurrió lo mismo con el militar liberal Juan van Halen y Sartí (no confundir con el actual diputado en Cortes por el Partido Popular), quien, en 1817, fue investigado, procesado e incluso torturado a lo largo de varios días por la Inquisición, pero sin fallo judicial ni sentencia firme.

El conjunto de las listas de los sospechosos fueron publicadas en *Los papeles reservados* de Fernando VII, custodiados por el monarca, para eliminar a algunas personas incómodas, aunque en realidad no pertenecieran, en el sentido estricto del término, a la masonería. Por otro lado, la masonería reaparece en el Trienio liberal, momento en el que la masonería se politiza y, en 1824, las corporaciones iniciáticas volvieron a ser reprimidas. De hecho, Fernando VII promulgó una Real Cédula prohibiendo, en el sentido estricto del término, la masonería «en los dominios de España e Indias», y todas las «congregaciones de francmasones, comuneros y otras sociedades secretas»[6]. En este preciso instante, se publica un opúsculo en el que se coteja una alusión antimasónica en el librito *Nociones acerca de la francmasonería*, publicado en 1828, que apunta lo siguiente: «La congregación de los masones es un orden militar, compuesto, según cálculo aproximado, de un millón de hombres, que en caso de necesidad pueden llamar y ser auxiliados por otros dos millones de nuevos masones y amigos reunidos en la congregación que están armados con un martillo»[7].

Transcurridos algunos años, en 1834, la regente María Cristina de Habsburgo-Lorena, esposa de Alfonso XII y madre de Alfonso XIII, decreta una especie de amnistía para los masones, aunque manteniendo la prohibición de las corporaciones masónicas en España. Pocos años después, entre 1838 y 1839, se fundan en Lisboa, porque en España estaba prohibido, los cimientos de la Gran Logia Española aunque, poco más tarde, se trasladaron a Barcelona y Madrid, y cuyas bases son: el estado de derecho, la libertad de empresa, la libertad religiosa, el *habeas corpus*, etc.

Algunos de los masones viven en la más absoluta clandestinidad aunque, en los años 1854-1856, los masones aumentarían en las colonias americanas, sin llegar a ser estos los causantes de las revoluciones americanas contra la monarquía hispánica, sino más bien de la caída y la desactualización del ejército realista en los virreinatos americanos[8]. De hecho, el momento más dulce de la masonería se concibe durante los años 1868-1876. En los momentos más convulsos de la revolución de 1868, las logias crecieron, aunque también surgieron conflictos entre las dos obediencias existentes entre el Gran Oriente nacional de España y el Gran Oriente de España.

Esta última tenía al frente, como gran maestro, a Manuel Ruiz Zorrilla, uno de los políticos más prolíficos del momento, porque llegaría a ser presidente del Consejo de Ministros entre los años 1872 y 1873, durante el reinado del monarca italiano Amadeo I de Saboya. Poco tiempo después, tras transcurrir por la senda republicana, que duró once meses, se retorna a la monarquía de la dinastía Borbón, tras un golpe de mano dado por el general Arsenio Martínez Campos, momento en el que le sustituiría, en el cargo, otro político de gran calado, del Partido Liberal, como Práxedes Mateo Sagasta, junto al conservador Antonio Cánovas del Castillo. Justo en ese momento, el senador y presidente del Senado, Juan Antonio de Seoane y Bayón, se encargó de dirigir, en calidad de venerable maestro, el Gran Oriente nacional de España. Tras este acontecimiento, los masones, en este preciso instante, pudieron explicarse y dar sus opiniones en público.

El 1 de mayo de 1871, comienzan a publicitarse en el boletín oficial del Gran Oriente de España, mientras que al año siguiente, en 1872, se publicaba, gracias a la corporación, el *Diccionario masónico de bolsillo*, por la iniciativa de uno de los mejores editores de la época: Pertusa. En el citado diccionario, la masonería está considerada como «una asociación de hombres libres y de buenas costumbres, que tiene como único objetivo la mejora social de la humanidad». De hecho, esta fue una masonería con una escasa y disimulada vocación política, en la que no pocos personajes utilizaban su estructura e influencia para escalar en la jerarquía del poder y sobre todo en el prestigio y, por esa razón, no se tenía ninguna antipatía a la institución, siempre que el político o el economista de turno favoreciese sus intereses.

Como venimos viendo en este libro, tras este párrafo, es comprensible apuntar que a un gran número de masones se les concediera y otorgara el grado 33 del rito escocés antiguo y aceptado (rito de influencia francesa) en escasos días o, incluso, aquellos que ostentaban altos puestos en la administración o en las instituciones relevantes no acudieran ni entendieran los rituales de los trabajos masónicos, pero eran ascendidos en la jerarquía masónica, con rapidez, por su pertenencia a alguna de las casas aristocráticas, a la nobleza o, incluso, algunos individuos estuvieron relacionados con las altas esferas de las instituciones monárquicas y/o republicanas.

Paralelamente y, pese a lo que se ha comentado hasta la fecha en las fuentes, la masonería tiene algunos principios propios relacionados con los estratos sociales burgueses, al igual que también existen aristócratas y miembros de la Iglesia católica formando parte de las corporaciones masónicas. Por otro lado, el prototipo de la masonería continental e hispanoamericana, aunque estas se retroalimentan entre ellas, dista bastante de las características de la masonería anglosajona, que consiste en un sistema ritual trinitario, es decir, de tres grados: aprendiz, compañero y maestro, mientras que la masonería francesa o continental tiene desde el cuarto grado hasta el 99, como ocurre con el Rito de Memphis Mizraím, que es un rito de inspiración rosacruz.

En suma, hay que afirmar que convivieron en Europa, a partir de la segunda mitad del siglo XIX, algunas de las obediencias masónicas, que eliminaron de sus estatutos la obligatoriedad de reconocer la existencia de una entidad superior, conocida por ser una especie de deidad masónica. No obstante, a pesar de su aceptación, como en todas partes, durante el sexenio se publicaron varios libros antimasónicos, ahondando en que eran consideradas como una asociación de carácter civilizador, benéfico y moral que trabaja, en sus ritos, con sus correspondientes secretos.

La *belle époque* de la masonería española tiene su momento más dulce en el Sexenio democrático y continuó su expansión durante la Restauración porque, a tenor de las fuentes, en 1890 había en Barcelona más de cuarenta logias activas, que tenían sus propias publicaciones en forma de periódicos, folletines y/o revistas, así como un monte de piedad (lugar para realizar depósitos)[9] que servía para auxiliar a los familiares de los masones fallecidos, prestación médica o incluso ayuda de socorro para cualquier inconveniente o eventualidad. Tras esta introducción, nace el Gran Oriente de España en 1899, bajo la batuta de Miguel Morayta y Sagrario (político, periodista y catedrático de Historia en la Universidad Central), aunque, en el territorio catalán, tuvo que compartir su espacio con la Gran Logia Simbólica Catalanobalear, que estaba liderada y controlada por la burguesía catalana.

Foto. 1 Detalle del sepulcro de la familia Figueroa (1878)
en el cementerio de La Almudena (Madrid).

Hay, por otro lado, una fuerte animadversión hacia la masonería promovida principalmente por la Iglesia católica, como apunta la encíclica (carta dirigida por el papa de Roma a los obispos y fieles) *Humanum genus*[10], emitida, sancionada y publicada por el papa León XIII[11], quien condena, de manera explícita, las prácticas y los usos de la masonería, tildándola, por lo tanto, de enemiga del clero y de la sociedad del momento.

En algunos casos, la masonería parece que desautoriza al cristianismo católico y tenía la pretensión de ser la religión de intercambio, sin dogmas, que sustituiría a la católica aunque, en otras ocasiones, no se citan, sobre todo en el interior de las logias, los elementos religiosos y/o políticos. No obstante, a tenor de lo expuesto por la Iglesia católica, la masonería se posicionó en el otro bando; sobre todo cuando pedía algunos aspectos como la enseñanza laica, la construcción de los cementerios civiles o, incluso, la eliminación de las congregaciones jesuíticas.

En estos momentos, algunas corporaciones masónicas hicieron alusión al anticlericalismo, proponiendo nuevos modelos antimasónicos, como apostilla, en su obra, el escritor conquense y católico Manuel Polo, quien la califica, a título personal, de la siguiente manera: «La masonería es un monstruo que conspira en las cavernas de Adonirán para cometer toda clase de felonías y crímenes; es el *deus ex machina* de todos los asesinatos, envenenamientos, regicidios, persecuciones contra el altar, el trono y la patria, guerras, crisis políticas, calumnias, venganzas, sacrilegios, misterios de iniquidad, culto luciferino o paládico y, en suma, de cuanto más horriblemente misterioso, diabólico, criminal y nefando ha ocurrido y ocurre en el mundo»[12].

Por otro lado, el antimasonismo aumenta principalmente en los momentos de la caída de las últimas colonias americanas y asiáticas a finales del siglo XIX, a pesar de que la masonería fuera acusada, sin fuentes consistentes, de colaborar con los insurrectos. De ahí que las fuerzas del orden clausuraran, con gran esfuerzo, las sedes del Gran Oriente español en Madrid y del Gran Oriente Nacional de España, llegando, sin embargo, a incautarse o retenerse una serie de documentos y, sobre todo, a detener a los altos dirigentes de las corporaciones masónicas. Asimismo, la represión de las fuerzas del orden, además de las razones internas de las instituciones masónicas, afianza, por ende, la imagen deteriorada de la masonería en el cambio de siglo, después de la cual no volvió a recuperar el florecimiento, como se ha comentado previamente: en el siglo XX, en sus primeros años veinte, no alcanzaba la docena de logias en la Ciudad Condal.

Para un mayor acercamiento al lector, la masonería no fue, en absoluto, ajena a los conflictos políticos que se vivieron en España en las primeras décadas del siglo XX. Por lo tanto, una de las primeras cuestiones que debemos tener en cuenta en este periodo está relacionada con la cuestión territorial y regional.

Esta idea promueve una España diversa; la primera desde una perspectiva centralista y, en segundo lugar, una España de corte federalista. De esta manera, se puede afirmar que el Gran Oriente de España defendía, en estos años, un modelo centralizado, con sede en Madrid, mientras que la Gran Logia Simbólica regional Catalano-balear era partidaria del modelo político y territorial federalista. Tal reflexión provocó un cambio en el nombre de la Gran Logia española, que podría atentar y amenazar al Gran Oriente español.

El modelo que quería desarrollar la Gran Logia española era muy similar al modelo de trabajo ritual de las logias de Estados Unidos, es decir, trabajos simbólicos con tradición francesa. Por esa razón, se puso sobre el tapete la idea de configurar una gran logia independiente en cada región ibérica. Por otro lado, el Gran Oriente español quiso tener un modelo institucional masónico a la imagen y semejanza de las corporaciones masónicas catalanas. De hecho, la obediencia masónica del Gran Oriente español, en la región catalana, cambió de nombre por el de Gran Logia del Nordeste de España con el objetivo de integrarla dentro de sus estatutos, pero con una autonomía plenamente catalana.

Las logias, en el primer tercio del siglo XX, se adaptaron y no fueron exclusivamente una institución para las clases medias, sino que se adhirió a ellas la clase popular y trabajadora minoritaria, como Anselmo Lorenzo, uno de los primeros anarquistas españoles, que trabajó en los ritos y rituales de la logia barcelonesa Hijos del Trabajo, en la que el anarquista toledano afincado en Barcelona llegó a ser elevado al grado de maestro y nombrado, de manera paralela, orador de la logia Lealtad en la Ciudad Condal.

A pesar de ello, en 1921, con la revolución bolchevique, se prohibieron las logias masónicas, lo que provocaría que la incorporación o iniciación a las logias estuviera calificada como un elemento burgués. Tras este anuncio por el Gobierno del presidente de la URSS, Vladimir Ilich Uliánov (alias Lenin), algunas corporaciones masónicas como Lealtad o Fénix editaron y publicaron un folletín para criticar la III Internacional, en la que se prohibía la adscripción a una corporación masónica[13].

Años más tarde en España —durante la dictadura de Miguel Primo de Rivera— se calificó a la masonería como arbitraria e incoherente aunque en Madrid se estaba celebrando, en mayo de 1927, la VI Asamblea Nacional Simbólica, mientras algunos de los miembros de las logias catalanas fueron detenidos, procesados y encarcelados y sus logias clausuradas por el miedo a la supuesta insurrección de las mismas.

El Gran Oriente español tuvo mayor impacto y eco, ya que tenía un centenar de logias, mientras que la Gran Logia española tenía la mitad. Siguiendo con la historia de la masonería española, hay que aludir que, durante los años 1931-1939, se abrió una nueva etapa para los masones españoles e internacionales.

La propaganda franquista posterior quiso descalificar a la II República española, argumentando que el periodo constituyente, demócrata y republicano, había sido un producto político de la masonería, sin que ello se confunda con que la masonería propició el Gobierno constituyente. Es cierto que, en las Cortes de 1931, existió un gran número de diputados que eran miembros de alguna logia masónica. Se conoce que, exactamente, 183 diputados del Congreso eran masones, de un total de 458.

En este momento, los masones se encontraban principalmente en los grupos parlamentarios republicanos de izquierda como ERC, cuyas siglas significan Esquerra Republicana de Cataluña, y tenemos constancia de que altos dirigentes del partido y diez diputados, de 26, fueron iniciados en la masonería.

Por otro lado, en Acción Republicana, 19 diputados de 28 eran masones, incluyendo algunos de los líderes del partido político. Por otro lado, en el Partido Radical-Socialista, 34 diputados de 54 eran masones; o incluso en las filas de los partidos federales de diversas tendencias se conoce que existían 48 diputados masones de 89, mientras que el PSOE (Partido Socialista Obrero Español) contaba con 44 diputados masones de 119 que consiguieron su acta de diputado.

Durante el gobierno provisional de la República durante el mandato de Antonio Cánovas del Castillo, a la cabeza institucional de los conservadores, se coteja que seis de los once ministros republicanos fueron masones. Sin embargo, con las fuentes y los datos en la mano, es inviable afirmar que los masones fueran un grupo politizado y mayoritario dentro de las cámaras de representación de la soberanía nacional. En suma, la masonería española, de hecho, es difícil que sea tratada como un grupo de poder de cabildeo o *lobby* que tenía que seguir los postulados y jerarquías del partido político. En fin, más bien parece que existieron personas dedicadas a la política que, a la vez, estaban inmersos en los valores y principios de las corporaciones masónicas como elementos de enriquecimiento personal e intelectual.

Durante la guerra civil española, los masones fueron perseguidos en la zona sublevada y, cuando acabó la contienda, habían sido desmanteladas todas las logias. De hecho, el dictador Francisco Franco Bahamonde, en 1940, promulgó y sancionó la ley para la represión de la masonería y el comunismo, que fue el instrumento legal para proseguir con la represión republicana y masónica, principalmente porque el control de los masones, en este periodo, estaba situado en los generales del ejército republicano que hacían sombra al general Francisco Franco Bahamonde, y de ahí que el último general que se levantó, en el golpe militar, contra el Gobierno de la II República tuviera una fuerte animadversión y odio a todos aquellos que pertenecían a las instituciones masónicas. Por otro lado, gracias a esta legislación, se constituyó el Tribunal para la Represión de la Masonería y el Comunismo, que actuó hasta 1963, año en que fue reemplazado por el Tribunal del Orden Público (TOP).

En otro orden de cosas, durante la represión inmediatamente posterior a la guerra civil española, se estima que alrededor de diez mil españoles fueron ejecutados simplemente por pertenecer o estar asociados a las corporaciones masónicas. Así, la masonería española durante la dictadura parece que solamente existió en el exilio en América, principalmente en Brasil y en México. En este precioso instante, el gran maestro del Gran Oriente de España era el militar y abogado Antonio de Villar y Massó quién, junto a otros masones españoles exiliados, como el periodista Joan Bertrán Deu, había sido acogido por el Gran Oriente de Francia.

Asimismo, en una entrevista publicada en el contexto europeo, Antonio de Villar y Massó declaraba en un comunicado lo siguiente: «Un 22 de marzo de 1972, en París, yo nací para la vida masónica en una logia del Gran Oriente español en el exilio que se llamaba Unión Hispana n.º 1»[14]. Esta logia estaba formada por un conjunto de españoles residentes en la capital francesa, y acogida a la hospitalidad fraterna del Gran Oriente de Francia, en uno de cuyos templos, en su sede del número 16 de la *rue* Cadet de París, se celebraba la relevante ceremonia[15].

Foto 2. Sepulcro de la familia Figueroa con símbolos masónicos.
Foto del autor. Cementerio de La Almudena (Madrid)

Por otro lado, con la archiconocida obediencia en el exilio, como la Gran Logia de México y las corporaciones iberoamericanas, en general, tienen todos los masones españoles una deuda de honor que no debería ser olvidada, porque un elevado número de logias fueron destruidas por todo el país. Tras esto, en 1936, en el primer decreto contra la masonería dictado por Francisco Franco Bahamonde, se alude al templo masónico de Santa Cruz de Tenerife, que fue clausurado, profanado, requisado y reutilizado para fines políticos por el partido político Falange Española. Sin embargo, a diferencia de lo que sucedió en el resto del país, la logia masónica jamás fue destruida, porque fue en la que Francisco Franco Bahamonde intentó iniciarse en dos ocasiones, sin éxito: en la logia Acacia de Tenerife y en la logia Luxus del norte de África (Marruecos).

Finalmente, con la muerte del dictador el 20 de noviembre de 1975, se inicia el periodo de la transición española y, por lo tanto, se procede, por parte de todos los actores políticos, a la aprobación de la Constitución de 1978, momento en el que la masonería fue legalizada, poco más tarde, el 19 de mayo de 1979, en España, gracias a una sentencia de la sala del contencioso- administrativo de la Audiencia Nacional. Entonces, el citado tribunal anuló una resolución anterior, emitida por la Dirección General de Política Interior del 7 de febrero de ese mismo año, cuyo texto apuntaba a una estricta ilegalidad de la asociación del Gran Oriente español. Sin embargo, con la promulgación de la Constitución española, se otorga la competencia al Gobierno para llevar a juicio las verdaderas y supuestas ocultas intenciones de los que promueven la configuración de la corporación. No obstante, la Audiencia Nacional emitió su fallo basándose en el derecho de la libre asociación que tenemos los ciudadanos y que está reconocido y amparado, de manera consensuada, tras la ratificación de la Constitución de 1978.

Por último, la masonería en el periodo actual, en lo que respecta a las corporaciones masónicas en España, es bastante diversa, porque existen varias obediencias masónicas. De hecho, existen dentro de las corporaciones diferentes logias de distinta índole, así como masculinas, mixtas y femeninas. A partir de 1979, tales corporaciones reanudan sus trabajos rituales y simbólicos gracias a la constitución de la federación española, cuyos trabajos fueron paralizados en 1938, aunque, como otras instituciones y organizaciones masónicas españolas, tras la finalización del conflicto civil se mantuvieron, como pudieron, en el exilio europeo o americano. Huelga aclarar que la primera corporación mixta, Le Droit Humain (Derechos Humanos), alcanza sus objetivos y sus metas a casi medio centenar de países. En los comienzos de los años 80 del siglo pasado, concretamente entre 1980-1981, se fundaron, de manera paralela, la Gran Logia Simbólica de España y la Gran Logia de España. En primer lugar, existen corporaciones de masones, masonas o mixtas que están integradas en el CLIPSAS (Centro de Comunicación e Información de las Potencias Firmantes del Llamado de Estrasburgo), que reconoce la absoluta libertad de conciencia, lo que significa que admiten entre sus miembros a masones ateos, agnósticos o incluso creyentes de cualquier religión.

La segunda obediencia masónica, la Gran Logia de España, está auspiciada y regida por los valores de la Gran Logia de Inglaterra, que solo acepta a varones creyentes, como ocurre en la gran mayoría de las logias afincadas en la España actual.

Tiempo después germinaría o se configuraría la Gran Logia Federal de España, que es, junto con la Gran Logia de España, una de las dos únicas obediencias regulares masónicas. En el año 2001 se constituye el Gran Oriente Ibérico, obediencia liberal con algunos talleres masculinos, femeninos o mixtos, que trabajan mayoritariamente en el rito francés en nuestro país, en México y, por último, en Francia. Dos años después, en 2003, se constituye el Gran Priorato de España, obediencia cuya peculiaridad insiste en que solo admite a cristianos en sus filas, aunque esta corporación trabaja principalmente en el rito escocés rectificado. Seguidamente, en 2007, se funda la Gran Logia Ibérica Unida, que aunque sea una obediencia regular, carece de apoyo y auspicio por parte de la Gran Logia Unida de Inglaterra, de la misma forma que ocurre con la Gran Logia de Canarias, que fue refundada en el año 1996.

Por último, entre los años 2011 y 2024, la Gran Logia de España es la agrupación masónica fundamental de nuestro país. Aglutina aproximadamente a unos 3.600 masones con una mayoría de ciudadanos nacionales, aunque también cuenta, entre sus filas, con un nutrido grupo de británicos y franceses. Dicha logia publicó el primer barómetro masónico, que hacía un recorrido sobre su situación en estos momentos de la era digital. En resumen, el informe que publicó, un diario de tirada nacional, señala que la gran mayoría de masones son creyentes y apunta que el 32 por ciento se declara cristiano, sin especificar cuál de las ramificaciones del cristianismo, y un 11,6 por ciento favorables y practicantes de la religión católica.

Foto 3. El templo masónico de Tenerife, que sobrevivió a la dictadura franquista.

Entre las prácticas políticas, un 28 por ciento se declara votante y seguidor del partido liberal, el 16,3 por ciento socialdemócrata y el 15,6 por ciento del electorado procede del partido conservador. Consideran que el mayor problema que afronta España en estos momentos es la crisis de valores individuales. No obstante, aparte de cristianos y católicos, también hay, con un porcentaje menor del 5 por ciento, protestantes (anglicanos), judíos y budistas.

En suma, el artículo publicado trata de explicar que no hay masones que se declaren ateos, frente al 8,8 por ciento de la sociedad que sí lo hace, señalando que las corporaciones masónicas, en el marco de reconocimiento de la Gran Logia Unida de Inglaterra, tienen como esencia primigenia, como fundamento esencial, la fe en un poder supremo, como ocurre, *stricto sensu*, en la gran mayoría de las logias españolas actuales. En fin, si quieres seguir descifrando algunos interrogantes, entre los que destacan «¿cuáles son los orígenes de la masonería?» o «¿cuál es el significado de la masonería?», debes seguir leyendo, porque lo resolverás en el siguiente capítulo.

¿CUÁL ES EL ORIGEN Y EL SIGNIFICADO DE LA MASONERÍA?

Tras el análisis pormenorizado de la historia de las corporaciones masónicas, desde los siglos XVIII hasta nuestros días, hay que abordar los supuestos orígenes históricos de la masonería, los cuales pueden estar relacionados con algunos de los primeros momentos de la historia, aludiendo a las grandes civilizaciones como China, India, Sumeria, Grecia, Roma y la Edad Media, pero sin llegar a poder vincularlos directamente por la falta de pruebas documentales y por las numerosas dificultades que existen a la hora de escribir una historia lineal de las corporaciones masónicas.

No obstante, se redactará, en este capítulo, una pequeña singladura por algunas de las civilizaciones más destacadas, intentando asimilar cómo la masonería utiliza todos los elementos históricos y simbólicos para la construcción de sus propias corporaciones iniciáticas. Con este caldo de cultivo, los sumerios fueron grandes constructores, pero por el uso común del adobe pocas obras han llegado a nuestra época en buenas condiciones. Lo que sí se conoce es que existen abundantes muestras de orfebrería, los relieves en piedra y las tablillas de barro cocido. Por otro lado, los mesopotámicos construyen los zigurat (templo en forma de pirámide escalonada), que están proyectados por los arquitectos sumerios[16], los cuales alcanzaron un elevado conocimiento de diversas disciplinas para conseguir la correcta construcción de sus ciudades y templos. Todos estos conocimientos son elementos fundamentales del *corpus* simbólico de la masonería, a la manera de un arcón con recuerdos para retrotraer su institución a los tiempos pretéritos. De hecho, en este momento se conocían la geometría, la aritmética, la escritura, la astronomía, la astrología, la estática y la mecánica, y para poder ejecutar sus proyectos hay que dominar el arte de administrar los recursos naturales y humanos.

Los sumerios estudiaron las estrellas, dividieron el año en doce meses, determinaron los doce signos zodiacales, las doce horas del día o de la noche, los sesenta minutos de cada hora o, incluso, los 360 grados del círculo, todos ellos símbolos de la masonería, pues esta institución permite conectarse con los elementos más primitivos de la historia para promover su imagen interna y externa. El primer constructor es el que por el estudio del universo en su manera generalista conoce la manera de proyectar la puerta celestial desde una perspectiva filosófica.

En el caso de Egipto[17], el arquitecto Imhotep era además médico, mago, astrólogo, escritor y filósofo. Imhotep también fue el autor de la primera pirámide para el rey Zoser en Saqqara, siendo el artífice de una revolución trascendente de un alcance considerable, puesto que fue el primer arquitecto en construir en piedra un conjunto monumental tan importante como el de Saqqara, utilizando los arcanos y tradicionales métodos sumerios. Por otro lado, los arquitectos egipcios construyeron las más completas ciudades sagradas de la historia; sus templos, pirámides y conjuntos monumentales son muestra de su altísimo conocimiento, aunque su tradición transmitida en palabra de maestro a aprendiz a lo largo de los siglos alcanzó un altísimo grado de sabiduría, que permitió soluciones técnicas y de gestión de recursos, tanto naturales como humanos, transmitidos de forma oral a modo de enseñanza.

Existe otra leyenda relacionada con el secreto de la piedra y vinculada con la masonería actual, que alude al ojo como símbolo de la fuerza viril que purifica, fecunda o quema al mirar, y debe entenderse en ese sentido metafórico, como se coteja en el texto del Cantar de los Cantares 1, 6.1. Tras esto, los cabalistas y alquimistas de todas las épocas han entendido siempre que el Sol o la imagen universal de Dios purifica quemando; pero esta idea también se entronca simbólicamente con la virilidad de Dios[18].

También se comprueba la existencia de otro significado que se trata en observar como se corrobora en el pasaje del citado Cantar de los Cantares. En el caso de Israel, el rey Salomón, tras recibir en el sueño las instrucciones de YHWH (Jehová), planifica y edifica el templo en Jerusalén, siguiendo las enseñanzas acuñadas y presentadas por el sabio profeta Natán. Para comenzar estos trabajos Salomón, que gobierna un pueblo de pastores trashumantes, no asentados y, por lo tanto, no instruidos en el arte de construir, recabará los esfuerzos de un hombre versado en estas artes y, por ello, lo reclamará de allí donde estos oficios son casi sagrados y sirven al poder para mejor expresar su esplendor: de Egipto. Salomón, como apunta el pacto, se casará con la hija del faraón, la cual se desplazará a vivir en Jerusalén conservando su religión, levantando con ello las primeras críticas de los levitas al nuevo estado de las cosas en Israel.

El emperador egipcio designará a un experimentado arquitecto de nombre Hiram-Arif[19] (Hiram el Fundidor) para construir el templo en Jerusalén, aunque finalmente fue ejecutado por tres compañeros para robarle sus enseñanzas. Tras el asesinato, existió una venganza a esos asesinos, a los que se practicaron tácticas como el tormento. No obstante, los templarios utilizarán la figura de Hiram El Fundidor, en sus construcciones, durante el pontificado de Clemente, el reinado de Felipe IV de Francia y en la estrategia asistencial de la orden militar y hospitalaria de San Juan de Jerusalén, de Rodas y de Malta.

En el caso de Grecia, la geometría era la base del arte de la construcción y de la arquitectura clásica y constituía, según los griegos, el desarrollo de las ideas contenidas en las formas geométricas, entendidas estas en su aspecto puramente cualitativo, de igual manera que en todas las tradiciones de las civilizaciones en la historia antigua. Tras esto, es posible afirmar que como ciencia iniciática y sagrada tenía el carácter de secreto para el profano, como poseen los arquitectos.

En Roma, en el monte Palatino, se estableció a mediados del siglo VIII, aunque se afirma que la doctrina de la masonería tal como existe en la actualidad es posible que tenga una supuesta conexión con los *collegii artificium romanorum*[20] constituidos durante el reinado del monarca etrusco Numa Pompilio. A cada colegio le fueron asignados los artesanos de una profesión particular, y cada uno tenía sus reglamentos locales, seculares y religiosos. Estas instituciones se desarrollaron con la misma rapidez, teniendo un número de nueve y destacando los *collegia* de músicos, carpinteros, tintoreros, zapateros, curtidores, alfareros y, por último, los artesanos que no eran aptos para estos oficios, y que por lo mismo no estaban comprendidos en los títulos anteriores, y que posteriormente aumentaron en gran número. Es cierto que fueron abolidos, o trataron de abolirlos ochenta años antes del periodo cristiano por un decreto del Senado, el cual observaba con recelo su influencia política, pero fueron revividos veinte años después, estableciéndose de nuevo por la ley del tribuno Publio Clodio Pulcro, que revocó, *ipso iure*, el senadoconsulto.

Estos *collegia* continuaron activos bajo el Imperio, extendiéndose en las provincias, y aun sobrevivieron hasta la decadencia y caída del Imperio romano. De hecho, investiguemos la forma y organización de estos *collegia*, y al mismo tiempo tratemos de determinar la analogía que existe entre ellos y las logias masónicas. La primera regla, que era indispensable, consistía en que ningún colegio podía formarse con menos de tres miembros. Tan indispensable era esta norma que existía la expresión *tres faciunt collegium*, o lo que es lo mismo, «tres forman un colegio». Sin embargo, los orígenes de los constructores a los que intenta imitar la masonería habría que situarlos en la llamada Plena Edad Media, concretamente con la construcción de las grandes catedrales, cuando se inician las obras de las grandes catedrales urbanas.

Los masones tienen un supuesto origen en los canteros y albañiles que trabajaron e hicieron posible la proyección de esas grandes construcciones góticas de la Edad Media, y fueron los que trabajaron la piedra, los que levantaron catedrales, iglesias y monasterios. Ese gremio de canteros y constructores contaba con una serie de costumbres y ritos sociales. Asimismo, esos maestros de la piedra en la Edad Media, ya en el siglo XII, eran llamados masones por el canónigo sajón Hugo de San Víctor, gran intelectual medieval, que los dividió en dos categorías: canteros y albañiles. Los canteros o *latomus* (masón de rango superior) eran los encargados de trabajar y moldear la piedra, mientras que los *maçons* o albañiles (masón con rango inferior al de los *latomus*) tenían la tarea de unir y encajar las piedras. Por otro lado, es interesante apreciar los signos del maestro de construcciones o las marcas de cantero en los correspondientes bloques de piedra de los edificios en los que intervenían.

Los grupos de canteros y albañiles se organizaban en logias. Dichas logias eran la oficina o el refugio de los canteros, que se situaban junto a cualquier obra de enjundia bajo la autoridad de un arquitecto o maestro de obras. Estos gremios de oficios eran congregaciones con derechos jurídico-políticos y contaban con normas e ideologías secretas bajo los designios de la fe católica. Están documentados los estatutos de Ratisbona, sancionados en abril de 1459[21], que están constituidos por 52 artículos, consensuados por los maestros de todas las corporaciones alemanas. Cada elemento institucional o región contaba con su versión de estatutos, que eran el decálogo de los constructores.

Por otro lado, los masones, para serlo, debían ser libres, no ser bastardos ni practicar el libertinaje, y profesar la fe cristiana al menos una vez al año, a través de la confesión y la comunión. Además, grabaron sus símbolos, que representaban el arte u oficio superior de la construcción de grandes edificios con algunos instrumentos como la escuadra, símbolo del equilibrio y la equidad a la hora de regir el arte y la vida de los masones; el compás, que simboliza la espiritualidad de la equidistancia en la relación con los otros masones; y el nivel, que representa la igualdad entre hombres. Aparte de los símbolos, las logias contaban con números sagrados como el 3, el 5, el 7 y el 9, o incluso mandiles con colores como el azul, el rojo o el blanco, en los que se encuentran insertos sus propios lemas y estandartes corporativos.

Los masones consideraban que tenían un oficio superior al resto de obreros, por lo que, para distinguirse, idearon contraseñas secretas y una elaborada simbología. Eran muy celosos en la protección de los secretos de su oficio: los aprendices juraban no hacer público bajo ningún concepto los secretos masónicos y debían cumplir con gran celo todos los reglamentos y estatutos de la corporación institucional. En caso de no hacerlo, podían ser juzgados y castigados por los maestros, que tenían esa potestad para hacerlo. Los maestros debían, además, conservar los libros de la corporación, para que nadie descubriera los secretos de su oficio. En cada logia había tres protagonistas, el maestro y dos presidentes, que simbolizan la tríada sobre la que se asienta la masonería: la sabiduría, la fuerza y la belleza, que son las tres columnas que sostienen la logia. Todo el misticismo y simbolismo de las logias de canteros o constructores durante la Plena Edad Media se mantienen tras el cese de la construcción de las grandes catedrales góticas, como herederos de las escuelas romanas-bizantinas[22]. De hecho, en el periodo romano reutilizado en el periodo medieval, el colegio lo presidía un jefe o presidente, cuyo título de *magister*, en latín, se traduce exactamente por la palabra inglesa: *master*. Los oficiales inmediatos (compañeros) eran los decuriones o, incluso, los comendadores. Había por otro lado en los *collegia* un escriba, o secretario, quien llevaba el registro de sus procedimientos; un *thesaurensis*, o tesorero, quien tenía a su cargo el fondo económico de la corporación y un *tabularius*, o archivero[23].

Estas instituciones realizaban reuniones en las que transaban los negocios, que consistían en iniciaciones de neófitos en su corporación, y de instrucciones místicas y esotéricas a sus aprendices y jornaleros. Por otro lado, los candidatos, en el *collegium*, para su admisión, se elegían del mismo modo que en las logias masónicas, es decir, por el sistema de balotaje y la votación de los miembros. En relación con este asunto, la palabra latina que se usaba para expresar el arte de admisión o recepción es digna de consideración. Siempre que alguna persona era admitida en la fraternidad del *collegium*, se le consideraba *cooptatus in collegium*. Además, el verbo *cooptare*, que fue utilizado casi exclusivamente por los romanos para significar la elección en el *collegium*, proviene de la palabra griega *optomai*, que significa «contemplar». Esta misma palabra da origen, en griego, a la palabra *epoptes*, cuyo significado es «espectador» u «observador», o aquel que ha adquirido el último grado en los misterios de Eleusis; en otras palabras, el estatus de iniciado. Así es que, sin exagerar mucho la ingenuidad etimológica, podríamos decir que *cooptatus in collegium* significaba «ser iniciado en el colegio». Esto es al menos singular, pues la interpretación más general de *cooptatus* es «ser admitido» en la corporación, o lo que es lo mismo, «libre de todos los privilegios del gremio o corporación»; y resulta que la idea es la misma tal como se transmite entre los masones por el título de libres y aceptados.

Sabemos por Karl Christian Friedrich Krause, un reputado filósofo alemán, que fue iniciado masón, que estos *collegia* de artesanos hacían uso de los implementos de su arte o profesión. Es decir, en otras palabras, que cultivaban la ciencia del simbolismo; y en este sentido, en efecto, más que a ningún otro se encuentra una analogía sorprendente, pero sin conexión lineal ni histórica, entre los *collegia* y las corporaciones masónicas. En la organización, el modo de gobierno y las prácticas de los *collegia* bizantinos-romanos existe una analogía entre ellos y las logias masónicas modernas que es evidentemente más que accidental. Entonces es posible que, después de la disolución de los *collegia*, la masonería, en el establecimiento de sus logias, intencionalmente adoptara la organización colegiada como un modelo por el cual estableciera su propio sistema. En suma, todos los elementos citados en relación con la influencia china, india, griega, sumeria, egipcia, judaica, romana y medieval permiten comprender que la masonería fundacional del siglo XVIII hasta nuestros días utiliza todos estos elementos, a modo de caja de Pandora, para conseguir tener un origen muy antiguo, con el único fin de conectarse con la historia.

El método de trabajo de los propios masones se basa en las experiencias del *Grand Tour*[24] que se realiza durante los siglos XVII hasta el XIX, y que consiste en efectuar un viaje cultural por las distintas realidades europeas, con el fin de comenzar una rica formación intelectual. Por otro lado, las corporaciones gremiales se refundan en los siglos XVII y XVIII con aquellos individuos que tienen un fuerte perfil intelectual, y mezclan los elementos de la antigüedad con influencias caballerescas medievales, como se coteja en la investidura de armas, o incluso en el cordón azul en sus vestimentas, o en el cargo de los miembros de las logias, rigiendo una estricta jerarquía militar como gran maestro o comendadores. En suma, la conexión con los textos medievales (*Poema Regius*), con los elementos judíos, así como los elementos alquímicos, la cábala, la torre de Babel, la dúplica Caín-Abel o, incluso, esa fuerte conexión con Egipto a través de la *translatio scientiae*, que es la traslación de todas estas nuevas sedes del poder intelectual que lo conecta con las distintas civilizaciones mundiales desde China, India, Egipto, Judea, Mesopotamia, Grecia, Roma y, sobre todo, la Edad Media, pero sin pruebas concluyentes ni sólidas para poder conectarla con la masonería del siglo XVIII.

A MODO DE ENTRANTE: ¿QUÉ ES LA MASONERÍA?

La masonería no es un partido político, ni un sindicato, aunque tampoco está considerada una religión, ni es una secta y mucho menos una sociedad secreta, pese a que tenga sus secretos como cualquier otra institución (en las deliberaciones del Consejo de Ministros, el gremio de los periodistas, los médicos, los abogados o incluso en las reuniones de seguridad del cuerpo nacional de inteligencia [CNI]).

La masonería tampoco es una doctrina filosófica. En el mejor de los casos, la masonería o las masonerías (ya que cada país tiene una o, en ocasiones, varias) no pasarían de ser meras reflexiones personales, como en su día hicieron algunos masones e intelectuales como Gotthold Ephraim Lessing, Johann Gottlieb Fichte, Johann Gottfried Herder, Johann Wolfgang von Goethe o Karl Christian Friedrich Krause[25]. Una cosa es que haya masones filósofos o masones religiosos o de la jerarquía eclesiástica, y otra muy distinta es que la masonería como institución se quiera confundir con una religión, un partido político o una filosofía. La masonería es, en suma, una corporación que intenta juntar a los hombres en torno a valores comunes como la tolerancia, el respeto, la ayuda mutua y la fraternidad. Además, se trata de una organización gremial fraternal, con un presunto origen medieval, aunque refundada en Londres en los años 1717-1723[26], cuyo método de enseñanza intelectual se basa en la práctica de ritos y en la reflexión de los símbolos. Para facilitar tales fines, destierra de sus logias todo aquello que pueda separar o enemistar a los hombres e impedir su unión; especialmente se prohíbe todo debate sobre asuntos políticos o religiosos.

En este sentido, las constituciones de los masones, popularmente conocidas como constituciones de Anderson (1723) establecían que «la masonería es el centro de unión y el medio de conciliar verdadera fraternidad entre personas que de otro modo hubieran permanecido perpetuamente distanciadas»[27]. Igualmente, en las logias se prohíben los debates políticos y religiosos. Estos enunciados tuvieron un carácter realmente innovador, pues era la primera vez en la historia que una institución civil formulaba, como objetivos esenciales, el corporativismo y la tolerancia religiosa por encima de cualquier otra diferencia de credo, raza, ideología o condición social.

La aplicación integral de esos principios creó espacios de convivencia entre personas de distintos estamentos sociales y facilitó el encuentro entre católicos y protestantes, o entre cristianos, judíos y musulmanes. Por otro lado, conviene precisar que el método de trabajo masónico por excelencia es el aprendizaje sometido a un ritual que tenía la finalidad de presentar, a sus miembros, un itinerario de enseñanzas, formado por símbolos, gestos, movimientos o alocuciones que los llevarían a la compresión de ciertos conocimientos. De hecho, fue este carácter litúrgico y la creencia en la eficacia de los ritos lo que motivó las primeras disputas que dieron pie al nacimiento de otras formas de corporaciones masónicas. En efecto, tras las querellas entre antiguos y modernos, siguió la aparición de las llamadas masonerías irregulares, las cuales no exigían la creencia en Dios o permitían la entrada a las mujeres, o las corporaciones de carácter más filosófico, político, etc.

En definitiva, hoy en día no es posible aludir a una única masonería, sino más bien a un conjunto de masonerías, por la existencia de numerosas corporaciones localizadas por todo el mundo. Lo cierto es que, en pocas décadas, la corporación masónica alcanzó un éxito insospechado, porque atrajo a sus filas a reyes, emperadores, aristócratas, cardenales, obispos, filósofos, artistas, intelectuales, profesionales libres, burgueses e ilustrados, como en los casos del emperador Francisco I de Lorena, el príncipe de Gales

Federico Luis, Federico II de Prusia, o incluso algunos filósofos como Charles Louis de Secondat Montesquieu, Françoise Arouet (Voltaire), Johann Wolfgang Goethe, Johann Gottfried Herder; el músico Wolfgang Amadeus Mozart; y los eruditos y filósofos Gotthold Ephraim Lessing y Johann Gottlieb Fichte, junto a otros intelectuales de la época. Tras esto, habría que cuestionarse: ¿cuáles fueron las razones de ese fulgurante éxito para aglutinar sectores tan dispares de la sociedad? En primer lugar, se trataba de una corporación civil, es decir, no sometida a la autoridad eclesiástica, estatal o académica. En este aspecto, la masonería proporcionó un espacio de encuentro a hombres interesados en el humanismo en el sentido más amplio del término; un espacio que, al no estar sometido a la censura más o menos oficial, constituyó un movimiento alternativo, cuando no precursor, de la sociabilidad practicada en los museos, clubes, sociedades literarias, sociedades económicas, gabinetes de lectura, tertulias, academias y seminarios.

En segundo lugar, la masonería se encaminaba a la práctica de la beneficencia y de la fraternidad interestamental y transnacional, es decir, de carácter universal, sin mencionar la distinción de credos religiosos, políticos o condición social. En la medida en que cultivaban una tolerancia respetuosa con las ideologías políticas y creencias religiosas imperantes en Europa, las logias acabaron por quebrar la sociabilidad oficial practicada en las corporaciones y gremios, o en los estamentos del clero, la nobleza y el tercer estado. En este párrafo, un testimonio del año 1743, se definía la masonería como una «especie de academia que admite toda clase de personas, desde el príncipe más excelso, hasta el más vil plebeyo, para estar juntos en reuniones y discurrir con entera libertad de cualquier materia imaginable a excepción de lo que respecta a la religión y a los príncipes»[28]. En efecto, las constituciones de James Anderson de 1723 establecen, de manera inequívoca, que «la masonería defiende el derecho de cada persona a tener sus individuales opiniones dentro del mutuo respeto entre personas rectas y honradas cualquiera que sea el credo o denominación que las distinga»[29], como se apunta en su corpus. Además, en virtud de lo cotejado en el texto, «el masón ha de ser pacífico súbdito del poder civil doquiera resida o trabaje, y nunca se ha de comprometer en conjuras y conspiraciones contra la paz y bienestar de la nación ni conducirse indebidamente con los agentes de la autoridad»[30]. A ello se añade el ámbito revolucionario para su época, y que establece que «no se habrán de promover disputas ni discusiones en el recinto de la logia y mucho menos contiendas sobre religión, nacionalidades y formas de gobierno, pues somos de todas las naciones, razas y lenguas»[31].

Finalmente, las constituciones de James Anderson, presbítero e historiador escocés, y John Theophilus Desaguliers, un reputado filósofo francés, en su corpus institucional y masónico, insisten en la igualdad natural de los masones en logia: «Toda distinción entre los masones ha de fundarse únicamente en la valía y mérito personal, arguyendo que todos los masones son hermanos y serán tratados como iguales»[32].

No es de extrañar que tan novedosos principios propiciaran el fulgurante éxito de la masonería moderna o especulativa, máxime en una época en la que aún no estaban reconocidos el derecho ni la libertad de asociación, o de reunión, y por esa razón, la masonería tuvo un mayor eco, trascendencia y, sobre todo, repercusión en la sociedad ilustrada del momento. Tras conocer los supuestos orígenes de la masonería y su conexión con la historia, a continuación tendrás que seguir leyendo para conocer cuáles son los entresijos de la masonería española y su conexión con el mundo en el siglo XVIII.

LA MASONERÍA EN EL SIGLO XVIII

Tras conocer los supuestos orígenes de la masonería ahondaremos en lo que, a tenor de los autores, podría ser la masonería española en el siglo XVIII y su relación con los postulados filosóficos de la Europa ilustrada. El filósofo y masón Louis-Françoise La Tierce, en 1745, menciona de esta manera el significado de la masonería: «La orden reúne bajo un mismo espíritu de paz y de fraternidad a todos sus miembros, sean del partido que sean, y cualquiera que sea la comunión en que hayan sido educados, de suerte que cada uno, permaneciendo fiel y celoso de su propia comunión, no por eso ama con menos ardor a sus hermanos separados. Es cierto que tienen diferencias de explicación en los dogmas, y de servicio en el culto, pero, no obstante, cada uno se atribuye en su comunión la misma esperanza, la misma confianza en el sacrificio eterno de Dios que ha querido morir por ellos. Reunión tanto más admirable cuanto que parece imposible, si una experiencia siempre mantenida en la corporación no probara que existe realmente; reunión de los corazones, tal como los hombres mejores y más piadosos han deseado siempre, a falta de la de los dogmas»[33]. Además de estas características —solidaridad, ayuda mutua, fraternidad y tolerancia—, hay un elemento que es clave en la masonería del siglo XVIII: la igualdad. Para el autor anónimo de la obra los *Secretos de los Liberi muratori revelados al público* (1786), los miembros de esta sociedad o corporación son todos iguales, que no se distinguen, ni por la dignidad y fortuna que poseen, ni por la lengua que hablan, ni por el hábito que llevan, ni por las opiniones que tienen. Entonces, siguiendo este esquema, el mundo entero es considerado, de manera metafórica, como una República de la que cada nación es una familia, y cada miembro es un familiar.

Los individuos de esta sociedad, siendo todos miembros, que son razonables y virtuosos —añade el autor anónimo—, «tienen el deber de amarse, de socorrerse recíprocamente, conducirse con probidad y honestidad con los otros hombres, y ser buenos y fieles ciudadanos del Estado»[34]. En este sentido el artículo sexto de las constituciones de Anderson exigía ya en 1735 que los masones evitaran, sobre todo en la logia, todo lo que pudiera romper la armonía entre unos y otros, como las discusiones y «en especial las disputas sobre religión, las naciones o el gobierno».

En 1738 el autor anónimo de la obra *La relación apologética e histórica de la sociedad de los francmasones* declara que «la masonería era una verdadera confraternidad, una célebre academia, cuyos miembros son todos iguales y se llaman compañeros, hermanos y amigos, que no buscan otra cosa que la satisfacción del espíritu, la calma de las pasiones en conversaciones modestas, cordiales y exentas de ruido y confusión, para estrechar más fraternalmente los nudos de la sociedad»[35].

Por otro lado, en 1740 el seminario académico-divulgativo Zürich Der Brachmann trae la respuesta de un masón, que dice así: «Un masón es un hombre que, allí donde vive, se somete a las leyes y ordenanzas del país. Nosotros tenemos mutuamente una auténtica amistad, sin que la profesión de la religión nos desuna unos de otros; pues lo mismo que el hombre y la mujer de distintas confesiones pueden amarse mutuamente con toda seguridad y pacíficamente, también puede la diversidad de religiones no tener entre nosotros ningún influjo peligroso. En Constantinopla dejamos a los señores musulmanes completamente libres de reconocer y difundir los dogmas de Mahoma. En Roma se pueden tocar todas las campanas, tener procesión, llevar de un lado para otro los huesos de los santos, y otras cosas por el estilo; todo esto no estorba al francmasón en su paz y satisfacción; él no lo mira como algo contra lo que tenga que luchar. Un masón es, ante todo, un buen ciudadano y súbdito, allí donde se encuentra, porque todas nuestras ordenanzas van a conseguir la paz, seguridad y razón, la libertad y la justicia en el mundo. Y cuando averiguamos que alguien de nuestra sociedad ha cometido algo malo o injusto, inmediatamente es expulsado de nuestra compañía, y tenido por muerto, como antiguamente entre los pitagóricos, como si nunca hubiese vivido en el mundo»[36].

A continuación, el filósofo, maestro y escritor inglés John Entick, en 1754, apostilla, con sus aciertos y sus errores, que la masonería es una sociedad de hombres de todas las edades, condiciones, religiones y países, que siempre se han mostrado tan amantes de la virtud que continuamente la buscan y nunca la traicionan[37].

En suma, el fin de la masonería, a la luz de sus constituciones, consiste en la construcción simbólica de un templo del amor o una fraternidad universal, basada en la sabiduría, en la fuerza, en la belleza, en la práctica de la tolerancia religiosa y moral, en la lucha contra todo tipo de fanatismo y en el ejercicio de la libertad. De esta manera, el masón ilustrado estará marcado por una doble finalidad: el perfeccionamiento del hombre y, en segundo lugar, la construcción intelectual de la humanidad. Por lo tanto, se trata de una tarea intelectual y civilizadora al mismo tiempo, realizada a través de la filantropía o de la moral pura, de la discreción y del gusto por las artes y el humanismo.

El masón de la Ilustración era, en definitiva, un buen ciudadano y súbdito, preocupado por la paz, la seguridad, la razón, la libertad, la justicia, la tolerancia, la igualdad, la fraternidad y la solidaridad entre los hombres, que se manifiestan a través de una asociación de inspiración humanitaria con la misión de difundir los principios democráticos que serían recogidos, a finales de siglo, en las declaraciones de los Derechos del Hombre y del Ciudadano, y en las constituciones políticas de los Estados modernos.

Las ideas claves de igualdad natural, de libertad individual, de solidaridad social encontraron en la masonería un espacio en el que reflexionar sobre la vanidad y lo nocivo de las distinciones arbitrarias que se establecían entre las clases, las fronteras y las confesiones religiosas. En un principio se pretendía una reforma moral y social universal y profunda, tan eficaz como discreta, para adultos, que debían formar una élite de ciudadanos cuyo benéfico influjo aproximaría, sin provocar sacudidas violentas, a las diferentes clases de la sociedad civil, y haría la autoridad de los gobiernos más humana y la suerte de sus súbditos más soportable. Estaríamos ante una asociación heredera directa de los planes de reforma social o religiosa expuestos en la obra *La nueva Atlántida* del filósofo inglés Francis Bacon, en la *Utopía* del humanista y teólogo inglés Tomás Moro, en *La ciudad del sol* del filósofo y poeta Tommaso Campanella, en la *Pansophiae diatyposis* del cosmopolita Juan Amos Comenio, o en el *Pantheisticon* de John Toland, un librepensador y filósofo irlandés.

Hay que recordar al lector que, en 1776, Honoré Gabriel Riquetti, el conde de Mirabeau, redactaba un texto, *Memoria*, en el que explica que existe una asociación íntima que consiste en establecer sus verdaderos principios y hacerla más útil al bien de la humanidad. También se asigna a la masonería la misión de introducir la razón, el buen sentido, la sana filosofía en la educación de todos los hombres. No obstante, habría que recordar que el autor de este texto no fue Honoré Gabriel Riquetti, el conde de Mirabeau, sino Jakob Mauvillon, un brillante economista alemán.

El libro de las constituciones de Anderson, aprobado oficialmente en 1723 por la Gran Logia de Londres, declara al neófito que «si comprende bien el arte no será ni un ateo estúpido, ni un libertino irreligioso». Dicho de otro modo, «un librepensador o incluso un deísta». La obra *Defence of masonry*, impresa como apéndice en la segunda edición del libro de las constituciones (1738), señala textualmente que «la religión, y únicamente la religión cristiana, está presente en nuestra orden, y es tan difícil separarla de ella que, por así decir, constituye la base y el sostén de esta»[38].

La tolerancia que predicaba la masonería no provenía, pues, de una indiferencia de principio en materia de fe; se aplicaba exclusivamente a los miembros de las numerosas sectas cristianas entonces existentes en Inglaterra. Por otro lado, la primera logia especulativa que se estableció en España lo hizo en Madrid, el 15 de febrero de 1728, en el Hotel de las Tres Flores de Lys (*French Arms*)[39], que se encontraba situado en el número 17 de la calle ancha de San Bernardo, y que recibió el número 50 del registro oficial de la Gran Logia de Inglaterra (Londres). La logia fue constituida por un grupo de ingleses de paso por España. Su fundador, sin pruebas fehacientes, podría haber sido el duque Philip (Felipe) Wharton, el único que estaba al servicio del rey de la monarquía hispánica en la corte de Madrid de Felipe V, y que llegó a dirigir un contingente militar en el llano de Gibraltar. De hecho, el duque de Wharton, gran maestro de la Gran Logia de Inglaterra, está enterrado en el monasterio de Santa María de Poblet (Tarragona), como afirma su epitafio en su tumba: «Aquí yace el excelentísimo don Felipe Wharton, inglés, duque, marqués y conde de Wharton, marqués de Malsbursi y Carthloch, conde de Rathfasnum, vizconde de Winchindon, barón de Trim, caballero de San Jorge (alias de la Jarretera). Murió en la fe de la Iglesia católica romana en Poblet, el día 31 de mayo de 1731», a la edad de 32 años y habiendo fundado, en Inglaterra, la corporación Hell Fire («el fuego del infierno»).

La siguiente logia, la número 51, estuvo compuesta exclusivamente por aristócratas y burgueses ingleses, y se erigió, en 1729, en la colonia de Gibraltar, por estar conectada, desde comienzos del siglo XVIII, con el Reino Unido de Gran Bretaña e Irlanda. Dos años después, en 1731, el capitán James Comerford era nombrado gran maestro provincial de la corporación masónica. En un principio, su designación fue para Andalucía que, como se especifica en el propio texto de las patentes, comprendía la roca o fortaleza de Gibraltar y lugares adyacentes. A partir de este momento, la masonería en Gibraltar siempre fue importante y floreciente. También en la isla de Menorca, durante las sucesivas ocupaciones inglesas del siglo XVIII, se constata la presencia masónica y la formación de, al menos, siete logias militares. En el resto del territorio peninsular, debido a la prohibición del inquisidor general en 1738 y al posterior edicto de Fernando VI en 1751 condenando la masonería, no pudo desarrollarse como institución. Contrariamente a lo que tantas veces se ha dicho y repetido de que Carlos III consolidó una destacada obra masónica, y que anduvo siempre rodeado de ministros masones, hay que recordar que precisamente Carlos III, como apuntan las fuentes documentales, fue el monarca europeo de su época que más se distinguió por su persecución contra la masonería, y del que más correspondencia se conserva en el Archivo de Simancas, el Archivo Histórico Nacional, en el Archivo Diocesano de Cuenca o, incluso, en el Archivo de la Chancillería de Valladolid. Sin embargo, el monarca estuvo ocupado principalmente en utilizar los instrumentos políticos-procesales para combatir esta corporación ilustrada. Otras líneas hay que mencionar para contradecir lo que se ha contado de su primer ministro, el conde de Aranda, al que tantas veces se le ha adjudicado gratuitamente y sin fundamento ser el fundador de la masonería en la monarquía hispánica y su primer gran maestro, cuando ni siquiera se puede probar no ya que fundara la masonería española, sino incluso que perteneciera a dicha organización. La masonería se introduce realmente en España de una forma organizada entre 1809 y 1813 por el emperador Napoleón Bonaparte y por su hermano, José Bonaparte, que había sido nombrado gran maestro de la masonería española[40]. Así, en San Sebastián, Vitoria, Figueras, Gerona, Barcelona, Zaragoza, Talavera, Santoña, etc., se van configurando y constituyendo logias militares integradas exclusivamente por franceses (oficiales, cirujanos y médicos de los hospitales militares, proveedores, etc.) del ejército de ocupación y dependientes del Gran Oriente de Francia, en las que existe un elevado número de logias. No obstante, como es bien sabido, pese a su cierta independencia, todas ellas constituyeron su propia Gran Logia nacional de España.

La lista de miembros es muy amplia, porque existen funcionarios ministeriales, militares, músicos, hacendados, catedráticos, corregidores, pintores, comisarios de guerra, sacerdotes, médicos, escultores etc., entre los que destacan el abad Muriel, el biógrafo de Carlos IV. Paralelamente, las Cortes de Cádiz (1812), por medio del consejo de regencia, en ausencia y cautividad del rey Fernando VII, prohibieron la masonería en España y en los territorios de ultramar el año 1812. Con el regreso de Fernando VII y la reimplantación de la Inquisición —abolida momentáneamente por José I Bonaparte y por las Cortes de Cádiz—. En ese orden de cosas, el periodista Patricio de la Escosura recuerda cómo una turba de realistas asaltó al escritor y dramaturgo argentino Ventura de la Vega en la Puerta del Sol (Madrid), por dejarse crecer el pelo y llevarlo desaliñado. Esto fue considerado como un crimen reputado, que fue calificado como un síntoma clarividente de pertenencia a una logia masónica. En síntesis, tal vez se pued admitir como hipótesis de trabajo que entre 1814 y 1820 fue un movimiento que seguía tres cauces: una masonería con elementos conservadores, difundida por los franceses vinculados al régimen en tiempos de la ocupación; un grupo nacionalista-liberal[42], que tal vez acusaba influencias de la masonería inglesa, y que acabaría haciéndose fuerte en Cádiz, porque se trata de la masonería de Francisco Javier Ystúriz, Antonio Alcalá Galiano[43] y Juan de Dios Álvarez de Mendizábal; y, en última instancia, una masonería puramente militar de jóvenes oficiales activistas, entre los que habría que citar al militar José María Torrijos; al hacendista, político y militar Antonio María del Valle y, en última instancia, al marino liberal Juan Van Halen y Sartí.

Foto 4. El duque Philip de Wharton.

Foto 5: Antonio Alcalá Galiano (1789-1865).

Foto 6. Francisco Javier de Istúriz Montero (1790-1871).

Foto 7. Juan de Dios Álvarez Mendizábal (1790-1853).

La masonería, a pesar de las amnistías publicadas en los años 1832, 1833 y 1834, siguió estando prohibida y fuera de la ley durante el reinado de Isabel II. A las penas de privación de empleo e inhabilitación perpetua se añadieron otras de prisión o destierro de hasta seis años, así como considerables multas y sanciones económicas. Esto hizo que prácticamente no existiera una masonería organizada en España.

No obstante, hubo intentos más o menos positivos de hacerlo desde el extranjero, especialmente desde la capital lusa, donde ya en 1839 se constituye el Gran Oriente Nacional de España.

Otros intentos de organizar una masonería en España procedieron desde Francia, por parte de la llamada Masonería Hespérica Reformada (1845)[44], o incluso por el Gran Oriente de Francia. No obstante, y a pesar de la vigilancia policial, hay constancia documental de la fundación de algunas logias aisladas entre 1837 y 1868 que estuvieron asentadas en Granada, Bilbao, Vitoria, Gijón, Barcelona y Cádiz, todas ellas de origen extranjero, concretamente de Francia, Inglaterra, Portugal, Uruguay o incluso Cuba.

La masonería es, sin lugar a dudas, una de las corporaciones fundamentales para el estudio, desde una perspectiva histórica e institucional, que jamás hayan existido, pues la masonería está considerada como una institución iniciática, corporativa, filantrópica, simbólica e internacional. Esto lo conocemos, en primer término, debido a su perdurabilidad en el tiempo, pues escasas corporaciones continúan trabajando desde la llegada de aquel movimiento caracterizado por el uso de la razón: la Ilustración.

En segundo término, porque no ha habido sociedad tan ampliamente difamada y perseguida en tantos países del globo, aunque, con mayor relevancia, en España. A tenor de lo expuesto la masonería es una asociación universalmente extendida, originariamente secreta, cuyos miembros forman una hermandad iniciática y jerarquizada, organizada en logias, de ideología racionalista y carácter filantrópico, que llegó a nuestro país en los decenios finales del siglo XVIII, momento en el cual contaba con pocos miembros. Sin embargo, el fuerte influjo de la religión católica la ha condenado desde inicios del siglo XVIII mediante su poderosa arma represiva, cuando la Inquisición se convierte en un brazo de la religión[45], sin pruebas fehacientes[46].

Desencadenada la guerra de la Independencia contra el agresor francés, la incipiente nación española observaba, con reticencia, cómo muchos de sus territorios estaban integrados en la corporación masónica por las tropas francesas, medio por el cual la masonería tuvo sus caminos para difundirse por el continente europeo; si bien esa masonería apenas tenía elementos españoles, al estar circunscrita bajo los auspicios de Francia. Asentado el periodo liberal o incluso con las Cortes de Cádiz, la masonería tendría un cierto prestigio pero limitado, porque, durante los años 1820-1823, hubo un exiguo florecimiento, aunque los sucesivos reinados de los monarcas de la dinastía Borbón, Fernando VII e Isabel II, la perseguirían y condenarían sin paliativos. De hecho, habría que esperar a la revolución septembrina de 1868[47], aquella que hizo una transición al Sexenio democrático a través de una sublevación militar (algo usual en la época, ya que se realizaron un medio centenar de golpes de mano a lo largo del siglo XIX), para poder vislumbrar una masonería con «pedigrí» español, dispuesta a asentarse y a perdurar en el tiempo.

No obstante, ni la monarquía de Amadeo I de Saboya ni tampoco la I República dieron estabilidad a la institución masónica. Llegados a la Restauración, es posible afirmar que la masonería, aparte de existir legalmente, conseguirá difundir, con éxito, sus principios y valores.

El avance de las instituciones, aparte del desarrollo de la sociedad —contándose entre esta la masonería—, no evitó la mitificación de algunos temas relacionados con la corporación masónica. Por todo ello, este libro tiene un objeto claro, que consiste evidentemente en saber cuáles fueron los principales valores y las causas de la masonería en España, señalando y diferenciando las obras que realmente llevaron a cabo de aquellas que nunca pretendieron ejercitar: las *fake news* («noticias falsas») publicadas por las posturas antimasónicas que estuvieron dispuestas a otorgárselas. Finalmente, hay que aludir, en el relato, a la existencia de un mito que apunta al antiespañolismo de los masones (cosa que no se ha probado por la documentación histórica), como se ha venido explicando y publicando en las últimas décadas del siglo XIX.

Parece que tuvo mayor eco durante el desastre colonial y los disturbios políticos, momentos de la construcción de la nueva idea nacional, o incluso en los años de la Restauración, cuando se evidencia una fuerte crisis económica, política y social acompañada de una fuerte decadencia de identidad nacional, que a ojos o según las interpretaciones de los que perdieron en la contienda civil de 1936-1939, comenzó a remontar el vuelo a partir de la victoria ante las fuerzas republicanas y la consecuente implantación de una dictadura militar y social de 37 años de duración.

¿FUNDÓ EL CONDE DE ARANDA LA MASONERÍA EN ESPAÑA?

Foto 8. Pedro Pablo Abarca de Bolea y Ximénez de Urrea, X conde de Aranda, dos veces grande de España de primera clase, nació el 1 de agosto de 1719 y fallecería a los 79 años de edad, el 9 de enero de 1798. pintado por Francisco Jover y Casanova (1878). Museo del Prado.

Entre los capítulos de su vida puesta al servicio de cuatro reyes, Felipe V, Fernando VI, Carlos III y Carlos IV, resulta difícil establecer una escala de valores para conseguir la medida exacta de este político aragonés que llegó a ser el capitán general más joven de Carlos III y que, al margen de sus campañas militares en Italia, alcanzó entre otras metas la de embajador en Portugal (1755-1756), director general de artillería e ingenieros (1756-1758), embajador en Polonia (1760-1762), general en jefe del ejército invasor de Portugal (1762-1763), presidente del Alto Tribunal que juzgó la pérdida de La Habana (1764), capitán general y virrey de Valencia (1764-1766), presidente del consejo de Castilla y capitán general de Castilla (1766-1773), embajador y secretario de Estado plenipotenciario en París (1773-1787) y finalmente secretario interino de Estado o, incluso, primer secretario de Estado de Carlos IV (1792)[48], para luego continuar trabajando como consejero de Estado (1793-1794).

El conde de Aranda, durante el reinado de Fernando VI —en abril de 1747— fue nombrado mariscal de campo. Años después, el 28 de mayo de 1755, el conde de Aranda, que solo contaba con 36 años de edad, fue ascendido a teniente general. Poco después, el 3 de abril de 1763 —tenía entonces 43 años— alcanzó el puesto más alto de la administración militar: el grado de capitán general del ejército. Este extraordinario palmarés político-militar podríamos completarlo con sus honores, preeminencias y sus 23 títulos nobiliarios. Respecto a si el conde de Aranda era o no masón, si fundó o no el Gran Oriente Español, en primer lugar hay que constatar la escasa unanimidad y las constantes contradicciones existentes entre los que de una forma u otra se han ocupado de tratar la historia de la masonería española. De ellos solo cabe destacar el uso del tópico fácil, la total ausencia de pruebas, la trasposición de ideologías y, en última instancia, el desconocimiento no ya de la historia masónica, sino en algunos casos incluso de la historia de España. Así ocurre, por ejemplo, cuando se estudia una figura tan clave como Carlos III, el único rey europeo del que quizás se conservan más testimonios autógrafos de su pensamiento antimasónico, tanto durante los 25 años de su estancia y reinado en Nápoles como después, en los 29 años en que fue rey de España. A pesar de ello, en su reinado se le califica una y otra vez, sin pruebas documentales ni consistentes, de monarca relacionado con la masonería por su correspondencia privada, en la que, sin embargo, califica a la masonería como ese «gravísimo negocio o perniciosa secta»[49]. Entre los colaboradores masónicos de Carlos III suelen citarse a Leopoldo de Gregorio, marqués de Esquilache; al primer secretario de Estado durante los reinados de Fernando VI y Carlos III, Ricardo Wall; al ilustrado secretario de Estado, en materia de Hacienda, Pedro Rodríguez de Campomanes; al presidente del consejo de Castilla, Miguel María de la Nava y Carreño; al escritor y jurista Gaspar Melchor de Jovellanos; al político y traductor Pablo de Olavide; a Carlos Miguel Fitz-James Stuart y Silva, el duque de Alba, y de un modo especial, al protagonista de este capítulo, el secretario del despacho de Estado Pedro Pablo Abarca de Bolea, el conde de Aranda. La cuestión de la iniciación del conde de Aranda al universo masónico fue planteada por primera vez por el canonista e historiador Vicente de la Fuente en 1874, aunque no tomó partido, pero lo dejó publicado por escrito. Al año siguiente, una comunicación dirigida por el Gran Oriente de España al mundo masón, reproducida por Françoise-Pierre Deschamps, reveló que el conde de Aranda había sido uno de los miembros más celosos de la masonería y además su primer gran maestro en España.

Por otro lado, Miguel Morayta y Sagrario, al que su calidad de gran maestro hace que se le suponga enterado de los secretos de la corporación, dice que el conde de Aranda ejerció el cargo de gran comendador votado al constituirse en 1760, en una reunión de representantes de logias, el Gran Oriente español. Las logias, que hasta entonces vivían auspiciadas por Inglaterra, afirmaron en aquel día su independencia o, incluso, su regionalismo. Lo mismo se repite por parte de algunos eruditos como Francisco de Eguía, Antonio Suárez-Guillén, Armando Reig, Mariano Tirado y Rojas, Mauricio Carlavilla y tantos otros que se han ocupado de la masonería española desde dentro, en un segundo plano o, incluso, desde el exterior. Lo que por lo visto no sabía Miguel Morayta y Sagrario, y por supuesto tampoco los que después de él le han copiado con una total ausencia de crítica histórica, es que en primer lugar el conde de Aranda precisamente ese año, el de 1760, estaba de embajador en Polonia; y en segundo lugar, que los Grandes Orientes nacieron a la vida masónica en 1773, al ser nombrado el duque de Chartres gran maestro de la masonería francesa, que dejó de llamarse Gran Logia Nacional de Francia, cambiando el nombre de Grande Oriente Nacional de Francia. Sin embargo, es más frecuente dar como fecha de la fundación de la primera Gran Logia española por el conde de Aranda el año 1767, año en que fueron expulsados los jesuitas de la península ibérica. Pero la logia Tres Flores de Lys (*French Arms*), más conocida como La Matritense, junto a las inglesas de Gibraltar y Menorca, que figuraba en las listas oficiales de la Gran Logia de Inglaterra, fue borrada de esas listas precisamente el 27 de enero de 1768, simplemente por el hecho de que hacía ya mucho tiempo que no daba señales de vida. Frente a quienes aseguran que el conde de Aranda fundó el Gran Oriente de España en 1780, hay que indicar que tampoco esto es cierto, pues precisamente el año 1780, al igual que ocurrió en 1776, 1777 y 1779, el conde de Aranda estaba residiendo fuera de la península ibérica. Todas esas fechas coinciden con su estancia en París como embajador, donde permaneció desde agosto de 1773 hasta 1787. Como tantos autores afirman, el conde de Aranda fue iniciado en París importando, a su regreso, el modelo de la reforma francesa del Grande Oriente. Lo cierto es que no hay la menor alusión o referencia a la iniciación masónica de Aranda en los archivos del Gran Oriente de Francia. En resumen, todas las noticias dadas hasta nuestros días sobre la masonería del conde de Aranda, aparte de no contar con una sola prueba, ni siquiera ofrecen un mínimo de certeza, ya que todas ellas son confusas y contradictorias, cuando no claramente falsas[50].

El nacimiento de la masonería especulativa en Inglaterra durante el siglo XVIII (1717) y su institucionalización en las constituciones de Anderson (1723) fue seguida de una rápida expansión por el continente europeo, dando lugar a la fundación de numerosas logias e, incluso, a la aparición de heterodoxias con respecto a la ideología masónica fundacional. Este florecimiento vino acompañado, asimismo, de una fuerte represión, aunque —a partir de 1735— se sancionaron numerosos edictos prohibiendo y condenando la masonería en los diferentes territorios europeos, independientemente de las creencias religiosas de sus gobiernos: Holanda en 1735, el consejo de Ginebra en 1737, Suecia en 1738,

Nápoles, etc. Tales prohibiciones estaban motivadas por el secreto tan riguroso con el que los masones envolvían sus reuniones y juramentos, así como por la propia estructura del Estado en el Antiguo Régimen, contraria a la libertad de asociación. En este contexto, la Santa Sede también condenó la masonería mediante la promulgación y sanción de la bula de Clemente XII en 1738. No obstante, es preciso advertir que tal prohibición —así como la posterior de Benedicto XIV (1751)— no obedecía solamente a motivos de seguridad de los Estados, sino también a causas religiosas, como la sospecha de herejía por el hecho de admitir en las logias a individuos de diversas religiones. Para llevar a efecto estas condenas, la Santa Sede ordenó a las inquisiciones de los distintos reinos europeos la persecución de los masones. El 11 de octubre de 1738, el guipuzcoano inquisidor general Andrés de Orbe Larreatigui enviaba documentación fragmentaria a todos los tribunales del Santo Oficio, ya que desconocían el significado de la masonería.

En cuanto al primer edicto en el que se prohibía la masonería en nuestro país, no parece que tuviera mayor trascendencia, pues no volvió a comentarse nada de él hasta 1748, con motivo de unas delaciones que se hicieron al Tribunal de la Inquisición de Toledo, acusando a determinadas personas de pertenecer a la masonería. Lo más sorprendente de tales edictos es la desproporción que existe entre el delito y la pena que se impone a los acusados: pena de muerte y confiscación de bienes, lo que solamente estaba reservado para los herejes impenitentes. La desproporción cobra toda su dimensión si se tiene en cuenta que la Iglesia católica —y en consecuencia la Inquisición— condenaba una asociación que no sabía en qué consistía. De hecho, junto a la bula de prohibición de la masonería que la Santa Sede envió al inquisidor general, se instaba a que se descubriesen las características de tal organización y se enviasen a Roma. A partir de 1789, durante la Revolución francesa, el concepto que la Inquisición tenía sobre la masonería iba a cambiar radicalmente, como se comprobará a lo largo del texto.

Durante el periodo anterior, los masones eran considerados como individuos carentes de ética y moralidad; durante este preciso instante son considerados como disidentes políticos, liberales radicales o revolucionarios sin pruebas concluyentes y fomentando una imagen vilipendiada fruto de la propaganda del momento. Finalmente, la Inquisición considera a la masonería, durante este periodo, como algo foráneo, extranjero. Ello fue debido a la invasión napoleónica y a la consiguiente supresión del Santo Oficio, lo que permitió a numerosos españoles manifestar su conformidad con las ideas que traían los franceses y colaborar con ellos en el Gobierno con el fin de cambiar las instituciones de la monarquía hispánica. Sin embargo, restablecido el absolutismo y la Inquisición, se acusó a los colaboracionistas (afrancesados) del Gobierno anterior de malos españoles y, a veces, también de masones. No le faltaba razón al Santo Oficio en esta última acusación, pues, como es sabido, Napoleón utilizó la masonería como auxiliar político para difundir sus ideas. Pero los afrancesados no fueron los únicos en ser acusados de masones, también se incluyó en tal categoría a los liberales. Con todo, para estas fechas, el Santo Oficio estaba en su agonía y su actividad resultaba bastante parca.

En 1820 el Santo Oficio era suprimido definitivamente por los liberales y la represión de la masonería[51] recayó en otras instituciones. Durante la invasión francesa, algunos españoles, en su mayoría colaboracionistas, y también ciertos súbditos franceses, se aglutinaron en torno a la Gran Logia Nacional para las Españas y su red de logias, como las madrileñas San José, La Beneficencia de Josefina, Santa Julia, San Juan de Escocia de la Estrella de Napoleón, Los Filadelfos y La Edad de Oro. De todas estas, la más importante fue la de San José, que adoptó tal nombre en honor al rey José I Bonaparte, y que fue fundada a finales de 1808 o, incluso, en los primeros meses de 1809. En esta misma logia se iniciaron la mayor parte de los masones, aunque, poco más tarde, fundaron las demás corporaciones madrileñas. De ella salió también el núcleo integrante de la Gran Logia Nacional para todas las Españas, fundada en octubre de 1809 por el rey José I Bonaparte y que sería ubicada en un local de la calle de las Tres Cruces (en los aledaños de la Gran Vía de Madrid), donde se encuentra la antigua sede del Tribunal de la Inquisición. Por otro lado, José I Bonaparte (1768-1844) fue el primer gran maestro de la Gran Logia Nacional de España. El monarca, de origen corso, se inició el 8 de octubre de 1793 en la logia marsellesa La Parfaite Sincérité (La Perfecta Sinceridad)[52] y, con el apoyo de su hermano Napoleón Bonaparte, fue instalado como gran maestro del Gran Oriente de Francia el 5 de noviembre de 1804. El núcleo principal de los primeros integrantes de la Gran Logia Nacional de España estaba formado por militares, eclesiásticos y funcionarios partidarios de las ideas ilustradas y burgueses; todos ellos convencidos de la necesidad de impulsar las reformas políticas, administrativas, económicas y sociales llevadas a cabo con éxito en la Francia napoleónica. No obstante, algunos de estos masones tenían una marcada ideología liberal, ya fuera moderada o radical, pero otros eran abiertamente conservadores. La caída de José I Bonaparte, en 1814, supondría finalmente el exilio de los españoles y masones colaboracionistas (afrancesados). Respecto a los integrantes de la Gran Logia Nacional de España, con un toque afrancesado, existe una larga lista de supuestos masones, de esa época, que está custodiada en los legajos del Archivo Histórico Nacional, Archivo del Palacio Real, Archivo del Ministerio de Justicia, extractos de artículos periodísticos y, en última instancia, algunas crónicas de la época. De entre los miembros de la Gran Logia Nacional de España podemos citar al dramaturgo José Zorrilla, Sebastián Calvo de la Puerta y O'Farrill, teniente general de los reales ejércitos, consejero de Estado y marqués de Casa Calvo, el coronel Pedro Felipe Valencia y Codallos, militar, consejero de Estado durante el reinado de José I Bonaparte, conde de Casa Valencia y, por último, nombrado grado 31 del rito escocés antiguo y aceptado. Por otro lado, también era masón el general Pablo Morillo y Morillo, comandante de la expedición a Ultramar de 1814, gobernador y capitán general de Venezuela de 1815 a 1816, conde de Cartagena. Asimismo, está en esta lista el marqués de La Puerta, Cipriano Palafox, conde de Teba y hermano del también masón conde de Montijo, que fue militar e iniciado en la logia el 14 de abril de 1812; Vicente Pomar, marqués de Ariño, iniciado el 10 de septiembre 1811; el coronel Nicolás Pasqual del Pobil y Sannazar (1760-1837), III marqués de Arneva, gentilhombre de cámara durante el reinado de José I Bonaparte, que fue iniciado, como masón, el 12 de febrero de 1811. Por otro lado, también está en la lista el sacerdote Andrés Muriel (1776-1840), catedrático de Historia en la Universidad de Santa Catalina, de El Burgo de Osma, clérigo, iniciado en la logia Beneficencia de Josefina, afrancesado y autor de una vasta y notable obra, destacando el libro *El Gobierno del señor don Carlos III* (1839).

Otra figura relevante fue José María Magallón y Armendáriz (1763-1845), aristócrata, diplomático y marqués de Castelfuerte, Santiago y de la Cimada, grande de España. Y, en último lugar, destaca José Martínez de Hervás, un conocido banquero, hacendista, junto a otros protagonistas de la época.[53]

EL MITO DE LA MASONERÍA EN LAS CORTES DE CÁDIZ

Tras comprobar los orígenes de la masonería en el siglo XVIII y los primeros años del siglo XIX, existe un elemento fundamental para analizar en este monográfico que está relacionado con el estudio de los actos revolucionarios gaditanos por parte de la masonería contemporánea. Sin embargo, la creencia de que los diputados de las Cortes de Cádiz y, en general, el pensamiento liberal de esta época están dirigidos por las logias masónicas es completamente errónea. Con la invasión napoleónica y la subsiguiente supresión de la Inquisición, hay en nuestro país una doble masonería bonapartista: francesa y española. En todo caso, ahondar en la masonería en España en la primera mitad del siglo XIX supone mencionar fundamentalmente a la masonería bonapartista. Tras esto, José María Queipo de Llano, ministro de Hacienda y conde de Toreno, que vivió los acontecimientos históricos, afirma que Cádiz fue uno de los sitios en los que el gobierno intruso más se esforzó por propagar su masonería, siendo dos las logias principales que lograron establecerse. Es más, asegura, de manera explícita, que la masonería no intervino ni en el levantamiento de 1808 ni en el establecimiento de la Constitución y de las libertades públicas[54].

Por su parte, el escritor y político Antonio Alcalá Galiano, en sus *Memorias*, asegura que «en Cádiz, durante la guerra de la Independencia, semejantes reuniones habían tenido poco influjo»[55]. De hecho, como se añadirá en uno de sus textos, aún estaba a prueba para realizar su adhesión a la causa francesa, ya que los galos protegían las logias, que se extendían en los lugares ocupados por sus tropas. El análisis de la prensa gaditana de la época corrobora este aserto. Una de las pruebas de esta actitud de las Cortes gaditanas, no solo no influidas por la masonería, sino de clara orientación antimasónica, se encuentra localizada tras la firma de la Real Cédula, con fecha en Cádiz el 19 de enero de 1812, en la que se confirma el Real Decreto del 2 de julio de 1751, y se vuelve a prohibir la masonería en los dominios de Indias e islas Filipinas.

La unión del trono y el altar en la lucha antimasónica, tan característica del Antiguo Régimen, es enarbolada de nuevo por las Cortes constituyentes de Cádiz, con un significativo preámbulo de lo que iba a ser una constante a lo largo de todo el reinado de Fernando VII, quien utilizará contra los masones las dos armas más poderosas y arrojadizas a su alcance, como la policía monárquica o incluso la Inquisición.

En efecto, con el regreso de Fernando VII en 1814, se agudizó la campaña contra la masonería por parte de integristas (su origen se encuentra en los católicos ultramontanos) y clericales. Al poco tiempo, el 1 de mayo de 1814, se derogaba la Constitución de Cádiz, y por lo tanto, unas semanas después, el 24 de mayo, se publicaba en la *Gaceta de Madrid* (el actual Boletín Oficial del Estado) un Real Decreto que prohibía las asociaciones clandestinas por el perjuicio que causaban a la Iglesia católica y al Estado, aunque se desconoce que la masonería atacase a las instituciones estatales o, incluso, religiosas. De esta forma Fernando VII establecía claramente la alianza del trono y el altar en una defensa mutua, ya que de tal «armoniosa unión y mutua ayuda pendía la felicidad del reino».

Por otro lado la clandestinidad, o si se prefiere, el secreto, quedaban, una vez más, identificados con un presunto poder en la sombra; poder que, aunque no se menciona abiertamente, tenía un nombre entonces: la masonería, contra la que se convalidaba, en las Cortes, el Real Decreto. El 21 de julio de 1814 era restablecido el Tribunal del Santo Oficio, a causa de la presunta introducción de «las sectas anticatólicas introducidas en la nación durante la guerra de la Independencia»[56].

Como consecuencia de la acción inquisitorial llegaron al poder del Santo Oficio algunos libros de actas y listas de masones de algunas logias, como por ejemplo La Beneficencia de Josefina, que tenía su sede en Madrid, de la que se conservan hasta 106 nombres de sus componentes, de los que diez corresponden a eclesiásticos, como el ya citado abate Andrés Muriel. Entre los miembros de las logias Santa Julia y San Juan de Escocia de la Estrella de Napoleón encontramos otros diez sacerdotes y clérigos[57]. En cualquier caso se trata siempre de logias pertenecientes a la masonería napoleónica introducida en España por la dinastía bonapartista. No obstante, está pendiente la redacción de un estudio profundo de las sociedades secretas del primer tercio del siglo XIX, aunque no solo de la masonería, sino de la carbonería, de las sociedades patrióticas, de los reformadores, de las sociedades de amigos, de las asociaciones de estudiantes, iluministas, etc. En este sentido hay que hacer constar la intromisión foránea, que desvirtuó el espíritu de muchas sociedades y corporaciones secretas, y que intentó apartarlas de su fin originario. Aun así, habría que cuestionarse: ¿es esto posible, cuando la masonería es un elemento de formación intelectual y no tiene, *sensu contrario*, un fin determinado? Parece sensato pensar que se ha intentado demonizar, sin pruebas consistentes, a la corporación sapiencial. La ideología teísta y el objeto filantrópico que les eran propios en el siglo XVIII quedaron en varios casos —sobre todo en los países mediterráneos o latinos— superados o arrasados por la irrupción de los intrusos revolucionarios románticos, que utilizaron dichas sociedades secretas y, en especial, la masonería, como plataforma para la preparación de la revuelta romántica. Por otra parte, en la prensa y los escritos antirreformistas, al atacar a los liberales, muchas veces se insinúa o incluso se afirma categóricamente que estos eran adictos a la masonería. Para un nutrido grupo de conservadores clericales, el liberalismo era una permanente conspiración masónica. Por lo pronto, nos encontramos ante un grupo social, los masones, cuya existencia es considerada por unos como un instrumento en manos de los franceses, y por otros como los portadores de una ideología que anunciaba mejoras, reformas y que, por último, predicaba la idea de libertad.

Hasta el año 1813 no tenemos noticias de una logia gaditana de matiz liberal, por lo que habría que eliminar, *de facto*, que la masonería tiene una esencia de corte liberal. De hecho, Antonio Alcalá Galiano nos cuenta cómo realizó su ingreso en la masonería en octubre de ese mismo año. En el Taller Sublime (logia masónica gaditana) se encuentra, por ejemplo, con el catedrático y diputado a las Cortes generales extraordinarias José Mejía Lequerica y también al archiconocido y presidente del Consejo de Ministros Francisco Javier Istúriz.

Foto 9. Cuadro de Alberto Isla del pintor Domingo Valdivieso (1839). Ateneo de Madrid.

No obstante, la masonería apenas tuvo importancia en el Cádiz de las primeras Cortes constituyentes y liberales. Sin embargo, resulta llamativo lo que se ha dicho y se sigue diciendo, con un desconocimiento histórico de la realidad del momento, que casi todos los diputados de Cádiz se afiliaron a la masonería, siendo en su seno donde se redactó la Constitución de 1812. Pero también es importante recordar que los hombres, las ideas y las instituciones dan un cambio radical con la vuelta de Fernando VII. Es en este preciso instante cuando resulta que esa masonería que de 1809 a 1814 fue considerada por muchos como antipatriótica, porque era un instrumento en manos de los franceses y del rey «intruso», a partir de 1820, con el regreso del exilio de tantos españoles, adquiere una nueva vitalidad y orientación al presentarse solidaria de una ideología que es precisamente la que anunciaba mejoras y reformas y además predicaba la libertad. Con este programa, la masonería se atrajo a los intelectuales de la época y, sobre todo, a la juventud.

Los mismos masones fueron los primeros en hacer creer que la labor de las Cortes de Cádiz había sido inspiración suya. No falta quien asegura que la masonería les tendió a los emigrados políticos españoles, primero en Inglaterra y después a su llegada a España, la única mano amiga, con lo que logró acreditarse ayudándoles en los momentos más difíciles. Esto, que en el caso de Francia es más claro, sin embargo no lo es tanto en el de Inglaterra, ya que en los archivos de la Gran Logia de Inglaterra no hay un solo documento que lo confirme.

Concretamente no hay rastro en las listas de masones londinenses de ninguno de los siguientes españoles, que pueden ser quizá los más representativos, como el general Miguel Ricardo Álava y Esquivel, el marino, político y escritor Antonio Alcalá Galiano, el abogado y diplomático Agustín de Argüelles, el ministro de Asuntos Exteriores y jurista José María Calatrava Peinado, el hacendista, historiador y político José Canga Argüelles y Cifuentes, el periodista Juan Florán, el presidente de la Cámara de los Diputados en el Trienio liberal Manuel Flores Calderón, el abogado y economista Álvaro Flores Estrada, el científico y político Ramón Gil de la Cuadra, el presidente del Congreso y del Senado

Francisco Javier Istúriz, el primer presidente de la Diputación de Málaga y militar Juan Ignacio López Pinto, el alcalde de Madrid Juan de Dios Álvarez Mendizábal, el general Francisco Milans del Bosch, el general Juan Palarea, el político liberal Juan Romero Alpuente, el militar y general Evaristo San Miguel, el general José María Torrijos o, incluso, el comisario de guerra Cayetano Valdés y Flórez[58].

Por otro lado, Antonio Alcalá Galiano confiesa en sus *Memorias* que ingresó en la corporación por el convencimiento de que le traería grandes ventajas en sus viajes. Por lo que respecta al matemático y erudito Alberto Lista, confiesa que su ingreso en la masonería fue una mera curiosidad. Respecto a la logia en que ingresó Antonio Alcalá Galiano, así como la atribuida al ministro de Hacienda y conde de Toreno, apenas hay documentación. No obstante, en este preciso instante trasladamos nuestras mentes a Cádiz y la América Hispana para intentar explicar el presunto influjo de la masonería en la independencia de Iberoamérica, en la que hay numerosos conflictos y polémicas relacionadas con la historia de la masonería española, pero sin ninguna prueba ni evidencia documental. Según los datos recogidos en el *Diccionario enciclopédico de la masonería*, de Lorenzo Frau Abrines y Rossend Arús i Arderiu, se afirma que la masonería se introdujo en Hispanoamérica a partir de los primeros años del XIX y principios del siglo XX.

Las supuestas fechas que se ofrecen para los distintos países son las siguientes: Venezuela (1809), Chile (1817), Colombia (1827), Perú (1830), México (1840) y Uruguay (1855). De hecho, dos años más tarde, en 1857, se constituye el Supremo Consejo del Rito Antiguo y Aceptado para la América Central, con distintas sedes: San José de Costa Rica, Puerto Rico (1871), Paraguay (1889), Panamá (1907) y Bolivia (1916). Por lo tanto, el desarrollo y la configuración de la masonería es, pues, en la mayor parte de los casos bastante posterior a la independencia. Y en los otros casos cabría preguntarse si la presencia de la masonería en Iberoamérica es causa o más bien consecuencia de la independencia.

Tan solo consta la presencia de algunas logias masónicas a finales del siglo XVIII, y por consiguiente anteriores al movimiento emancipador, en cuatro países: Cuba, Argentina, Nicaragua y Santo Domingo. Este aspecto del papel desempeñado por los llamados libertadores o prohombres de la independencia, en cuanto miembros o no de la masonería, es una cuestión que necesita, igualmente, de clarificación, ya que la misma divergencia existe respecto al general José de San Martín, en conexión con el caso de Simón Bolívar. De estos quizá el dato más curioso es el decreto de prohibición de las sociedades secretas dado por Simón Bolívar en Bogotá, el 8 de noviembre de 1828, en el que quedan anatematizadas, desde su propia interpretación, todas las sociedades o confraternidades secretas, sea cual fuere la denominación de cada una. Esta prohibición de Simón Bolívar, a quien junto a Francisco Miranda se suele situar en las filas de la masonería, siendo este precisamente uno de sus títulos de gloria o denigración, dependiendo de la mirada, se suele comentar de manera sucinta. No obstante, resulta curiosa la fundamentación ideológica que el mismo Bolívar hace en dicho decreto de la subsiguiente prohibición. Dice así: «Habiendo acreditado la experiencia, tanto en Colombia como en otras naciones, que las sociedades secretas sirven especialmente para preparar los trastornos políticos, turbando la tranquilidad pública y el orden establecido; que ocultando ellas todas sus operaciones con el velo del ministerio hacen presumir fundadamente que no son buenas, ni útiles a la sociedad, y por lo mismo excitan sospechas y alarman a todos aquellos que ignoran los objetos de que se ocupan, oído el dictamen del Consejo de Ministros»[59].

Otro de los elementos fundamentales del siglo XIX es Eugenio de Palafox y Portocarrero, VII conde de Montijo. Fue un militar y político español, nacido en Madrid el 12 de febrero de 1773 y muerto el 16 julio 1834, hijo de Felipe Palafox y Croy, capitán de guardias valonas, y de María de Sales Portocarrero y Zúñiga, condesa de Montijo. En vida de su madre usó el título de conde de Teba y, en última instancia, contrajo matrimonio en 1792 con María Ignacia Idiáquez, hija del duque de Granada de Ega y, durante su convivencia, tuvieron una destacada conexión con las instituciones masónicas[60].

Foto 10. El conde de Torero. Retrato pintado en 1844 por Vicente Arbiol. Propiedad del Real Instituto de Estudios Astrurianos y conservado en el antiguo Palacio de los Condes de Teba de Oviedo.

Una serie de testimonios y documentos de la época confirman que, en 1817, se fundó un Gran Oriente de España, con sede en Granada, y que el conde de Montijo fue su primer gran maestro, que es el máximo representante de las logias. El político liberal y masón Valentín Llanos Gutiérrez, bajo el pseudónimo de Sandoval, explica en una obra publicada en el año 1826 que, tras la forzada disolución de las logias de Madrid, se hizo socio —junto al teniente Carlos Beramendi y Freire (1776-1832), heroico defensor del sitio de Gerona—, para que impulsara la creación, en Granada, de un Gran Oriente con el fin de que coordinara las actividades de las logias ubicadas en toda la península ibérica.

Foto 11. Eugenio de Palafox y Portocarrero, Conde de Teba. Cuadro de Francisco de Goya. 1804. Frick Collection, Nueva York (EE.UU.)

Carlos Beramendi contactó con Cipriano Palafox y Portocarrero, conde de Teba, quien convenció al masón conde de Montijo, capitán general de la provincia, para que se sumara al proyecto junto a otros iniciados. Así, quedó establecido el Gran Oriente en Granada, con la participación del conde de Montijo, el conde de Teba, Carlos Beramendi, el marqués de Campoverde, José González, en calidad de secretario; Bartolomé Gallardo, secretario de Montijo; el teniente coronel José Grases; el capitán Bartolomé Gutiérrez Acuña y otros militares, como el general Juan O'Donojú. Todos ellos pactaron elegir como gran maestro del nuevo Gran Oriente granadino al grande de España Eugenio de Palafox y Portocarrero (1773- 1834), que fue uno de los aristócratas más relevantes de la época[61]. Aunque pueda ser calificado por ciertos historiadores como ilustrado o, incluso, de corte liberal-moderado, lo cierto es que su madre, la condesa de Montijo, como la mayoría de la nobleza de la época, era profundamente conservadora.

Durante la mal llamada guerra de la Independencia, habiendo ya heredado el título de conde de Montijo, se mostró siempre defensor de las prerrogativas regias frente a las pretensiones de los liberales, que querían recortar tales poderes por medio de la carta magna, y ello hasta el extremo de llegar a ser detenido y encarcelado por desobediencia a la junta central. Además, combatió más tarde a los franceses bajo las órdenes del general Francisco Ballesteros y del capitán general de Cataluña y Valencia José O'Donnell.

El segundo pretendió sustituir la junta central por una regencia, llegando incluso a ser presidente. De hecho, se mostró contrario a la reunión y pretensiones de las Cortes de Cádiz. Tras la reacción absolutista de Fernando VII, Montijo fue, además, uno de los realistas encargados de delatar a los diputados gaditanos más exaltados y desleales al monarca. Desconocemos la fecha en la que el conde de Montijo ingresó en la masonería pero, dado que su hermano de sangre, Cipriano, el conde de Teba, se inició en 1812 en la madrileña logia bonapartista La Beneficencia de Josefina, es probable que Eugenio Palafox y Portocarrero fuera también iniciado por esas fechas, o incluso antes. En todo caso, en *Los papeles reservados* de Fernando VII figura como venerable de la logia de Granada, con el nombre simbólico Muley Abhin, y fue nombrado grado 29 del rito escocés antiguo y aceptado (rito de influencia francesa).

Un masón contemporáneo como Antonio Alcalá Galiano comenta en sus *Memorias* que en 1817 la cabeza de la corporación masónica no estaba en Madrid, sino en Granada, donde era capitán general el conde de Montijo, quien estableció allí un tipo de corporación que se difundió por toda la monarquía, siendo el general cabeza de la institución. Este hecho es confirmado en 1821 por personas tan políticamente opuestas como el general Juan Van Halen y Sartí, que fue masón, y por el médico José Manuel Regato, en calidad de espía de Fernando VII, como apunta Alcalá Galiano en sus *Memorias*, publicadas en 1830. Desde este Gran Oriente de Granada, cuya denominación en clave era Heliópolis, se estableció una red de comunicaciones con las logias peninsulares, cuyas ramificaciones más importantes estuvieron en la costa levantina a través de Valencia (Manuel Beltrán de Lis y Ribes), Murcia (Juan Van Halen Sartí) y Cartagena (José María de Torrijos y Uriarte y José López-Pinto Berizo). Sin embargo, dicha red de logias fue descubierta por la policía en 1817 y muchos de sus integrantes fueron encarcelados. Entonces, *Los papeles reservados* de Fernando VII explican que, ya desde junio de 1816, tenía varios agentes policiales y miembros del Gobierno infiltrados para vigilar las logias masónicas. Uno de ellos, el mencionado espía Antonio Calvo, habiendo logrado obtener la confianza del coronel Juan Van Halen Sartí durante un viaje a Ronda, descubrió que este era venerable de una logia masónica de Murcia, así como que había otras logias que trabajaban bajo los auspicios del Gran Oriente sito en Granada. Cuando el espía entregó a las autoridades eclesiásticas de la villa califal los documentos que dejaban al descubierto los nombres de algunos masones, la Inquisición procedió a la detención del conde de Montijo, el teniente coronel Juan López Pinto, el magistrado Juan Romero Alpuente, el administrador de Correos Juan Abascal, el militar y sublevado José María de Torrijos, etc. Entre estos detenidos se hallaba uno de los citados en la línea anterior, Juan Abascal, que es uno de los masones más importantes de la ciudad de Granada, que ejerció como administrador general de Correos de la capital del río Genil, y el cual estaba encargado de canalizar los mensajes entre el conde de Montijo, Juan Van Halen y Sartí y otros dignatarios de las logias asentadas en ciudades como Alicante, Murcia y Cartagena[62]. *Los papeles reservados* de Fernando VII contienen datos sustanciales acerca de su actividad masónica, como indica el documento: «D. Juan Abascal es masón con el nombre simbólico de *Vuedoa*, individuo del Soberano Gran Capítulo, o Gran Oriente del Gran Orden Masónico de España establecido en Granada, bajo la denominación de Heliópolis; cuyo Gran Capítulo es la autoridad suprema que en España reconocen los masones, y por lo que están sometidas a él todas las logias y demás establecimientos regularizados que tiene esta corporación en la Península. Que por el conducto y dirección de D. Juan Abascal se recibía en dicho Soberano Gran capítulo, o Gran Oriente, la correspondencia oficial de las logias de Alicante, Murcia y Cartagena»[63]. De hecho, también asistía a la logia Subalterna de Granada, y se halló como individuo de ella en la elección de dignatarios, en que fue nombrado venerable el capitán general de aquel reino, el conde de Montijo[64]. El Gran Oriente español quedó descabezado tras la operación policial de 1817, y fueron encarcelados muchos de sus dirigentes, sobre todo aquellos masones de Granada que decidieron «renunciar a la dirección de sus afiliados a favor de Madrid», en vista de que los miembros de la capital habían conseguido recuperarse desde la última acción gubernamental, y ya «contaban en su seno jefes de la guarnición, magistrados de un rango superior, oficiales de Secretaría y hasta personas del servicio de palacio»[65]. En una comunicación enviada al inquisidor general se informaba de que en 1817 había en Madrid «tres logias y un capítulo y que habían entrado tres sujetos de alto copete»[66]. Tras las delaciones del espía, el conde de Montijo fue detenido por ser masón, y permaneció encarcelado hasta su liberación tras el levantamiento del general Rafael Riego en enero de 1820. Como compensación por los años de cárcel fue nombrado capitán general de Valladolid, aunque fue destituido a las pocas semanas por el ministro de la Guerra, el general Pedro Agustín Girón, IV marqués de Amarillas, porque carecía de seguidores afines al nuevo régimen liberal. Tras una serie de escritos de queja, el conde de Montijo comprendió que el nuevo Gobierno no contaba con él, como tampoco lo hacía la nueva masonería, dirigida por los liberales. Lo cual no le impidió continuar su militancia masónica, de modo que en 1820, junto con su hermano Cipriano Palafox y el zaragozano marqués de Ariño, ingresó en la logia madrileña Los Amigos Reunidos de la Virtud Triunfante. Sabemos que esta logia, de perfil conservador, disconforme con la abusiva politización de la Gran Logia Nacional de España, que actuaba como soporte ideológico del régimen liberal, pidió su reconocimiento o la supuesta regularización del Gran Oriente de Francia. Eugenio Palafox, al poco tiempo, murió sin descendencia en 1834, tras lo cual le sucedió en el mayorazgo su hermano menor.

La Inquisición, al servicio del rey Fernando VII, destaca por encima de todo la voluntad de represión de cuantas personas o grupos participaron con fines más o menos reformadores o liberales. En España la palabra masonería se ha interpretado con demasiada frecuencia como sinónimo de anticristianismo, contubernio político, complot económico, sectarismo fanático y, en definitiva, ha sido vilipendiada y tildada de una serie de elementos perversos, misteriosos y oscuros, los cuales hasta la fecha no se han averiguado. Esta misma injusticia se ha cometido con la Institución Libre de Enseñanza. Un acercamiento a la tradición del pensamiento masónico europeo permite apreciar la envergadura histórica de nuestro pasado liberal y, dentro de él, de la Institución Libre de Enseñanza, fundada por Julián Sanz del Río en 1876[67].

La Gran Logia de Inglaterra, en varias ocasiones, ha tenido que defenderse de una serie de *fakes news* que se han publicado a lo largo de los años. De hecho, en 1950, en carta dirigida a la Gran Logia de Uruguay se expresó diciendo que la masonería no era un movimiento filosófico que admitía toda orientación y opinión. La verdadera masonería es una práctica ritual, para conservar y extender la creencia en la existencia de Dios, para ayudar a los masones a regular su vida y su conducta en los principios de su propia religión, cualquiera que esta sea (cristianismo, judaísmo e islam), pero esta debe ser una religión que tenga un libro sagrado sobre el cual pueda el iniciado prestar juramento. Por supuesto, tampoco tiene nada que ver con toda esa serie de leyendas con que se la ha rodeado, y donde el solo nombre de masón evoca misas negras, profanación de hostias consagradas, asesinatos de niños, culto a Satanás o incluso venganzas sangrientas, así como un cúmulo de fábulas que han llegado a cobrar consistencia por obra de los maestros, cuya ignorancia sobre el tema les ha permitido deformar sistemáticamente los mitos de la masonería, por distintos intereses político-religiosos y de ciertas ideologías necesitadas de prefabricar conspiraciones y contubernios judeomasónicos. Las sociedades que sean religiosas, políticas, profesionales, económicas o comerciales observaban, con añoranza, un ritual durante sus reuniones; tenían símbolos, signos, saludos, palabras de la corporación o contraseñas para reconocerse entre sus miembros. Por otro lado, asociaciones semejantes se formaron en todos los cuerpos de oficio. Pocos gremios del Medievo han tenido tanto influjo y repercusión en la historia posterior.

La logia era un edificio administrativo provisto de mesas o tableros de dibujo, en la que había un suelo de yeso para trazar los detalles de la obra. Desde el punto de vista administrativo, la logia era también un elemento simbólico, bajo la autoridad del maestro, quien mantenía la disciplina y las normas de la corporación iniciática. Es en este lugar donde se acometían obras de alguna importancia. Se construyeron logias, y a su alrededor habitaciones convertidas en colonias o conventos, ya que los trabajos de edificación duraban varios años.

La vida de estos trabajadores estaba reglamentada por estatutos, cuyo fin principal era lograr una concordia completamente fraternal, porque para realizar una gran obra era indispensable que convergiera la acción de las fuerzas unidas. Como todos los gremios medievales, también los albañiles tenían sus patronos o protectores, que eran honrados con solemnes fiestas. Estos eran los dos san Juan, el Bautista y Evangelista, más conocidos con el nombre de san Juan de verano y san Juan de invierno, y en especial los cuatro santos coronados o *quator coronatorum*. Así, por ejemplo, los Estatutos de Ratisbona de 1559 comienzan de esta manera: «En el nombre del Padre, del Hijo, del Espíritu Santo, de la bienaventurada Virgen María, así como de sus bienaventurados siervos, los Cuatro Santos Coronados, a su memoria eterna». Previamente, en la Inglaterra del siglo XIV, aparece por vez primera el nombre de masón o *free-stone-mason*, es decir, el albañil que trabaja la piedra, para distinguirlo del *rough-mason*, que tiene una calificación de trabajador más rudimentario con un nivel más bajo; aunque esta terminología, generalmente, se aplica a los canteros ingleses. Esta documentación está expuesta en un acta parlamentaria, correspondiente al año veinticinco del reinado de Eduardo III.

No obstante el término de franquicia para algunos autores tendría relación con la exención o liberación de los albañiles de las grandes construcciones, respecto de las corporaciones de las ciudades en las que vivían. Y estos grupos de masones itinerantes defendían con gran empeño su unión y sus franquicias o exenciones, no queriendo depender en modo alguno de las corporaciones locales, lo que hoy día llamaríamos la autonomía sindical. De hecho, la transición de la masonería medieval, que es la masonería operativa, a la masonería moderna o, también llamada masonería especulativa, puede seguirse a través de una serie de documentos. Estos datos se encuentran principalmente en la famosa Gran Logia de Edimburgo, que tenía sus reuniones en St. Mary Chapel. Precisamente esta corporación ha conservado sus archivos completos desde 1599[68] aunque, como se ha comentado previamente, es difícil conectar ambas masonerías. No obstante, estos archivos nos permiten constatar que a lo largo del siglo XVII aparecen, al lado de los verdaderos operarios que trabajan la piedra, otros actores que ejercían una profesión totalmente diferente: abogados, profesores, mercaderes, cirujanos, etc., iniciados como masones aceptados o nombrados como miembros honorarios. Suele tratarse de aquellos personajes de la alta sociedad que patrocinaban los gremios y les prestaban ayuda. Por otro lado, la aparición y el desarrollo de las academias de arquitectura superaron el sistema gremial de aprendizaje de la construcción. Al concluir la edificación de las grandes catedrales, las corporaciones y las logias masónicas fueron paulatinamente quedando en manos de los miembros adoptivos, o de los francmasones adoptados, iniciándose a partir de 1717 y, más concretamente, en 1723, con la publicación de las constituciones de Anderson.

El periodo de transición abarca fundamentalmente de 1660 a 1716, época de desestabilización política, social y económica en Europa. Tras esto, una gran parte de los masones europeos se había concentrado en Inglaterra para reconstruir la ciudad de Londres, prácticamente destruida a raíz del incendio de 1666, como lo confirma el monumento que se construyó, poco tiempo después, en la capital británica. La redacción y el articulado de dichas constituciones corrieron a cargo de un pastor protestante, John Theophilus Desaguliers, y un presbítero anglicano, James Anderson[69].

La primera edición apareció publicada en 1723. En ella, de una forma simbólica, se hace constar que en adelante ya no será la catedral un templo de piedra que construir, sino que el edificio tiene que construirse en honor y gloria del alter ego masónico, que será el elemento simbólico que enseña a la humanidad para la construcción intelectual del ser humano.

El trabajo sobre la piedra bruta destinada a convertirse en cúbica, es decir, apta para las exigencias constructivas, será el hombre, quien habrá de irse puliendo en contacto con sus semejantes. Cada útil o herramienta recibirá un sentido simbólico: la escuadra, para regular las acciones; el compás, para mantenerse en los límites con todos los hombres; el delantal, símbolo del trabajo, que con su blancura indica el candor de las costumbres y la igualdad; los guantes blancos, que recuerdan al masón que no debe jamás mancharse las manos con la iniquidad; finalmente el volumen de las Escrituras Sagradas (Biblia o Corán), para regular la fe.

La masonería proporcionaba un lugar de encuentro de hombres interesados por el humanismo como fraternidad, por encima de las separaciones y de las oposiciones sectarias que tantos sufrimientos habían acarreado a Europa la Reforma, por una parte, y la Contrarreforma, por otra. Parece que les animaba el deseo de encontrarse en una atmósfera de tolerancia y fraternidad.

El artículo fundamental de las constituciones de 1723 lo subraya claramente al exigir a todo masón la creencia en Dios como medio de conciliar una verdadera amistad entre sus miembros. Otro artículo de la carta magna masónica precisa que no serán permitidas, en el interior de la logia, las conversaciones concernientes a la política y a la religión y, en última instancia y mucho menos, potenciar las polémicas, en el seno de la logia, relativas a la religión o a la situación política. De hecho, son pocos los artículos, pero todos ellos son claros, precisos e inspirados en los más nobles sentimientos de fraternidad y honor. Además, se inculca la práctica de la virtud por el sentimiento del deber, no por la esperanza de premios o por el temor de castigos. Como anotación, en aquella época no se hace distinción de clases, creencias políticas o, incluso, religiosas. Es curioso observar que fuera en las logias masónicas donde precisamente se establecieron normas en las que la tolerancia religiosa permitía la convivencia de católicos y protestantes, precisamente en una estructura iniciática en la que los católicos eran duramente perseguidos.

Tanto la masonería reflejada en sus propias constituciones, como la que resulta de los informes de la policía de diversos países o los de la Inquisición, viene a ser una asociación o corporación basada en una cierta mística ritualista, tomada en gran parte de sus tradiciones medievales, que respetaba y armonizaba a todas las religiones monoteístas, actitud que suponía la tolerancia religiosa, que en aquella época era sinónimo de herejía, y en la que los masones se encontraban dentro de un ambiente social en el que se borraban las diferencias de clases, fortuna y religión, y en el que dentro de un espíritu de fraternidad e igualdad podían dar cauce a la filantropía[70].

La unanimidad de noticias, informes, publicaciones, correspondencias, etc. a lo largo de todo el siglo XVIII, provengan del país que sea, resulta tan reveladora como sus propias constituciones. La masonería regular se describe como una especie de congregación, por encima de las divisiones políticas y religiosas del momento, de hombres que creían en un Dios monoteísta, que respetaban la moral natural, y que querían conocerse, ayudarse y trabajar juntos a pesar de la diferencia de rango social, de la diversidad de sus creencias religiosas y de su filiación a confesiones o partidos.

El denominador común de la masonería del siglo XVIII, en países tan dispares como Austria, Italia, Portugal, Suiza, Francia, Holanda, Bélgica, Alemania, Suecia, México, Inglaterra, Perú etc., es el de una asociación admiradora de la armonía de la naturaleza y propagadora de la amistad universal entre los hombres, que permitía a cada uno encontrar en las logias su bienestar, gracias a la tolerancia de los demás.

El secreto, cuyo origen procedía de la necesidad de conservar cuidadosamente las construcciones arquitectónicas de la Edad Media, sobre todo en lo que respecta a los secretos de los maestros de obras[71], de la misma forma que se observa en sus ceremonias, su gusto por lo simbólico y/o litúrgico, son elementos que dotaban a la masonería de un incentivo místico que ejercía un poderoso atractivo, que hizo que fuera masiva la afluencia a las logias de católicos y de eclesiásticos. De hecho, esto explica no solo la presencia de sacerdotes en la mayor parte de las logias europeas, en las que figuran obispos, abades, deanes, canónigos, teólogos y toda clase de sacerdotes. Entonces, tras desmontar el mito relacionado con la masonería y las Cortes de Cádiz, se procederá a resolver el enigma: ¿existieron masones liberales tras la promulgación de la Constitución de 1812? Todo esto y mucho más se irá desvelando en las siguientes páginas.

¿CONSTITUCIONALISMO LIBERAL MASÓNICO?

El papel jugado por la masonería en la evolución del periodo revolucionario que culminó en el Trienio liberal es discordante en cuanto a su intensidad, dado que no fue hasta 1814 cuando de verdad empezó a actuar con una clara intencionalidad política. Con todo, hay que afirmar que dicha intencionalidad ha sido lugar común en determinados tratadistas, que muchas veces han querido ver su mano detrás de otros importantes acontecimientos. En España, de raíz, se encontró con dos serios obstáculos para su desarrollo, como fueron la Iglesia católica y la Corona.

Como ya se ha comentado en el libro, en 1738 el papa Clemente XII condenó la masonería y, en 1751, lo hizo igualmente Fernando VI, de forma tal que, más que de una existencia organizada, es posible aludir a una presencia esporádica de las corporaciones masónicas[72]. Aunque con datos confusos, como ya se ha explicado previamente, la primera logia en España data de 1728, cuando el duque Philip Wharton erigió, en Madrid, la corporación La Matritense. Por lo que a Cádiz respecta, tenemos el testimonio, muy difícil de creer, del abate y filólogo Lorenzo Hervás y Panduro que, en su obra *Causas morales de la Revolución francesa*, presenta un documento manuscrito de 1748, hallado en Viena, que alude a una logia existente en Cádiz con casi un millar de miembros. Para más información, hay que mencionar a Ramón Solís, quien apunta, sin pruebas documentales, que las logias gaditanas del siglo XVIII respondían a una finalidad puramente comercial, al estar las actividades mercantiles internacionales poco protegidas por el Estado. De esta manera, cuando los comerciantes necesitaban ayudas económicas, socorro, ayuda mutua, contactos y medidas de protección, se comenta, sin pruebas, que podrían hallarlas en el interior de estas sociedades secretas.

En los primeros compases del siglo XIX, constan dos nombres de gaditanos en la logia La Reunión Española, ubicada en la ciudad Bretaña de Brest en el año 1801. Tales nombres son los oficiales de la Armada Gerardo Murphy y Manuel de la Iglesia. Entonces, justo en este preciso instante, la influencia masónica en España estará dirigida por Francia a través del rito bonapartista y es, en 1807, cuando existe o hay noticias de una logia gaditana, La Double Alliance (La Doble Alianza), que constaba de veinte miembros franceses, cuatro españoles y, de ellos, solo uno natural de Cádiz, que era un negociante de esta época llamado Domingo Escandón.

Existe una cuestión controvertida, como es la de suponer que la masonería tuvo una gran influencia en las Cortes de Cádiz y que, incluso, muchos de sus diputados eran masones. Entre los testimonios que parecen desdecirla, encontramos los que aportan dos masones tan significativos como José María Queipo de Llano, el conde de Toreno, y el marino y político gaditano Antonio Alcalá Galiano. El primero escribe que la masonería en las Cortes gaditanas apenas se hizo notar, porque su influjo era muy limitado por la vigilancia del Gobierno constitucional y, a renglón seguido, nos informa de que «ni los diputados a Cortes, excepto alguno que otro por América aficionado a la perturbación, entraron en las sociedades secretas». Por su parte, Antonio Alcalá Galiano asegura que «en Cádiz, durante la guerra de la Independencia, semejantes reuniones (masónicas) habían tenido poco influjo. Aún estaba mirado el ser de ellas como una especie de prueba de adhesión a la causa francesa»[73]. Alguno de los expertos, como el historiador gaditano Adolfo de Castro y Rossi, nos informan de que, a partir de 1812, la masonería fue adquiriendo cada vez más importancia en Cádiz y, aunque la ciudad contaba entonces con pocos iniciados, estos «eran de gran valía». Todos estos testimonios no concuerdan mucho con lo que encontramos en buena parte de la prensa gaditana de aquellos años, porque son relativamente frecuentes las alusiones a la masonería en periódicos como el *Diario Mercantil* o el matinal *El Sol de Cádiz.*

En el primero se hace de forma entre satírica e insinuante, siendo de destacar sus letrillas tituladas *Descubrimiento para conocer a los francmasones*, publicadas el 11 diciembre de 1812. En el segundo, claro representante de la prensa reaccionaria, fueron tan continuos sus ataques por identificarla con los liberales que, al final, dicho rotativo acabó prácticamente siendo un panfleto amarillista. Mucho más curiosa, por lo que tiene de desconcertante, es la feroz crítica sobre el momento político que se vivía del polémico periodista leonés Juan López Cancelada, y que hemos de tomar en consideración con las correspondientes prevenciones. En el número correspondiente al 31 de agosto de 1813 del matinal *El Telégrafo Mejicano* que, a pesar del título del rotativo, se publicaba en Cádiz, no ahorra epítetos difamatorios en relación con la labor de las Cortes de Cádiz y su influencia de la masonería. En referencia a la Constitución de 1812, la califica de «verdadero parto de los montes», a la asamblea legislativa, de no existir una clara división de poderes y, en cuanto a sus componentes, de pertenecer a «mil partidos incrédulos y fanáticos, liberales y antiliberales». «Todo ello sin contar los masones, en cuyos clubs, pubs o sociedades en las que asisten embajadores extranjeros, se fraguan los decretos que organiza el Gobierno y distribuyen los empleos de la monarquía. Con quinientos duros se suscribió uno en la logia para enviar tropas a México, con tal de que se destituyera de La Habana a Joaquín José de Muro y Vidaurreta, gobernador Someruelos», durante la revolución de 1820. Previamente, con el retorno de Fernando VII, en 1814, el absolutismo otra vez se implantaba, quedando la Constitución de 1812 sin vigor y saliendo toda clase de panfletos destinados a la exaltación del «altar y el trono» y a proponer castigar a un millón de familias prostituidas al libertinaje y el afrancesamiento.

El Ayuntamiento gaditano, aludiendo a la masonería, pedía en un memorial dirigido al rey el restablecimiento de la Compañía de Jesús y, tras esto comenzó a atacar, sin pruebas documentales, «a las herejes, peregrinas, absurdas doctrinas de los impíos llamados filósofos»[74]. De forma más explícita, en un libro difundido por la ciudad, se hacía referencia a «los desgraciados días y a los esfuerzos que ha hecho cierta clase de gentes reunidas en logias detestables». A continuación, el 24 de mayo de 1814, el Gobierno ordenó la desaparición de las logias, y el 15 de enero de 1815 declaró que serían absueltos de toda pena los masones que en el término de quince días delataran a los demás o a ellos mismos. Fue, pues, en este contexto político (1814-1820) cuando la masonería, que hasta aquí había tenido un relativo arraigo y un cierto matiz extranjerizante, tomó partido decidido por la causa liberal.

En su seno empezó a fraguarse toda una serie de conjuras e intentonas para reinstaurar la Constitución de 1812[75], resultando obvio, a los ojos de los absolutistas pero sin pruebas documentales, su carácter oculto y hasta misterioso. No en balde, como se afirmó entonces, «masón y conjurado era en España en aquellos días una misma cosa». Aquí entramos en el papel jugado por la masonería como un elemento más de cuantos contribuyeron al triunfo del liberalismo. No hemos de olvidar al ejército, ya que casi cuatro mil oficiales habían permanecido prisioneros en Francia cuando la guerra de la Independencia y muchos de ellos tomado contacto con la masonería. Fue frecuente la afiliación a las logias en el ámbito de las guarniciones andaluzas, estimándose que un 15 por ciento de las mismas pertenecía a la masonería.

Por tanto, la concentración en torno a la bahía de Cádiz de un cuerpo expedicionario con destino a Hispanoamérica, en 1818, supuso una gran oportunidad para que se intentase un pronunciamiento contra la Corona y volver a la Constitución de 1812. En principio, se previó un apoyo masivo de las tropas, creyéndose que abrigaban un doble deseo: de un lado, evitar el arriesgado embarque a Ultramar y, de otro, llevar a cabo un golpe de Estado. En lo que respecta a cuánto de verdad hay en todo esto, si seguimos al político liberal Ramón de Santillán, testigo de aquellos hechos, nos confirma que «no era demasiado considerable el número de jefes y oficiales de aquel ejército afiliado a la conspiración». Incluso, por otro lado, se creyó que el propio general en jefe, Leopoldo O'Donnell, era masón y garantía del éxito de ese acontecimiento, cuestión esta que pronto se demostró equivocada. En este momento, Cádiz fue el núcleo central de la gran conspiración, que culminó con el pronunciamiento del general Rafael Riego en 1820.

La trama estaba dirigida por una entidad oculta, el Soberano Capítulo, que lejos de los convencionalismos y ritos propios de la masonería, celebraba sus reuniones en la casa de los Istúriz (que hoy en día es el Casino de Cádiz). Sin embargo, dado que esta entidad se consideraba demasiado abstracta y poco pragmática, se creó una nueva con mayor eco, El Taller Sublime, que tenía una férrea red de contactos entre los diversos regimientos acantonados. No obstante, se pone en duda, si no la existencia de estas logias, sí al menos su terminología, producto de la imaginación de Antonio Alcalá Galiano cuando, en su ancianidad, publicó sus *Memorias*, en las que rememoró estos acontecimientos.

Una vez que triunfó la revolución de 1820, después del primer Gobierno presidido por Agustín de Argüelles, comenzaron las luchas internas en el seno del liberalismo. A pesar de quienes aseguraban entonces que la masonería seguía unida y activa, «formando parte del gobierno oculto del Estado», lo cierto es que estas disputas tuvieron también una especial repercusión en su existencia. Así pues, una facción disidente, que al principio actuó como un grupo de exaltados, se erigió en una nueva sociedad, la de Los Comuneros, cuyos conspiradores fueron los liberales, como el erudito y bibliógrafo Bartolomé José Gallardo y el político liberal Juan Romero Alpuente.

En Cádiz, a raíz del pulso que se sostuvo con el Gobierno durante el otoño de 1821, la nueva sociedad desempeñó un importante papel en connivencia, incluso, con las propias autoridades. Pero donde las posturas volvieron a radicalizarse fue en los sucesos de julio de 1822, momento en que se produce la intentona, sin éxito, de la Guardia Real, en Madrid, para reinstaurar a Fernando VII como monarca absoluto.

Por otro lado, en Cádiz, los elementos más exaltados organizaron una serie de tumultos que acabaron con la destitución de las autoridades gubernativas y la creación de una Junta de Seguridad. De hecho, decididos a llevar la revolución hasta el final con reivindicaciones hasta de calado social, aprovecharon para contrarrestar el peso de los masones, a los que consideraban demasiado moderados. Hasta principios de 1823, con la sombría perspectiva de una invasión extranjera para poner fin al sistema constitucional, la actividad comunera en Cádiz siguió en su radicalismo.

Estos enfrentamientos se hicieron más patentes el 12 de enero, cuando en la plaza de la Constitución (hoy llamada de San Antonio) se agolparon grupos de ciudadanos; unos profiriendo gritos de «viva Padilla y sus hijos», de clara inspiración comunera, y otros, los masones, contestando con vivas a «Riego con mandil»[76].

Hasta a la prensa llegaron estos enfrentamientos, provocándose una encarnizada lucha entre los medios escritos, pues el *Diario Mercantil*, matinal, liberal-moderado, acusó a los comuneros (masones) poco menos de traer todos los males a España y de sembrar constantemente la discordia en las instituciones. Acto seguido, tildó sus doctrinas de maquiavélicas y de atraerse a muchos ilusos, seducidos bajo el sagrado nombre de constitucionales, citando a «hombres que a boca se titulan *zuidadanos*» y gritan «*semos* libres por la Constitución»[77]. Incluso los alumnos de la facultad de Medicina tomaron partido en estas revueltas[78].

El matinal *El Diario Constitucional*, favorable a la causa de los comuneros, movilizó sus brazos mediáticos para contrarrestar al *Diario Mercantil*, al que acusó de no querer reconocer que, prácticamente, la ciudad de Cádiz había optado por los delitos de «comunería» (relacionados, de forma intrínseca pero sin consistencia documental probada, con la masonería). Independientemente de otros muchos ejemplos ilustrativos que se pueden presentar, lo cierto es que todos estos choques supusieron un serio desgaste para un régimen en plena agonía, cuya supervivencia paradójicamente dependía de todo el espectro liberal, ya fuesen masones o comuneros. Al final, ante la gravedad de la situación, ambos fueron atemperando sus diferencias en la ya inevitable caída del propio sistema en 1823.

La historia en las últimas décadas vive, en cierto sentido, espoleada y a golpe de centenarios que sirven para repensar y replantear hechos tradicionalmente asumidos, pero que hoy suscitan no pocas dudas. En la actualidad, la doble conmemoración de los doscientos años de la Constitución de Cádiz y de las independencias americanas permite abordar una serie de cuestiones en esa transición del antiguo al nuevo régimen, del absolutismo al liberalismo o, lo que es lo mismo, de la tradición al reformismo.

En segundo lugar, hay que mencionar la presencia de los diputados americanos en las Cortes generales y extraordinarias de Cádiz (1810-1813) y en concreto a los «novohispanos» (relacionados con Nuevo México), que fueron los más numerosos, y que en algunos casos fueron perseguidos y encarcelados por la policía de Fernando VII, acusados de masones. No obstante, esta acusación se repetirá en cierta literatura como un hecho incuestionable.A raíz de la libertad de imprenta concedida por esas Cortes en 1812, proliferó una abundante literatura de folletines, pasquines, prensa y libros que hicieron, a la masonería, protagonista de hechos históricos que no se corresponden con las fuentes documentales, cuya revisión, con motivo del bicentenario de la independencia, nos estamos planteando a un lado y otro del Atlántico, en un marco geopolítico que tiene tantos aspectos comunes y al mismo tiempo diferentes.

La masonería, en abstracto, fue utilizada como arma arrojadiza, en función de los intereses espurios y del momento histórico, por distintos grupos como liberales, serviles, bonapartistas, revolucionarios, monárquicos, independentistas, absolutistas[79], constitucionales y, por último, republicanos. De hecho, lo fue en los dos hemisferios, en el europeo y en el americano, en los que curiosamente no había masonería, pero parece que existía una enraizada antimasonería. Por otro lado, como ocurre con tantos otros acontecimientos históricos, hay que preguntarse: ¿la masonería hizo la independencia americana, ya que es uno de los mitos más arraigados —especialmente entre los masones—, o más bien se benefició de dicha independencia? Ya que fue a partir de la misma cuando en América se pudo reorganizar y desarrollar de una manera orgánica.

La justificación y promulgación de esta Real Cédula, promulgada en ausencia y cautividad del rey Fernando VII, se basa en el peligro que el Consejo de Regencia veía «en la propagación de la secta francmasónica»[80], repetidas veces proscrita por los pontífices romanos y por los monarcas católicos en toda Europa, y especialmente en que se habían descubierto «en mis dominios de Indias alguno de estos perversos conventículos». En consecuencia, se ordenaba y mandaba a todos los jueces que ejercían en esos dominios la jurisdicción real ordinaria, una vez derogados todos los fueros privilegiados, incluido el militar, procedieran «contra los expresados francmasones, arrestando sus personas, aprehendiéndoles los papeles y utensilios de los que sirven al uso de la secta masónica»[81] que se les encontraran o, si eran naturales de esos o estos dominios, privados de empleo, título, hábito y cualquiera otra distinción, se les remitiera a España. En el caso que fueran extranjeros, aun con carta de naturaleza y habiendo residido muchos años en América, se les desterrará, previa confiscación de todos los bienes. La ambigüedad con que en dicha Real Cédula alude a los «perversos conventículos»[82] que se habían descubierto en la América Hispana, y que en otro lugar son identificados con la «secta masónica»[83], da la impresión de que fue motivada por meras denuncias o por papeles de otros «conventículos»[84] más políticos que masónicos vinculados con la insurgencia e independencia, que se estaba gestando en la capital británica en torno a Francisco Miranda, que residió en una casa victoriana de Fitzrovia Square, en Londres.

Por otro lado, el 28 de abril de 1811 Carlos Alvear[85] envió, desde la capital británica, una misiva comprometida a Rafael Diego Mérida, que fue el escribano interino de Caracas. En la correspondencia epistolar se habla de las sociedades Caballeros Racionales[86], con listados de sus componentes, organización, ramificaciones, etc. Dichas cartas formaban parte de un paquete de Correos enviado por Luis López Méndez, delegado de la junta revolucionaria mirandista de Londres y que fue entregado al sobrecargo del bergantín inglés La Rosa, capitaneado por el marino John Grown, con destino a Caracas. El citado bergantín inglés, al mando del capitán John Moake, fue apresado cerca del cabo Codera, el 3 de enero de 1812, por el corsario particular realista de Puerto Rico El Valiente Rovira. La correspondencia encontrada la entregó al comisario real de Puerto Rico, nombrado por el consejero de Regencia, Antonio Ignacio Cortavarría. Una vez revisada, el mismo funcionario al que le comunicó su contenido al Consejo de Regencia y pasó una circular informando y alentando al virrey del Nuevo Reino de Granada, en Portobelo, al gobernador y capitán general de Venezuela, como más próximos a los destinatarios de las cartas, tanto más que el 5 de julio de 1811 ya se había firmado en la ciudad de Caracas el acta de independencia absoluta de Venezuela de la corona real española. También lo hizo a las demás dependencias españolas de América, poniéndoles sobre aviso y exigiéndoles estricta vigilancia del movimiento revolucionario de las sociedades secretas promovido por los insurgentes americanos en los territorios bajo su mando.

Resulta difícil que estas cartas interceptadas provocaran la Real Cédula del Consejo de Regencia, pues las fechas son muy ajustadas, apenas un par de semanas entre la aprehensión de las mismas, firmada el 3 de enero de 1812, y la Real Cédula, publicada el 19 de enero de 1812, a no ser que la fecha dada por el narrador Abraham Valdelomar sea incorrecta, pues en la Real Cédula, que está impresa, lo único escrito a mano, aparte de las firmas, es la fecha, bastante difícil de leer. En el caso en el que la correcta fuera el 17 de abril —que es otra posible lectura del original manuscrito—, y no el 19 de enero, sí que resultaría factible, ya que los documentos fueron interceptados por el corsario de Puerto Rico.

Tras esto, hubieran podido llegar a Cádiz, provocando la Real Cédula en cuestión. En la colección de los documentos, los decretos y las reales órdenes, que han sido publicadas en el diario de sesiones de las Cortes generales y extraordinarias desde el 24 de septiembre de 1811 hasta el 24 de mayo de 1812, sin embargo, no hay mención en la Real Cédula de que exista una condena a la masonería; aunque tampoco se coteja en la Gaceta de la Regencia de España e Indias de esos meses, ni tampoco ha sido publicada en el diario de sesiones de las Cortes generales y extraordinarias. No obstante, en la obra *Biblioteca de legislación ultramarina*, de José María Zamora y Coronado, publicada en 1845, que tiene la estructura de un diccionario alfabético, se alude al tema.

En el tomo tercero, así como en la voz «francmasónica secta», se recogen tales noticias con fecha del 19 de enero, en la que la Real Cédula de Indias, sancionada el 19 de enero de 1812, renueva la severa prohibición de esta clase de sociedades secretas, decretada el 2 de julio de 1751, con pena al infractor de perder su empleo, y siendo natural, de remitírsele a España en partida de registro, y si extranjero aunque naturalizado, se le destierre, y no teniendo hijos se le confisquen sus bienes; consumiéndose inmediatamente cuanto se encuentre de libros, vestidos, insignias, instrumentos y demás perteneciente a la corporación masónica. A esta noticia se referirá la publicación *El Sol de Cádiz* un año después, en su número 6 del 10 de noviembre de 1812. Esto lo hace añadiendo el detalle de que la logia establecida en La Habana tenía el distintivo título El Templo de las Virtudes Teologales n.º 103[87], regularmente constituida bajo los auspicios del Gran Oriente de Pensilvania, que son los antiguos masones de York (rito americano), aunque en realidad debería haber dicho Gran Logia de Pensilvania. Lo cierto es que esta noticia sirve de excusa al redactor religioso por firmar la crónica titulada «Hipocresía masónica», en la que menciona algunas reflexiones teológicas sobre la citada corporación masónica que aluden a Dios, a la fe, a la esperanza y, por último, a la caridad, en contraposición a unas supuestas corporaciones, El Templo de las Virtudes Teologales Masónicas n.º 103, que fueron descritas como una filfa. Por otro lado, la reproducción fidedigna que se hace a continuación de los reglamentos de la logia habanera, que están redactados en castellano, por los que se obligaba a sus miembros a reunirse todos los primeros y terceros domingos de cada mes y a pagar al tesorero 24 pesos al año, es decir, dos pesos al mes. A propósito de esta logia habanera hay que señalar que en realidad el texto constitucional lleva la fecha del 17 de diciembre de 1804, es decir, que en las Cortes de Cádiz de 1811 se publicaron como noticias de rabiosa actualidad, despertando la alarma antimasónica, algo sucedido siete, o si se prefiere nueve años antes.

La historia en las últimas décadas ha estado, en cierto sentido, espoleada y a golpe de centenarios que sirven para repensar y replantear hechos tradicionalmente asumidos, pero que hoy suscitan no pocas dudas. La doble conmemoración del bicentenario de la Constitución de Cádiz y de las independencias americanas nos permite abordar una serie de cuestiones en ese tránsito del antiguo al nuevo régimen, o lo que es lo mismo, del absolutismo al liberalismo o de la tradición al reformismo.

En estas, como protagonistas tergiversados o manipulados por la historia, me voy a fijar brevemente en primer lugar en la masonería, que cobró una inusitada importancia en ambos hemisferios, cuando en realidad hoy día se cuestiona por un protagonismo que en gran parte está todavía por demostrar; y en segundo lugar se aludirá a la presencia de los diputados americanos en las Cortes generales y extraordinarias de Cádiz (1810-1813) y en concreto a los «novohispanos», que fueron los más numerosos, y que en algunos casos fueron perseguidos y encarcelados por orden de Fernando VII[88] acusados de masones, algo que se repetirá como un mantra en cierta literatura como un hecho incuestionable. Este imaginario de unos diputados masones en el siglo XIX alcanzó la cota más alta de despropósitos y falsedades, como quedó reflejado, en cierto modo, en 1812.

La masonería, en abstracto, fue utilizada como arma arrojadiza en función de los intereses y del momento histórico. En el número 375 correspondiente a la sesión del día 12 de octubre de 1811, se dice que continuó la lectura del informe de la comisión de visita de causas atrasadas, y en la serie de las pertenecientes al Consejo de Indias, se leyeron, entre otras, la relativa a la existencia de una logia masónica en La Habana. Recordemos que en la Real Cédula en cuestión —fechada exactamente tres meses después— se dice precisamente: «Habiéndose ya descubierto en estos mis dominios de Indias, de estos perversos conventículos»[89]. A esta noticia se referirá *El Sol de Cádiz* un año después, en su número 6, publicado el 10 de noviembre de 1812[90], donde se habla de una logia regularmente constituida bajo los auspicios del Gran Oriente de Pensilvania, junto a los antiguos masones del rito de York (rito masónico americano). En realidad debería haber citado a la Gran Logia de Pensilvania y no al Gran Oriente; lo cierto es que esta noticia sirve de excusa al —sin duda eclesiástico— redactor de la crónica titulada «Hipocresía masónica» para hacer unas largas reflexiones teológicas de la logia, referidas a Dios, a saber: fe, esperanza y caridad, en contraposición a unas supuestas y sin fundamento «virtudes teologales masónicas», descritas con unos imaginarios y despectivos comentarios. Tras comprobar que no existió un complot liberal-masón en estos años del siglo XIX, habría que reformularse la siguiente cuestión: ¿las logias fueron estrictamente españolas, internacionales, o incluso extranjeras? Para responder esta cuestión cabe estudiar el libro de las constituciones de James Anderson, editado en 1723 por la Gran Logia de Londres, el cual alude a que el neófito comprende los trabajos masónicos sin llegar a ser libertino irreligioso; o expresado de otra forma, un librepensador o incluso un seguidor de una divinidad monoteísta.

El manuscrito *La Defence of masonry* (*La defensa de la masonería*) —como indica su apéndice del libro de las constituciones de Anderson (1738)— arguye que «la religión, y únicamente la religión cristiana, está presente en nuestra corporación, y es tan difícil separarla de ella que, por así decir, constituye la base y el sostén de esta»[91].

La tolerancia que predicaba la masonería no provenía, pues, de una indiferencia de principio en materia de fe, sino que se aplicaba exclusivamente a los miembros de las numerosas sectas cristianas existentes en Inglaterra. Por otro lado, la masonería se introduce realmente en la incipiente nación española de una forma organizada a través de la entrada de las tropas napoleónicas, estableciéndose una masonería entre 1809 y 1813 al servicio del emperador y de su hermano —José I Bonaparte—, que sería, como se ha contado anteriormente, el primer gran maestro de la masonería en España. Retornando a lo explicado previamente, las logias se constituyen en ciudades como San Sebastián, Vitoria, Figueras, Gerona, Barcelona, Zaragoza y un largo etcétera. En ellas, hay un conjunto de logias militares integradas exclusivamente por franceses. Entre sus miembros hay distintas profesiones como oficiales, cirujanos y médicos de los hospitales militares y proveedores militares del ejército francés de ocupación, que estaban trabajando en los ritos franceses bajo los auspicios del Gran Oriente de Francia. En el interior de la península ibérica, especialmente en Madrid, se funda una masonería de corte bonapartista, pero con habitantes peninsulares, al servicio del rey José I Bonaparte. Dicha masonería estaba integrada por las logias llamadas tradicionalmente de afrancesados y cuyos principales núcleos fueron las madrileñas logias, ya citadas de La Beneficencia de Josefina, Santa Julia, San Juan de Escocia de la Estrella de Napoleón y la logia Almagro, que constituyeron, sin llegar a cuajar del todo por la expulsión de los franceses de España, su propia Gran Logia Nacional de España, a la que pertenece un amplio abanico de funcionarios ministeriales, militares, músicos, hacendados, catedráticos, corregidores, pintores, comisarios de guerra, sacerdotes, médicos, escultores, etc. De manera paralela, las Cortes de Cádiz, por medio del Consejo de Regencia, en ausencia y cautividad del rey Fernando VII, prohibieron la masonería en la península ibérica y, sobre todo, en las posesiones de Ultramar desde el año 1812. Con el regreso de Fernando VII y la reimplantación de la Inquisición, que había sido abolida por José I Bonaparte y por las Cortes de 1812, sin embargo, los masones continúan estando perseguidos, a partir de los años finales del Trienio liberal, con unas catorce prohibiciones reales y numerosos edictos entre 1814 y 1833[92], que junto a las bulas pontificias contra la masonería, generaron toda una literatura especialmente antimasónica en la que la masonería quedó identificada, sin prueba alguna, con el liberalismo, y con todas las sociedades secretas y patrióticas de la época. En suma, se recuerda cómo una turba de realistas asaltó a Ventura de la Vega en la Puerta del Sol «por llevar melena, considerado como un crimen reputado a la sazón como infalible síntoma de masonismo»[94]. En síntesis, tal vez se pueda admitir como hipótesis de trabajo que, entre 1814 y 1820, la masonería fue un movimiento que seguía dos caminos: en primer lugar, la corporación con influencias conservadoras, difundida por los franceses vinculadas al régimen en tiempos de la ocupación; un grupo nacionalista-liberal, con influencias de la masonería inglesa, y que acabaría haciéndose fuerte en Cádiz gracias a la existencia de una masonería puramente militar de jóvenes oficiales y marinos, que se enrolan e inician en las corporaciones masónicas peninsulares de sustrato masónico francés. A continuación iniciaremos un estudio sobre cómo se configura la masonería en la Edad Contemporánea. En fin, si continúas leyendo, lo conocerás de primera mano.

FOTO 12. Cuadro de Francisco de Paula Borbón, duque de Cádiz y caballero del Toisón, en Gran Maestro del Gran Oriente de España en 1839 y Gran Maestro del Gran Oriente Hispánico y Soberano Gran Comendador del Supremo Consejo de España desde 1844 a 1848. Pero sí lo fue su hijo, y sobrino de Fernando VII, Don Enrique de Borbón y Borbón, duque de Sevilla fue iniciado el 14 de marzo de 1868 en la logia Henry IV, de París. Pasó a Compañero el 20 de abril y fue exaltado a Maestro el 17 de agosto de aquel mismo año (Biblioteca Nacional de París: Fondo Masónico, 2 622 y cuadro pintado por Bernardo López Piquer).

Foto 13. Venerables Maestros del Gran Oriente de España. La Masonería sobre bases más democráticas y racionales y que fundaron un Gran Oriente de España, eligiendo para Gran Maestre a Carlos Celestino Magnan y Clark. Algunas logias de Andalucía se agruparon constituyendo una Gran Logia Independiente Española. Mientras, en Barcelona, las logias de Cataluña, crean un cuerpo intermedio intitulado Gran Capítulo Catalán. En el cuadro, Manuel Ruiz Zorrilla (1833-1895), diputado en Cortes, Ministro de Fomento y de Gracia y Justicia durante la I República, Presidente del Consejo de Ministros con Amadeo I de Saboya y fue Gran Maestre de Gran Oriente de España desde 1870 a 1874. Retrato del pintor Ignacio Suárez Llanos (1874). Congreso de los Diputados de España.

Foto 14. Práxedes Mateo Sagasta, jefe del partido liberal y Presidente del Gobierno. Gran Maestre del Oriente de España de 1876 a 1881. Fuente: Cuadro Ignacio Suárez de Llanos, 1877. Congreso de los Diputados de España.

Foto 15. Manuel Becerra, ministro, Gran Maestre del Oriente de España desde 1884 hasta 1889. Fuente: Cuadro de Francisco Jover y Casanova. 1888. Museo del Prado.

¿CÓMO ES LA MASONERÍA ESPAÑOLA EN LA EDAD CONTEMPORÁNEA?

A partir de este momento haremos un análisis de la masonería del siglo XIX, que es la etapa en que se mimetiza con la política, pese a que la masonería no fuera un partido político ni una institución religiosa. Como es bien conocido, los masones son seres humanos y, por ende, tienen pensamientos políticos, religiosos, económicos y sociales. La masonería, durante algunos años del siglo XIX, siguió prohibida y fuera de la ley durante el largo reinado de Isabel II, a pesar de las amnistías de los años 1832, 1833 y 1834. Tras esto, a pesar de las penas de privación de empleo e inhabilitación perpetua, se añadieron otras de prisión o destierro hasta seis años, así como considerables multas. Esto hizo que prácticamente no existiera una masonería organizada en España hasta 1889. No obstante, hubo intentos más o menos positivos de hacerlo desde el extranjero, especialmente desde Lisboa, donde ya en 1839 se constituye un Gran Oriente Nacional de España en el exilio.

Otros intentos de organizar una masonería en España procedieron por parte de Francia, con la llamada Masonería Hespérica Reformada, que tuvo su eco a partir del año 1845, o incluso con la Propulsión Masónica, que estaba patentada y auspiciada por el Gran Oriente de Francia.

No obstante, y a pesar de la vigilancia policial, hay constancia documental de la fundación de algunas logias aisladas entre 1837-

1868, localizadas y afincadas, como se ha comentado previamente, en ciudades peninsulares y de Ultramar (territorios americanos).

La masonería es, sin lugar a dudas, una de las asociaciones humanas más fascinantes y enigmáticas para el estudio histórico. Ello es así, en primer término, debido a su perdurabilidad en el tiempo, pues pocas o ninguna asociación sigue perdurando desde la llegada de aquel movimiento caracterizado por el uso de la razón, la Ilustración. En segundo término, porque no ha habido sociedad tan ampliamente difamada y perseguida como ella en tantos países del globo, especialmente en España, aunque llegó a nuestro país en los decenios finales del siglo XVIII, época en la cual las organizaciones corporativas e iniciáticas contaban con pocos iniciados. Sin embargo, el fuerte influjo de la religión católica[95], que ya venía condenándola desde inicios de siglo, y su poderosa arma represiva, la Inquisición, harán que la corporación apenas pueda existir.

Desencadenada la guerra contra al ejército francés, España vería cómo muchos de sus territorios eran integrados en la corporación iniciática por las tropas galas, medio por el cual la masonería empezó a desarrollarse amamantada por el Gran Oriente de Francia. Arraigado el liberalismo[96] y la etapa constitucional, la corporación gozaría de algo más de prestigio, aunque ínfimo, durante el Trienio liberal (1820- 1823), pues los sucesivos reinados de Fernando VII y su hija Isabel II condenarían, poco tiempo después, las corporaciones iniciáticas. Habría que esperar a la revolución de 1868, aquella que hizo la transición al Sexenio democrático a través de una sublevación militar, para poder vislumbrar una masonería española dispuesta a asentarse y a perdurar en el tiempo. Llegados a esta puntualización, hasta la Restauración, que es una parte del periodo de estudio de este libro, es posible apreciar que, en ese preciso instante, la masonería, además de existir legalmente, conseguirá difundir sus ideales y rivalizar con todos aquellos sectores de la sociedad y de las instituciones dispuestos a combatirlos.

El progreso del país, además del desarrollo de la sociedad, contándose entre esta desde grupos humanos y colectivos organizados hasta individuos aislados, fueran hombres o mujeres, serán, como vamos a ver, la bandera más característica de las luchas de la institución. Sin embargo, sus divisiones internas, devenidas, entre otras cosas, por rivalidades internas, derivas hacia el mundo político y poco conocimiento de la tradición masónica regular, iban a contribuir, además de para imposibilitar la existencia de una masonería fuerte, para crear ciertos mitos y leyendas que, de alguna manera, perviven todavía hoy por el fuerte influjo antimasónico de los Gobiernos españoles: primero durante los años del sistema de turno[97], con Antonio Cánovas del Castillo y, en segundo lugar, con las dictaduras de Miguel Primo de Rivera y Francisco Franco Bahamonde.

Por todo ello, este libro consiste en indagar cuáles fueron los verdaderos cometidos y trabajos de la masonería en la España de entre siglos, señalando y diferenciando las obras que realmente llevaron a cabo de aquellas que nunca pretendieron mandar. Un conjunto de panfletos se propuso propulsar el antimasonismo, el cual estaba dispuesto a otorgarles tales prerrogativas. Finalmente, se cerrará el discurso con la aparición de un mito, que estaba relacionado con el antiespañolismo de los masones, que se arraiga desde finales del siglo XIX, formalmente construido a raíz de la crisis del 98 y los disturbios políticos de la Restauración en su segunda etapa de crisis y decadencia, que se consolida, en última instancia, al acabar la Guerra Civil en 1939. Esta interpretación ha sido posible gracias a la publicación de numerosos manuales, textos, libros y estudios sobre el fenómeno masónico español, así como fuentes procedentes del centro documental de la memoria histórica de la ciudad de Salamanca, boletines y revistas de las distintas obediencias, legislación de la época y, sobre todo, las sesiones parlamentarias registradas en el Diario del Congreso de los Diputados.

En otro momento, se produce el golpe de Estado del general Manuel Pavía, que se ejecuta, con éxito, el 3 de enero de 1874, con la consiguiente promulgación del archiconocido *Manifiesto de Sandhurst* a finales del mismo año. La legitimación del retorno de la monarquía de la dinastía Borbón, en la persona de Alfonso XII, hijo de la destronada Isabel II, fue la prueba de fuego de que la primera experiencia democrática existente en la historia de España llegaba a su fin. Esto se produce por la ineficacia del rey italiano, Amadeo I de Saboya, junto al rechazo de las clases aristocráticas y burguesas, especialmente las madrileñas, que degeneraron en una suerte de régimen republicano, incapaz de solventar los deseos y anhelos de la población, incluso por los propios políticos republicanos, enfrentados tanto por sus ideas en materia de organización territorial, ya fuera federal, unitaria o centralista, como por el ideario plasmado en sus programas en la política nacional. Producto del caos acaecido durante el tiempo de la I República —ya que no se pudo solucionar una nueva intentona carlista por derribar el *statu quo* de la España liberal, asentado años atrás, ni consolidar una nueva formación del territorio de nuevo cuño con el cantonalismo como una de las ideas políticas claves—, nacía en 1875 el periodo de la historia nacional conocido como la Restauración, caracterizado por la vuelta de la institución monárquica al papel de pieza clave en el sistema social y político, cuyo principal artífice fue el intelectual malagueño y antiguo militante del partido político Unión Liberal Antonio Cánovas del Castillo, mentor desde entonces de un conservadurismo claramente modernizado, actualizado a los nuevos tiempos. Mientras Antonio Cánovas del Castillo se encontraba tejiendo los fundamentos ideológicos a la nueva red del sistema con el objetivo de hacerlo viable y sólido de cara al futuro, la masonería española atravesaba un periodo de debate interno, motivado por su relevante papel entre 1868 y 1876[98].

Los masones pensaban que la libertad asociativa, nacida al calor de la Constitución de 1869, así como los principios democráticos establecidos entonces, iban a verse duramente diezmados y reprimidos por un régimen político cuyos pilares principales[99]. De hecho, como se ha ido comentando a lo largo del texto, fueron la Iglesia católica y el ejército, los cuales no andaban mal encaminados al pensar de tal modo, pues la jerarquía eclesiástica romana, desde bien iniciado el siglo XVIII, había comenzado a ver a la masonería como sinónimo de perversidad e inmoralidad, en el caso de que entre sus planes existiera la idea de minar una hegemonía eclesial diseminada por muchos rincones de la Tierra.

Ante tales premisas, los masones vislumbraban varios dilemas: el primero y más importante relacionado con su papel en el nuevo sistema político. La tardía publicación en España de las constituciones de James Anderson —el ordenamiento constitucional masónico por antonomasia— durante el año 1936, tras el decreto de prohibición por parte de la dictadura, será fiel reflejo de la deriva de la corporación hacia la segunda dirección, pues la familia masónica, en sus postulados, no dejará nunca de defender y seguir la doctrina de los miembros del Gran Oriente de Francia, que no aceptaban la «regularidad» británica[100].

Rivalizarán siempre por ello con la Gran Logia Unida de Inglaterra, que además de ser la obediencia más antigua, era la que más prestigio e importancia daba a los escritos fundacionales de James Anderson. En fin, el fuerte influjo de la masonería gala, por tanto, junto con la deriva menos liberal y más antisocial experimentada por el sistema de la Restauración, a la hora de mostrar este su agotamiento e ineficacia, acabarán convertidos en elementos de conducta para la institución masónica española, ahondando así en lo que se ha llamado la «irregularidad» (corresponde a las logias que no creen en ninguna divinidad y que son mixtas) de la masonería española, que se basa en una jerarquía institucional establecida por una infinidad de grados. La puerta de la logia, cerrada para todo aquel no iniciado, se abría a un progreso social, político y cultural afín a los principios del liberalismo.

La tradición, pilar base de la ceremonia de la corporación masónica, iba a verse sobrepasada por unos masones poco conocedores de su existencia, dispuestos a colaborar en la medida de sus capacidades por el progreso del hombre y de la sociedad, que era, en realidad, su objetivo primordial. La primera publicación de las constituciones de Anderson en España fue editada por el traductor valenciano Federico Climent Terre. En ella aparece, como adenda al texto original, un documento fechado en 1922 que dictamina el permiso a la masonería para actuar en los asuntos políticos del país siempre y cuando el Gobierno de turno no respetara las libertades de la nación. La disposición, a todas luces contraria a los principios básicos de la corporación, es un fruto del clima de tensión y rivalidad existente, en los tiempos de la II República, para permitir a los masones intervenir en la política nacional[101].

En el casi medio siglo que dista entre la llegada al trono de Alfonso XII y el golpe de Estado, auspiciado por la Corona, de Miguel Primo de Rivera, es decir, en la transición de un régimen liberal a otro marcadamente antiliberal, la masonería tuvo, a pesar de ello, muchas oportunidades de demostrar a la sociedad española cuáles eran las razones o fundamentos principales de su existencia[102], aunque cabe resaltar que el único partido aceptado por la dictadura del general Miguel Primo de Rivera fue el PSOE, en el que estaban integrados algunos miembros de la corporación masónica.

El eco de su presencia, notable en muchos campos que van desde la política hasta la religión, transcurriendo por la cultura o la educación[103], provocó el aumento de enemigos dispuestos a desprestigiarla y ponerla en entredicho, empezando por los sustratos principales del sistema, monarquía e Iglesia católica, pues ambos cuidaron siempre de no verse relacionados, por lo menos ante la luz pública, con todo aquel que tuviese el calificativo de masón; y si alguna vez se vieron relacionados, como ocurrió con la primera, no tardarían mucho en desmentirlo. Estos supuestos enemigos o, si se quiere, rivales, no dudaron en acusar a la masonería de ser responsable de cada uno de los periodos convulsos de los siglos XIX y XX experimentados en el país.

Conviene reflexionar sobre la cuestión, pues sin duda tales acusaciones fueron dirigidas a manchar las verdaderas obras auspiciadas por los masones. El 30 de noviembre de 1912 la logia Jovellanos n.º 337, de Gijón, dirigía una carta al Gran Oriente español[104], obediencia bajo la cual se encontraba adscrita, para protestar por las recientes acusaciones vertidas en la prensa conservadora de la misma localidad, donde se implicaba a la corporación en el asesinato de quien hasta entonces había sido el liberal y presidente del Consejo de Ministros José Canalejas Méndez.

Los miembros de la logia, consternados por la insidia de la proclama, negaban rotundamente responsabilidades en ese horripilante crimen, pues el atentado estaba vinculado a los sectores del anarquismo partícipes de la violencia para conseguir sus objetivos políticos, aunque esta actuación fue rechazada, de plano, por la corporación.

La acusación, aunque falsa, no dejaba de ser un síntoma del miedo y rechazo de ciertos sectores de la sociedad española hacia una institución a la que relacionaban con el misterio, el secreto y la revolución, sin ni siquiera conocer las verdades implicaciones de los masones en la España del momento[105].

El estigma, formado con el paso de los años y la deriva de los acontecimientos políticos, marcaría a la corporación masónica, por lo menos en España, país con una dictadura antimasónica durante 37 años. Dicho estigma se mantiene hasta nuestros días por desconocimiento de la institución, por lo que todavía se sigue diciendo que los masones tienen «rabo, cuernos y huelen a azufre», como repiten, hasta en la actualidad, los mitos que se han ido construyendo sobre el tema a lo largo de la historia.

Lejos de ser una institución situada en la barricada para derribar gobiernos, matar presidentes o acabar con la privilegiada situación del universo eclesiástico, la masonería es más bien una institución defensora de los valores de la libertad, la solidaridad, la igualdad y la fraternidad del hombre, teniendo como finalidad básica una premisa doble: de un lado, el perfeccionamiento del ser humano[106] y, de otro lado, convertirlo en un firme valedor de la armonía social, consiguiéndose de esta forma una humanidad plenamente construida.

La masonería siempre se definió, pero actualmente se define, como una escuela de formación. Para demostrar su apuesta por el progreso y la evolución positiva de la sociedad era imprescindible comenzar por defender tales ideas dentro de las puertas del templo, a través del mutualismo para con los miembros de la corporación. Asimismo, entre sus trabajos realizados —desde su instalación hasta finales de abril de 1891—, la logia Francisco Arouet de Voltaire, n.º 118, localizada en Ferrol (A Coruña), definía esta tarea mutualista como: «La esencia de la institución [masónica]: el sacrificio del hombre por el hombre, su constante misión; pero el sacrifico del hermano por el hermano es más que una misión, pues es el cumplimiento»[107].

Como ya se ha señalado, a pesar de la tardía consideración de las constituciones de Anderson en España, conviene apuntar o indicar que los masones españoles sí estaban al tanto de las mismas, y que debían de conocer sus obligaciones con respecto al Estado. El masón, como apunta su ordenamiento masónico y *corpus* constitucional, «ha de ser un pacífico súbdito de los poderes civiles, así como no debe mezclarse nunca en complots o conspiraciones contra la paz y el bienestar de la nación»[108], debe consensuar la promesa solemne y sagrada, cuyo quebrantamiento altera la conciencia y merma la honra de los masones[109].

La ayuda a los miembros o familiares de estos que, por diversas razones, estuvieran pasando dificultades o apuros de diversa índole, fundamentalmente de tipo económico, era una práctica realizada por la masonería desde mucho antes de su existencia, en la Edad Media, cuando los masones operativos de entonces, lejos de esculpir la humanidad, lo hacían levantando muchas de las catedrales de Europa, recordándonos, por tanto, la antigua tradición gremial. Justo en ese preciso instante, y revestida de pasado, esta noble tarea fue recuperada por la masonería especulativa tan pronto como nació en el siglo XVIII, como indican los datos, como una destacada institución corporativa por toda Europa, aunque en Francia, poco después, tendría lugar otra masonería, como apunta una prolija documentación sobre el tema.

En la España de la Restauración, en el seno de la masonería catalana, hay prácticas mutualistas y asistenciales con las organizaciones paramasónicas[110], junto a las formaciones catalanas relacionadas con fines específicos como La Cadena de la Unión, constituida en 1878 y, por otro lado, La Familia Confederada[111], constituida apenas un año más tarde. Ambas serán el vivo ejemplo de la conjunción de diversas logias para «el socorro mutuo de los asociados en caso de enfermedad que no sea venérea, sifilítica o procedente de embriaguez, duelo o riña»[112], en la que se resalta el notable éxito de la acción que refiere la formación de una logia. En primer lugar, que la asistencia sea rechazada en caso de enfermedad contraída por acciones indignas del honor de todo masón viene a señalar el fuerte componente de pulcritud exigido a los miembros de la corporación.

El elevado número de logias dispuestas a levantar columnas, aunque ha sido carente de ser auspiciada por las grandes obediencias del momento, correspondía más a actuaciones colectivas de diversas logias unidas para el propósito, previo pago de una cantidad de dinero a modo de cuota a la corporación, a partir de 1868. La primera de las corporaciones tuvo más de 288 miembros y un fondo económico de 4.283 pesetas a finales de la década de los años ochenta, vendría a señalar la adopción de estas medidas por parte de los Grandes Orientes, pues de ese modo tanto el hermano como sus familiares estarían becados o pensionados ante cualquier eventualidad. En julio de 1889, apenas recién nacido el Gran Oriente de España (GODE), Miguel Morayta y Sagrario tomaba la iniciativa de crear un fondo de socorro que se podría utilizar cuando la muerte de un miembro se producía y podría «dejar unos ahorros a sus padres, a sus hijos, o a su esposa, en el desconsuelo y la miseria por única herencia»[113].

La forma de financiación de la corporación, obligatoria para todas aquellas logias pertenecientes a la obediencia, sin tener que ser destinada una cantidad de numerario como entrada, se realizaba a través de la entrega del 50 por ciento de los ingresos, de cualquier masón, obtenidos por sus trabajos dentro de la corporación. Sin embargo, a pesar de la importante iniciativa a gran escala tomada por uno de los principales Orientes españoles, no finalizarán aquí las tareas llevadas a cabo por los organismos asociativos paramasónicos, teniéndose noticia del mantenimiento de las estructuras en 1893; fecha en la que comunica a la obediencia, siempre con total delicadeza y respeto, el rechazo hacia la medida nacional debido a existir ya con profusa anterioridad prácticas del mismo tipo en el ámbito masónico regional, muestra de la fricción entre las logias catalanas[114] y su sede central en Madrid. Tales actividades, originadas de una fuerte fraternal unión entre hombres, señalaban a la masonería ya no solo española, sino universal, en palabras del afamado filósofo Karl Christian Friedrich Krause, muy considerado en la España de la segunda mitad del siglo XIX por impulsar el krausismo.

En este momento, la masonería era definida como una especie de «alianza de hermanos dedicada al humanismo puro»[115]. En el caso de los postulados de ayuda mutua y de socorro a todo aquel que sirviese bajo el estandarte masónico, fueron una prueba de la apuesta de la corporación masónica por todo lo relacionado con el progreso del hombre y con la conexión con todos sus miembros.

La masonería no se iba a quedar atrás a la hora de mostrar la misma impronta con respecto a la sociedad del periodo de entre siglos. Sabedora de la muy mayoritariamente confesionalidad católica de la población, el alto grado de analfabetismo[116], el masón o el krausista español del siglo XIX[117], ampliamente estudiado por algunas expertas[118], debe comportarse con rectitud y todo lujo de modales, fomentando, de esta forma, una vida correcta y saludable, tanto moral como física[119].

Entre los ámbitos relacionados con la cuestión social en los que intervino la masonería, quizá el mejor ejemplo del compromiso de la corporación con respecto a un cambio en la sociedad fue el duro combate llevado a cabo contra el clericalismo, es decir, el influyente papel de la Iglesia católica en el Estado y, sobre todo, en la educación. Por otro lado, la identificación del peso del catolicismo con el atraso del país hizo de los masones unos furibundos anticlericales. Al serlo, aunque no vulneraban por ello la confesión religiosa de ningún miembro, como indica el corpus masónico de Anderson que los masones debían respetar, sí defendían una separación de la institución eclesiástica con respecto a las instituciones estatales. En fin, estaban atacando duramente la preponderancia de la religión católica, cayendo, en muchas ocasiones, en la misma intolerancia que decían combatir. Aun así, al intentar aplacar la hegemonía católica del país, se apunta que la masonería no combatía, de ningún modo, a las religiones, algo sí llevado a cabo, en cambio, por el movimiento librepensador. La mayor declaración anticlerical por parte de la masonería procedente del Gran Oriente de Francia en 1877, momento en el que se rechaza la creencia en una divinidad monoteísta[120].

Para una breve aproximación histórica hacia los problemas derivados de la cuestión social y los distintos modos en que se abordaron[121], es importante considerar que los masones caen en la misma cuenta que muchos políticos del arco parlamentario republicano. Justo en este preciso instante el jefe del Estado durante la II República era Manuel Azaña, masón y un gran defensor de esta idea[122]. Tras este acontecimiento, la masonería no dudó en infiltrarse dentro de la llamada cuestión social, como medio de cambio como de contención ante tentativas que pudiesen tener algún indicio revolucionario.Esta circunstancia hizo de la masonería una institución afín a partidos políticos republicanos y liberales, así como a distintos círculos que, además del rechazo hacia el librepensamiento relacionado con la izquierda, ahondaron en la construcción de su identidad como elemento de oposición al régimen de la Restauración[123].

A la defensa del anticlericalismo como una de las ideas, sin documentar, de la masonería española en su defensa del cambio y del progreso no tardaría mucho en unírsele un elemento de no menor consideración. Era la educación un componente central dentro del ideario de la corporación, pues esta debía tener como primer cometido la formación de ciudadanos en vez de súbditos. No obstante, la idea y el intento de separación de la misma del yugo eclesial, sin pruebas documentales, de nuevo, volvía la masonería a coincidir con los postulados del republicanismo, del librepensamiento[124] o, incluso, el regeneracionismo.[125]. No obstante, la ciudad de Bilbao apostó por la iniciación de obreros del mundo profano por el fuerte impacto, convirtiéndose en escuela de formación del hombre, además de por la apertura de espacio, en el que la libertad de cátedra no es la enseña de la masonería, sino más bien del liberalismo.

La masonería llevó a cabo sus propios planteamientos y proyectos en el ámbito de la reforma de la educación. Consciente del atraso de la mayoría de la población en todo lo relacionado con la instrucción básica, principalmente dentro de las capas del proletariado, algunas ciudades iban ocupando un mayor peso en los espacios industriales, como fueron los casos de Bilbao o Barcelona[126].

Consiste en educar a las capas más desfavorecidas, aunque no le faltaron vínculos para evitar los conflictos sociales con el universo liberal, pero también estuvieron relacionadas con las teorías marxistas de la revolución[127]. Por esta razón los miembros del PSOE tardaron un tiempo determinado en formar parte de la corporación, siendo estos los defensores de una idea esencial relacionada con que la masonería nada servía para cambiar la estructura económica y social imperante[128]. Sin embargo, el propio Mijaíl Bakunin, escritor anarquista ruso, escorado todavía más a la izquierda que los socialistas españoles, no dudó en auxiliar al género femenino, otro de los pilares básicos de la cuestión social, que podría abanderar la masonería.

Esta institución deudora del krausismo, en este primer feminismo, aterrizó en España a finales del siglo XIX, permitiendo la iniciación de mujeres en sus logias, habida cuenta de la creación del rito de adopción, en 1774, por parte del Gran Oriente de Francia, obediencia bajo la cual el género femenino podía incorporarse como pilar fundamental de la corporación masónica, contradiciendo así el artículo III de las constituciones, al poco tiempo de abandonarla, como fue el caso de la Internacional de la burguesía. Sea como fuere, lo cierto es que los proyectos educativos de filiación masónica apenas consiguieron calar en la sociedad, quizá debido a su ineficacia, o bien por el cada vez mayor rechazo cosechado por la corporación en España a medida que acababa el siglo XIX y comenzaba el XX[129].

De hecho, fue una parte del acuerdo al que llegaron el vizconde de Ros, líder de una de las facciones del Gran Oriente y del Gran Oriente Nacional de España La creación de ese rito en España, llegado en 1888, practicado por la masona María del Olvido, perteneciente a la logia madrileña llamada Amantes del Progreso.

Es importante aclarar que Miguel Morayta, máximo representante del Gran Oriente, configuraría una nueva obediencia, el GOE[130], que sería el canal fundamental de la introducción de la masonería de adopción en España. Sin embargo, no podemos ver ni el feminismo de entonces, ni el apoyo al mismo por parte de los masones con los ojos de la actualidad, porque sería ir en contra de los postulados de la historia, pero en esos momentos se pretendía arrebatar a las mujeres el dominio de la Iglesia católica y del hombre, ya que estas, en el interior de las logias, estaban plenamente dominadas por el influjo varonil, al no ser el rito de adopción un sistema de relaciones masónicas equitativo al de los hombres, aunque tampoco llegó nunca el número de mujeres a ser superior al de varones en las logias. Del mismo modo, el tipo de educación para mujeres habido dentro de la masonería nunca fue más allá de todo lo relacionado[131] con el hogar y con las relaciones sociales[132]. De esta manera se abrían los masones al progreso femenino, aunque todavía, en muchos casos y por la mentalidad de la época, otorgaban una cierta incapacidad o inferioridad intelectual a sus compañeras.

La defensa de tales normas de conducta (abrazar el progreso y proteger al débil), premisas básicas de la institución masónica, permite conectarlas con colectivos sociales como el proletariado, el conjunto anticlerical o, incluso, los núcleos femeninos. No faltaron, en los años de la Restauración, las peticiones de indulto al Gobierno de turno para presos —ante sus ínfimas condiciones de vida dentro de la privación de libertad[133]— o auxilio a los mismos en caso de encarcelamiento por motivos políticos, como en el caso de Rosario de Acuña, periodista, destacada feminista, gran valedora de los derechos humanos y masona, que recibió el apoyo de los masones a raíz de los problemas con la justicia que tuvo en los años 1911 y 1912. Ella era firme defensora de la cultura, la educación librepensadora y de una incipiente logia Jovellanos n.º 337, de Gijón, que se dirige de manera reiterativa por carta, el 28 de octubre de 1912, al gran consejo del GOE con el objetivo de solicitar un indulto para los presos comunes, porque el último que se había otorgado fue diez años antes de la petición de Rosario Acuña, es decir, en 1902. Por ello, solicita de su gran consejo la intermediación con los poderes públicos para socorrer la petición de los confinados, ya que estos, debido a su larga estancia en prisión, «son más enfermos que criminales». Por otro lado, el objetivo de la logia es hacer ver «una vez más al mundo profano los altruistas sentimientos que animan constantemente a los masones», a tenor de las detenciones producidas después de la crisis estival de 1917.

En estas próximas líneas señalaré dos casos muy significativos de apoyo por parte de la masonería, fueran o no las personas relacionadas con la corporación iniciática, para un mejor papel de la mujer en la sociedad de su tiempo, ideario mostrado en infinidad de artículos y escritos de Rosario Acuña publicados durante su vida[134]. En el año 1911 comenzó su vía crucis legal a raíz de la publicación de un artículo titulado *La jarca de la universidad*, que apareció publicado en primer lugar en la prensa parisina, para llegar después a los noticiarios de las principales ciudades del país como Madrid y Barcelona. En el texto alude a la actuación de diversos estudiantes varones con respecto al trato dado a sus compañeras femeninas, a quienes consideraban inferiores intelectualmente y por ello indignas de recibir la misma educación en la Universidad Central de Madrid. En palabras de Rosario Acuña, los hombres «muerden, cocean y pican a las mujeres con la mayor dulzura y benevolencia»[135].

Acto seguido, algunas de estas mujeres fueron contestadas por algunos sectores conservadores de la sociedad a través de manifestaciones y huelgas convocadas en Barcelona y en la capital del reino para tratar de repeler y neutralizar la supuesta ola de feminismo. Esto provocó que Rosario Acuña tuviera que marchar del país para eludir el arresto, instalándose en Portugal. Tanto el eco de los disturbios como la drástica medida tomada por la feminista no tardaron en resonar dentro de una de las logias masónicas más importantes de la España del momento y a la cual pertenecía, desde 1909, Rosario Acuña.

La misma carta que con fecha de 28 de octubre de 1912 suscribía la logia para solicitar del Gobierno un indulto para presos comunes, pedía otro para todos aquellos afectados por motivos políticos y de imprenta, aludiendo al artículo de la contraposición de posturas, en el cual se pudiera acoger «la ilustre hermana Rosario de Acuña»[136].

La solicitud del indulto de una logia cuya mayoría de militancia lo hacía también en el reformismo hizo mella en el Gobierno formado por Álvaro Figueroa y Torres, el conde de Romanones, el 14 de noviembre del mismo año[137].

La logia Jovellanos, de la que ya se ha dado cuenta en este texto, fue indultada al poco tiempo de llegar Álvaro Figueroa Torres, el conde de Romanones, a la jefatura del Consejo de Ministros. De esta manera, no solo había conseguido proteger al necesitado, sino que había ganado la batalla del discurso social. La logia estaba dirigida entonces por los grandes hombres del recién creado Partido Reformista, contando ente sus filas a Alberto de Lera, líder de la formación política en Gijón. De hecho, si el caso de Rosario de Acuña es un ejemplo de la fraternal asistencia ejercida por la masonería especulativa a lo largo de todos sus años de historia, el amparo que la corporación mostrará en 1920 por uno de los grandes intelectuales de la contemporaneidad española será aún más destacable. La odisea judicial del entonces exrector de la Universidad de Salamanca comenzó en septiembre de 1920, al ser condenado por delitos de imprenta a pagar una multa de mil pesetas y cumplir una condena de 16 años y dos días de prisión mayor por tres artículos: «El archiducado de España»[138], «Irresponsabilidades» y «La soledad del rey», en los que se reprendía la figura del rey Alfonso XIII. A pesar de ello, al igual que el socialista Indalecio Prieto, Miguel de Unamuno no era nada sospechoso de estar vinculado a la masonería. En este caso el auxilio en favor del miembro ofrecido por la institución masónica no valoró la relación del damnificado con ella, pues por su ferviente confesionalidad católica es posible afirmar que el catedrático salmantino[139] estaría lejos de verla con buenos ojos. No obstante, Unamuno se había convertido en el mayor propagandista contra su alteza real. Al poco tiempo de conocerse la sentencia, el 14 de septiembre, Luis Simarro, que es el gran maestro del GOE, junto con la Liga para los Derechos del Hombre y del Ciudadano, enviaba una circular a todas las provincias de España cuyo cometido principal era defender a un encausado que exponía, de manera noble y leal, su pensamiento en los medios de comunicación[140].

La carta, suscrita y refrendada por el entonces líder de la masonería española y difundida por los diarios *El Sol*, *El Liberal* y *El País*, mostraba la necesidad de acudir al amparo de la libertad de pensar, principio y fin de todas las libertades públicas para proteger al damnificado, y pedía la colaboración de todos aquellos dispuestos a participar en esa campaña en favor del intelectual[141]. Las palabras de Luis Simarro, expresadas en los diarios de tirada nacional, sin duda sirvieron, junto al gran prestigio social y cultural de Miguel de Unamuno durante los anteriores treinta años, para librarle de tan ingrata condena. En palabras de los expertos, parece que fue la solidaridad del mundo intelectual quien acudió al rescate del más afamado pensador de la generación del 98[142].

Pocas instituciones aunaban entonces a más intelectuales que la corporación masónica. Sin embargo, cada uno de los puntos señalados con anterioridad, desde el mutualismo existente en organizaciones paramasónicas o ejercido dentro de las puertas del templo, hasta la apuesta por el compromiso del cambio en la sociedad, ya fuera a través del apoyo a causas colectivas o individuales, junto al rechazo de prácticas tan denigrantes con el ser humano como la esclavitud, muestran los continuos tránsitos entre la tradición y el progreso en los que estuvo inmiscuida la masonería, convirtiéndose, con el paso del tiempo y a luz de los acontecimientos políticos y sociales del país, en una firme adalid del avance y del progreso.

En 1913, nacía en España el organismo que se llamó la Liga Española para la Defensa de los Derechos del Hombre y del Ciudadano. El manifiesto, hecho público por el órgano directivo de la organización, explicaba la razón principal de su texto constitucional, que consiste en la defensa de los derechos individuales inherentes a la personalidad humana, por encima de asociaciones religiosas o los partidos políticos. Fue comentado por la intelectualidad española, con personalidades como Augusto Barcia, Odón de Buen, Nicolás Salmerón, hijo del presidente de la I República, y Luis Simarro, unidos por su marcada pertenencia a la corporación masónica[143]. De todos ellos, Luis Simarro era la cabeza visible dentro de la Liga, aparte de ser un reputado médico de la época.

Los pocos detalles de su vida masónica conocidos corresponden a su iniciación en la logia zaragozana Caballeros de la Noche, dependiente del Gran Oriente Lusitano Unido. Además, el nombre simbólico que utilizaba era Averroes[144]. Llevó a cabo muchas clases y conferencias sobre la educación en otros países, con el objetivo de extrapolar los mejores avances de otros sistemas educativos en España, teniendo por ello, a lo largo de toda su vida, mucha vinculación con la ILE (Institución Libre de Enseñanza) y la JAE (Junta para la Ampliación de Estudios e Investigaciones Científicas)[145]. Fue amigo del Premio Nobel de Fisiología, el doctor y profesor Santiago Ramón y Cajal, también masón.

Entre las iniciativas llevadas a cabo por la Liga desde su fundación destacan, además de la protección de los derechos de toda persona por el mero hecho de haber nacido, velar por unas dignas garantías de vida en los sectores más desfavorecidos del organigrama social, a saber, proletarios y campesinos, la búsqueda de indultos para los presos y la defensa de insignes personalidades en apuros legales como Miguel de Unamuno. Tareas, como ya se h visto, practicadas con anterioridad por la institución masónica, lo que llevarían a esta y a la Liga a unirse como el supuesto símbolo de la izquierda liberal y republicana durante los restantes años del régimen de la primera Restauración[146].

El culmen de la actividad masónica llegaría tras proclamarse el inicio de la I Guerra Mundial, pues la masonería española, al velar por la paz y los derechos humanos, se convertiría en uno de los primeros organismos mundiales en solicitar el cese de hostilidades[147]. Un año más tarde, el gran maestro Luis Simarro firmaba un artículo, «La guerra europea», que fue publicado en la prensa escrita, en el que apelaba a la construcción de una nueva humanidad internacional: «Al finalizar la contienda deben quedar destruidos los fermentos del egoísmo para garantizar, de esta forma, la existencia de un destacado imperio racional»[148].

En definitiva, se intensifica la idea mitificada de caracterizar a la masonería española como una institución burguesa y progresista en el periodo de entre siglos[149] .

En suma, las palabras, cargadas de sentimiento, contribuirían a hacer del Dr. Luis Simarro el único responsable de todos los males políticos de la humanidad desde la Edad Moderna; aunque se ha comprobado, con las fuentes en la mano, que esta teoría es rotundamente falsa. En fin, su principal idea es vincular a la institución con la actividad política, tema que abordaremos en el siguiente apartado. Trascurrida una década y media —después de que comenzara a existir una historiografía rigurosa sobre el fenómeno masónico en España alejada de las noticias falsas—, nos preguntamos si la masonería había sido, como tanto se ha repetido, una asociación íntimamente relacionada con la intervención en los asuntos políticos de cualquier país en el cual estuviera arraigada.

La cuestión, fruto de la inquietud intelectual de todo investigador, tenía como premisa principal explicar, por un lado, lo que podía entenderse por masonería como institución y política como medio de ejercicio del poder público, mientras que, por otro lado, es posible vislumbrar si entre los muchos cometidos de la corporación estaba la llegada a la administración de un Estado, objetivo de todo partido político.

La respuesta a tal interrogante, desgranada por el profesor Dr. Luis Simarro a través de los boletines masónicos de la época, es clara. La conquista del poder nunca fue pretensión de la corporación por: el servicio de la entidad masónica podían trabajar, en la misma obediencia, o incluso en el mismo templo, masones de diversas ideologías, ya fueran republicanos, monárquicos, liberales, conservadores, socialistas, comunistas, clericales, anticlericales o librepensadores, aceptándose, por tanto, un pluralismo político difícilmente compatible con acercar posturas y planteamientos.

Los Grandes Orientes nunca secundaron programas de ningún partido, aunque compartieran con ellos muchas esencias doctrinales básicas, como la defensa del sufragio universal o la libertad de culto. Tampoco debemos olvidar, tal y como constatan los especialistas, la expresa prohibición de intervenir en los procesos electorales, acorde con la vieja tradición que vio nacer a la masonería especulativa[150].

Como apunta una tesis aceptada por la historiografía, a través de la existencia de diversas masonerías en España, la relación entre estas y la política, así como observar las distintas ideologías de los masones que, durante las elecciones, obtuvieron el acta de diputado en las Cortes en los sucesivos reinados de la reinstauración de la dinastía Borbón desde 1874 a 1931, la existencia de numerosas masonerías en la España de la Restauración es una realidad ampliamente difundida por el común de los historiadores estudiosos del tema. Por otro lado, existe una barrera que separa a unas de otras, que es el respeto hacia los planteamientos históricos del siglo XVIII, esto es, las constituciones de Anderson de 1723. Ellas son quienes nos apuntan que el universo masónico, en clave dicotómica, es el punto de inflexión entre una masonería regular frente a la irregular y heterodoxa[151]. En esencia, comparten la masonería latina como en los casos de España, Portugal e Italia y los Grandes Orientes de Francia y Bélgica; lugares en los que originariamente han florecido ideas heterodoxas, tales como el anticlericalismo religioso o la intervención en el mundo político; postulados que nunca fueron defendidos en países como Inglaterra, Estados Unidos, Holanda o Austria, porque son garantes de la regularidad[152] y de la tradición masónica.

Caracterizar a la masonería latina, en concreto la española, como una desviación irregular de los patrones de conducta típicos de fines de la Edad Moderna es una apreciación real pero no del todo exacta, ya que las obediencias nacidas al calor de la revolución septembrina de 1868 siempre intentaron cumplir con las principales leyes de la corporación, la creencia en Dios y dejando la política[153], aunque dos de los Grandes Orientes del momento, el GONE y el GODE[154], fueron rivales al competir ambos por ser la cabeza de la masonería como un elemento destinado al mundo profano. Del mismo modo, a medida que el nuevo régimen político fue asentándose en todos y en cada uno de los rincones del país, dando signos de vigorosidad, pero también de flaqueza, irían naciendo diversas obediencias no tan convencidas de actuar acorde a la regularidad. Los Grandes Orientes español e ibérico (GOE y GOIco), junto con la Gran Logia Simbólica Regional Catalana-Balear (GLSRCB), estaban «comprometidos abiertamente con partidos políticos liberales y progresistas»[155] y, por esta razón, estuvieron dispuestos a poner en tela de juicio las disposiciones emanadas por la masonería anglosajona implantada durante el Siglo de las Luces, contaminándose, de manera injusta, la imagen de todas las obediencias masónicas existentes en España[156]. Fuera de esta distinción, podrían denominarse organizaciones políticas camufladas con tintes masónicos, que poco o nada tenían que ver con la institución sapiencial. A medio camino entre ellas y las logias marcadamente irregulares existieron en España las denominadas Giordano Bruno, llegadas desde Italia por la impronta de Alfredo Vega, vizconde de Ros, gran maestro y fundador de una de las facciones más politizadas y menos comprometidas con la tradición del GODE: el Gran Oriente Ibérico (GOIco)[157]. Estas logias acabarían convertidas, como han reflejado algunos de los expertos, en movimientos políticos plenamente enemigos de la religión, haciendo total alarde de anticonstitucionalismo masónico. Serían familias del tipo irregular, en las que no se tendrían en cuenta la libertad, el respeto a la justicia o el entrañable amor de un alma pura hacia el elemento que la ha creado. Para este acontecimiento, es posible cotejar los documentos del boletín oficial del Gran Oriente de España del 5 de mayo de 1876[158].

Con estos mimbres, parece evidente el dominio de las obediencias regulares en el panorama masónico durante los primeros años del sistema de la Restauración. Ello fue así por la necesidad de acomodo a un nuevo periodo de la historia del país donde se les permitiera, por lo menos, existir en función de la ley. En cambio, la aparición del turnismo, estrategia política pactada por los dos principales actores políticos del momento, Antonio Cánovas del Castillo y Práxedes Mateo Sagasta, unida a las numerosas condenas papales —que hacían poner en peligro la pervivencia estructural, institucional y legal de la corporación en todo el plano europeo— viraron los objetivos básicos de la masonería española.

A fuerza de un liberalismo consolidado, aparecía, en 1889, quien iba a ser la principal obediencia masónica del país, el GOE, cuya obediencia extiende sus tentáculos hasta el último año de la II República[159]. La nueva obediencia masónica dirigida por Miguel Morayta, quien abrazó la irregularidad masónica tratando de inmiscuirse en la vida política nacional y, una vez iniciado el nuevo siglo, a través de varios sucesos que marcarían su devenir histórico: la triple crisis del verano de 1917, la difícil coyuntura política internacional del periodo de entreguerras y el regionalismo masónico catalán, aquel dispuesto a provocar fricciones dentro de la masonería hispana[160], y el detonante de su división existe hasta la llegada de la dictadura de Miguel Primo de Rivera[161].

Como se ha mencionado a lo largo del texto, a partir de 1875 la masonería española tuvo que hacer frente a infinidad de obstáculos, tanto fuera como dentro de las logias. Al margen de aquellos acaecidos de cara al mundo profano, los problemas de índole interna tuvieron una principal razón de ser: el elevado pluralismo masónico existente. Antes de la vuelta al trono de la dinastía Borbón, había en España tres obediencias que operaban según las reglas constitucionales del Sexenio democrático. Dos eran españolas y controlaban la mayoría de las obediencias del país tras la promulgación y sanción de la ley de asociaciones de 1887. Justo en ese momento, el GONE se ramificaría en dos. Uno presidido por José Teodoro de Ros Olano, el vizconde de Ros, con un talante mucho más democrático y descentralizado, con sus logias de ámbito regional, llamado desde 1893 Gran Oriente Ibérico (GOIco), y otra rama más acorde al centralismo, la tradición y la regularidad, el Gran Oriente Nacional de España, dirigido por José María Pantoja y los hermanos Eduardo y Miguel Morayta; este último sería futuro fundador del GOE en 1889, y presidiría cada una de las escisiones del Caballero de Puga (GONEP). El GODE iba encaminado en la misma dirección: Rojo Arias, que sería senador así como gobernador civil (subdelegado del Gobierno), funda el Gran Oriente de España de Rojo Arias (GODER y GODE).

Parece probable que no todas las nuevas obediencias aparecidas después del decreto asociativo de Práxedes Mateo Sagasta tuvieran como razón de ser la disparidad en las opiniones de los distintos gerifaltes situados a la cabeza de las corporaciones. En esta misma línea, el mes de marzo de 1887, Enrique Pérez de Guzmán, marqués de Santa Marta, registraba la Gran Logia Simbólica Española. A través de un nuevo rito, el antiguo y primitivo oriental de influencia rosacruz Memphis-Mizraím, quiso existir en el mundo masónico como una corporación iniciática acorde a los principios de la regularidad. Su talante anticlerical, feminista, obrerista y prorrepublicano hizo muy complicado tal intención, al no tardar en ser tildada por las obediencias regulares como un instrumento al servicio de la política.

El elemento que llama más la atención sobre las disputas internas habidas dentro de la masonería española en estos años finales del siglo XIX es la emancipación de las logias, obediencias y talleres masónicos regionales con respecto a la centralidad de la directiva masónica situada en la capital del reino de España. De la docena de grandes logias que surgieron, vinculadas cada una de ellas a la realidad regional de las distintas provincias de España, merece la pena hacer mención a la Gran Logia Simbólica Regional Catalana (GLSRC), que, una vez iniciado ya el siglo XX, hará tambalearse, en más de una ocasión, a toda la estructura masónica española. Su creación en 1886 reivindicaba, paralelamente, autonomía masónica con autonomía política para Cataluña. Nacía así la masonería catalanista, auspiciada por los grandes hombres del federalismo catalán, entre los que se encontraba, por ejemplo, el masón Salvador Sampere y Miquel.

Con el fin de lograr la autonomía, los talleres regionales apelaban a la deformación sufrida por la masonería, siendo un organismo puramente centralista. Por ello pensaban que, gozando de un cierto autonomismo en los tres primeros grados de la corporación (aprendiz, compañero y maestro, denominados grados simbólicos), podían corregir la desviación política del filosofismo, realidad donde habitaban los grados con peso dentro de la corporación[162]. Renombrada, en 1888, como Gran Logia Simbólica Regional Catalana-Balear (una obediencia masónica), mantuvo su estructura institucional masónica al GOE hasta que las logias catalanas decidieron romper su ligazón con la obediencia para crear una nueva escala nacional, la Gran Logia Española (GLE).

Ante los ojos profanos, gran parte de la población española de la época no podía conocer las rivalidades y divisiones de la institución masónica como parte del juego político experimentado por los grandes partidos a la muerte de sus líderes históricos, caso del Partido Conservador a la muerte de Antonio Cánovas de Castillo, del Partido Liberal a la muerte de Práxedes Mateo Sagasta o del republicanismo ante la desaparición de sus principales dirigentes en la segunda mitad del siglo XIX, como Estanislao Figueras, Francisco Pi i Margall, Nicolás Salmerón y Emilio Castelar[163].

La ambición personal, unida al prestigio político, explicaría, por ejemplo, el ascenso de Manuel Ruiz Zorrilla, una vez caída la I República, a la gran maestría del Gran Oriente de España con escasos días de vida e iniciación masónica. Tras este acontecimiento, el presidente del Congreso de los Diputados, iniciado en julio de 1870, acabaría el mismo mes siendo elevado al grado de maestro, siendo, por lo tanto, el máximo representante de una de las principales obediencias masónicas de España[164]. De hecho, estas deben diferenciarse masonería y fuerzas políticas, al estar ambas dirigidas por personas con distintos puntos de vista ante realidades diversas y con ambiciones particulares. Sin embargo, la apreciación de ciertos patrones de conducta conjuntos entre formaciones políticas y obediencias masónicas nada tiende a alterar la tesis que niega la actuación de las segundas como partidos dispuestos a llegar al poder.

En algunos casos, podría representarse como estar delante de un *lobby*, con unos intereses sociales y políticos que ante determinadas coyunturas vividas por el país abrazaron ideas y planteamientos comunes con la izquierda liberal y el republicanismo, estando por ello en clara oposición a la España decimonónica, aquella representada por el «altar y el trono», pero sin pruebas documentales consistentes. Es probable que el quid de la cuestión esté, entonces, en el significado del término «política» para la institución masónica, o incluso que los seres humanos somos *zoon politikon* (animales sociales o políticos), estén inmersos o no en las logias masónicas. En el caso en que los grupos políticos entendían la masonería como el medio de llegada, mediante procedimiento electoral, a las más altas esferas del Estado, para los masones, en cambio, lo político o la política equivalía a todo aquello que estaba relacionado con el progreso del hombre y de la sociedad. En otro orden de cosas, un artículo titulado «Masonería y política», publicado en 1929 en el Boletín Oficial del Supremo Consejo del Grado 33, ahondaba en si «la política era entendida como desarrollo social y humanitario propiciado a través del fraternalismo y la caridad masónica, no había nada más político que nuestra institución»[165].

Entonces, en el caso de que actuar al servicio de la política significara dominio del poder público, acción violenta, caudillaje o partidismo, como se ha podido comprobar la masonería no fue, no es, ni será una institución asociada a los fines políticos[166].

Después de que, a luz de la revolución gloriosa de 1868, llegara de una forma oficial la institución masónica a España a razón de haber ocupado muchos masones destacadas carteras ministeriales, e incluso la primera jefatura del Gobierno del nuevo régimen, que recae en Juan Prim y Prats, lo cierto es que a la corporación masónica le iba a ser inevitable verse afectada por los acontecimientos políticos de la época. Tras la proclamación del Sexenio democrático los masones existentes en las Cortes constituyentes de 1869 eligieron decantarse por la candidatura de Amadeo I de Saboya al trono del país, por 191 votos a favor, 100 en contra y

19 abstenciones. Estos se verían fuertemente contrariados en el momento de proclamarse la solución republicana en 1873, ante la inoperatividad y falta de apoyos encontrada en la real persona de quien había sido máximo representante del Estado durante poco más de dos años.

La I República, primer ensayo de este signo en la historia española, había llegado con mucha prevención desde el campo masónico, mientras que el GODE, obediencia sin duda influyente por aquel tiempo junto con el GONE, proclamaba su neutralidad política habida cuenta del gran número de masones entre sus filas partidarios de la monarquía. Pesaba sobre tal decisión el hecho de ser defensor de una masonería de tipo *regular*, es decir —como se ha comentado previamente—, las logias en las que no se habla de política ni religión con tres grados, que son las logias inglesas o en las que son de muchos grados, con espadas, que son de influencia francesa.

El retorno de la Restauración, constructo político diseñado por Antonio Cánovas del Castillo, lejos de resultar fructífero para el campo masónico en sus primeros tiempos, contribuyó a promover algunas disensiones en el seno de la masonería. Entonces, aunque en el pasado los masones habían gozado de un relevante asociacionismo fruto del texto constitucional de 1869, la sanción y promulgación de una nueva carta magna, en 1876, aunque reconocía la tolerancia hacia otras religiones en su artículo 11, dejaba el derecho de asociación de los españoles en lo así dispuesto en el código penal de 1870. Habría que apuntar que antes de la promulgación y sanción de un nuevo texto constitucional se impone la pena de prisión[167] para los miembros de todas aquellas sociedades cuyos estatutos no se hubiesen hecho públicos tras el fallo procesal-penal. Tras esto, serían presentados varios proyectos de reforma penal, como el del político conservador Gabino Bugallal, quien propuso una severa reforma en los artículos del código penal 236 al 241 y 189 al 203, y sancionar la formación de las logias sin la previa autoridad gubernamental: «Se condenará a prisión a todas aquellas personas actuantes en sectas que se valieran de cifras, jeroglíficos, y otros signos misteriosos y negasen la entrada en ellas a la autoridad y sus agentes»[168]. No obstante, el proyecto quedó solo en eso. La situación con respecto a la legalidad de las instituciones masónicas seguirá el mismo curso hasta la aprobación de la ley de asociaciones de 1887, fruto de los aires liberales del gobierno de Práxedes Mateo Sagasta, quien para entonces, y dicho sea de paso, ya había abandonado la masonería. Por otro lado, algunas de las obediencias, como el GONE, la GLE o el GOLU, además de otras logias adscritas a estas y otras tantas obediencias, oficializaban su solicitud para constituirse como asociación que respeta la legislación[169].

Lo hacían, sin embargo, con mucha cautela, presentándose como sociedades humanitarias[170], científicas, benéficas, sin que la terminología como sociedad masónica estuviera presente. Tras esto, la mayoría de todas estas obediencias obtuvieron una carta blanca para constituirse, asociarse y cumplir con la legalidad. Lo cierto es que no se reconocía con su aprobación la existencia legal de la masonería en España, pues las distintas corporaciones surgidas, aunque eran a toda luz masónicas, no constaba ello en sus registros administrativos. Pero tampoco debemos olvidar la vigencia del código penal sancionado en 1870, que estaba dispuesto a perseguir los delitos relacionados con toda sociedad o corporación cuyos estatutos no estuviesen en conocimiento de la administración, pues estaría vigente más de medio siglo. Paralelamente, es posible que la única referencia explícita como organización masónica fue la llevada a cabo por José María Pantoja Agudo, en 1889, presentando la escisión del Gran Oriente Nacional de España no integrada en el Gran Oriente Español de Miguel de Morayta y Sagrario[171]. En estos momentos, la masonería está definida como una «antiquísima asociación francmasónica»[172]. Existían, por tanto, las obediencias masónicas y sus respectivas logias, pero no un cuerpo masónico reglado y respetado por el Estado que sin duda afectará, junto con otros factores, al reconocimiento de la masonería española en el plano internacional. Sin embargo, ninguna duda cabe del despegue del universo masónico en la mayoría del territorio nacional, tanto en la metrópoli como en las colonias desde 1868 hasta 1900, con la aparición de, al menos, 1.750 logias ubicadas, en su inmensa mayoría, por los distintos territorios de Andalucía, Cataluña o Castilla.

Al margen de los problemas de legalidad sufridos por la familia masónica hasta la ley de asociaciones de 1887, resulta imposible no reseñar en el apartado, al ser una parte fundamental del mismo, las numerosas condenas papales existentes en el periodo contra la masonería, al entender los papas que su sola existencia, sin solidez documental, era un peligro para la religión católica[173]. Tras esto, se emite el fallo de la primera condena internacional contra la corporación masónica, como apunta el intelectual y ministro de Estado republicano Luis de Zulueta y Escolano[174], que se declaraba un entusiasta estudioso de la Edad Media, enemigo de las actualizaciones, y gran conocedor de la masonería[175]. A pesar de ello, el político republicano acabaría arguyendo que no existía la masonería en España, aunque los sucesivos pontífices que le devinieron no hicieron más que reiterar condenas de sus antecesores en el cargo[176].

Hay que mencionar el episcopado de Vincenzo Gioacchino Raffaele Luigi Pecci, quien sería ordenado en calidad de papa de la Iglesia católica con el nombre de León XIII en 1878, pero que se mantuvo en el cargo hasta su fallecimiento en 1903. Durante su papado, se difunde el mantra del demonio de las sociedades secretas, habida cuenta de las más de 2.000 intervenciones de los pontífices contra tales corporaciones masónicas. Entre las mismas destacaba la masonería, a la cual acusaban de provocar la unificación. León XIII[177] será, junto con su antecesor Pío IX, el máximo perseguidor de las corporaciones masónicas en Italia. Las mayores obras del pontificado de Pío IX habían sido la promulgación de la encíclica *Quanta cura* y el famoso *Syllabus errorum* en 1864, por los cuales el pontífice de Roma realizaba una especie de declaración de guerra a la sociedad moderna, condenando hasta un total de «ochenta errores políticos, filosóficos y religiosos», entre los que se encontraban, como no podía ser de otro modo, los masones, o incluso algunas ideologías escasamente favorables al papado de León XIII.

Tras esto, León XIII procede, en 1884, a promulgar y sancionar una encíclica, a imagen y semejanza de sus predecesores, que condenaron sin pruebas la corporación masónica desde 1738, con la bula *In eminenti* de Clemente XII hasta la bula *Providas* de

Benedicto XIV, así como las llevadas a cabo por ciertos gobiernos, entre los que nombra a la propia España, en el periodo contemporáneo, en relación con tales corporaciones[178].

El texto del papa señala, más tarde, el motivo de la persecución contra la corporación: su «maléfica natura»[179]. La encíclica *Humanum genus*, que empieza apuntando que la masonería pretendía aniquilar el catolicismo[180]. Ante la moral imperante, sin pruebas sólidas, pero vendría a señalar, tal y como se ha constatado por parte de los expertos[181], la existencia de «dos universos antagónicos», el de la religión y el de la resonancia de tales proclamas papales contra la masonería, que no tardaron en llegar a España en el inicio de la contemporaneidad desde la Constitución de 1812, la cual aludía al concepto de nación y señalaba la confesionalidad de la misma, tras la firma del concordato en 1851 con la Santa Sede.

Algunos de los prelados (sacerdotes) como el senador y obispo de Santander Vicente Sánchez de Castro, escasos años después de la promulgación de la famosa encíclica, trataba la masonería como sinónimo de revolución. Entonces, actúa «contra las masonerías», los laicistas y librepensadores, es decir, los enemigos de la religión que trabajan al auxilio del «reino de Satanás», siendo representante del último los círculos republicanos, demócratas y monárquicos, cuyo objetivo principal era «perseguir y anonadar la religión católica»[182]. Tal congregación será solo una de las muchas sacudidas en las que se verá inmiscuida la masonería, iniciándose así un combate entre los sectores más afines a la religión, partidarios de la catolicidad del país, entre los que se contaban el carlismo, el integrismo y ciertos sectores del conservadurismo y, por otro lado, el republicanismo, el anticlericalismo y el librepensamiento, todos ellos defensores acérrimos de la separación Iglesia-Estado, quienes harán causa común con la corporación debido a la filiación de muchos hermanos en los tres movimientos, otorgando un claro clima de rivalidad a la España de finales del siglo XIX.

Todos ellos, pese a la dureza de uno u otro signo, no dudarán en hacer oposición al régimen constituido, pero la perdurabilidad de los segundos en el tiempo, además de consolidarlos como principales opositores, les hará constituirse como la principal alternativa gubernamental cuando la crisis final de la monarquía desacredite su continuidad en el futuro debido a sus actos en el pasado.

Fruto del azar o no, pero en el mismo momento en que el sacerdote santanderino acusaba a la corporación de combatir el régimen monárquico, se constituía en 1889 el GOE, siendo defensor de una ideología claramente republicana, cuyo líder principal, Miguel Morayta, señalaba que las políticas practicadas en España eran masónicas y estaban representabas por la figura del jefe del Estado, Manuel Azaña, segundo presidente de la II República española[183]. En última instancia, al final de su relato, Joan Tusquets[184] atacaba al GOE.

Lejos de interpretar las palabras del sacerdote como falsas o verídicas, debemos quedarnos con lo que suponía ser masón al comienzo de la Guerra Civil hasta 1939. De hecho, fue juzgado por el Tribunal para la Represión de la Masonería y el Comunismo[185], una audiencia creada por el Movimiento en 1940 en la que los masones fueron declarados «criminales contra la patria y la religión por ir contra la tradición española»[186], ahondando en que podrían ser los causantes de casi todos los males de los españoles.

Justo a partir de este momento comienza a crearse este mito de antiespañolidad de la masonería, cuyo origen puede vislumbrarse en el periodo histórico que estamos abordando. Por otro lado, en sus diarios podemos apreciar la escasa importancia que daba el líder republicano a las «tenidas» (reuniones) masónicas, reflejando, en las pocas a las que asistió, un aburrimiento que a punto estuvo de hacerlo abandonar el lugar donde se estaban realizando[187]. De ahí que algunos de los expertos, como Joan Tusquets (sacerdote, pedagogo y publicista español), recomendasen su texto al general Francisco Franco Bahamonde, ya que comentaba que ser masón era, por lo tanto, un enemigo del sistema. Previamente, el verano de 1894 es un periodo difícil y turbulento para el universo masónico español, quizá premonitorio de lo que iba a ocurrir escasos cuatro años después. En este momento gobernaba el país el joven monarca Alfonso XIII, retraído de ser la figura de jefe de Estado debido a su minoría de edad, pues contaba entonces con apenas ocho años, por lo que recala, el papel de máximo representante de la jefatura, en su madre María Cristina de Habsburgo-Lorena, la esposa de Alfonso XII y la regente del reino hasta 1902, quien mostraría ser una gobernante capaz pero no por ello carente de críticas, teniéndose que enfrentar durante la infancia de su hijo a numerosas crisis. La masonería tenía, en estos momentos, un duro enfrentamiento contra el fanatismo religioso.

La masonería tendrá purgas que no le depararán un buen final, ya que pertenecer a una ideología puramente integrista podía ser tomada la afirmación como un delito de calumnias contra los representantes del Estado. De hecho, Luis María de Llauder, periodista y diputado en Cortes, atribuyó sus palabras al párroco José Domingo Corbató, autor de una obra publicada en Valencia ese mismo año (1902), con el título *León XIII, los carlistas y la monarquía*.

Esta obra le permitió evitar tener problemas con la justicia, aunque la táctica seguida por el periodista, además de intentar librarse de cualquier compromiso con la ley, tenía una razón principal de ser: el desprestigio de la monarquía y de su principal cabeza institucional, María Cristina Habsburgo-Lorena, habida cuenta de los buenos lazos existentes entre la reina regente y el papa León XIII, pues si el segundo, con sus peregrinaciones a España, había mostrado el respeto debido por el país y sus líderes, la regente estaba atacando duramente al obispado de Roma, cabeza de la cristiandad, al haberse iniciado, sin pruebas concluyentes, en una «secta» prohibida por la religión y que había sido combatida por el papa de Roma[188], como se ha analizado previamente. Es difícil saber si tal acusación causó esas malas relaciones entre los representantes de la Iglesia católica y de España; lo cierto es que la noticia, aunque falsa, no dejó de correr por la mayoría de medios de información de corte nacional y regional o provincial. El Gobierno del país, con Práxedes Mateo Sagasta a la cabeza del Partido Liberal progresista, no dudó en señalar la falsedad de la proclama ante el gran revuelo mediático. Ello llevó a que el referido líder del GOE y principal cabeza de la masonería española, Miguel Morayta, censurase, mediante carta enviada a todas las logias de su obediencia, la actuación del Gobierno[189], que apunta la falsa idea de la iniciación de los monarcas, mientras que Miguel Morayta refería, en su texto, el repudio que indirectamente lanzaba el Gobierno contra la masonería, condenando en el plano moral lo aprobado y otorgado en el plano político con la promulgación y la sanción de la ley de asociaciones, cuerpo legal en el cual los masones estaban jurídicamente protegidos.

El gran maestro, con el objetivo de defenderse, no solo no veía nada malo en la existencia de la masonería, sino que hablaba de ella con orgullo, pues afirma que «el consejo de la corporación masónica de mi presidencia, como los muchos miles de masones a quienes represento», llevan y llevarán la condición de masón con dignidad. Por otro lado, la actuación del Gobierno, tajante con respecto a la falsedad de los hechos, fue reprobada por la élite de la masonería con respecto a las formas, aunque este hecho no fue suficiente para evitar que el debate llegase a los pasillos del palacio de las Cortes.

En la sesión parlamentaria, celebrada el 14 de noviembre de 1894, tomaba la palabra el diputado conservador por Cartagena Antonio García Alix, firme defensor del poder como Miguel Morayta[190]. Por otro lado, el diputado carlista Juan Vázquez de Mella señalará que el Gobierno es la consideración del prestigio de la realeza[191]. Con su condición, utilizaría sus redes sociales para postularse en las altas esferas. En definitiva, la sola acusación es un delito, pero que lleve tintes masónicos la hace todavía más grave aún. A esa consideración llegan los dos ideólogos del turnismo legitimador de la alternancia de partidos en la Restauración, Antonio Cánovas del Castillo y Práxedes Mateo Sagasta. Ambos señalarán que se trata de un «crimen de lesa majestad».

El segundo presidente del Consejo de Ministros en este momento no podría olvidar, a lo largo del debate parlamentario sobre la iniciación de los reyes, su vinculación con la masonería en el pasado, o incluso si, por casualidad, se le había borrado de la mente, el carlista Juan Vázquez de Mella tuvo que recordárselo, consiguiendo de Práxedes Mateo Sagasta la afirmación de su pasada pertenencia a la corporación masónica, de la cual se apartó sabedor de su legalidad, pues él llevó a cabo la ley de 1887, al conocer las condenas papales, incompatibles con ser masón y buen católico[193]. De hecho, al mismo tiempo dejará en evidencia al político liberal con su anterior afirmación: «No hay un solo papa del siglo XIX que no haya condenado a la masonería, y el señor Práxedes Mateo Sagasta ha tardado»[194].

Para la historia quedará la respuesta del diputado tradicionalista Juan Vázquez de Mella[195]: «Señalada y reafirmada la falsedad que pretendía hacer de los monarcas españoles masones operantes en logias al servicio de los organismos masónicos europeos, podía volver a respirar la corporación tranquila, aunque no por mucho tiempo, pues la agitación colonial estaba a la vuelta de la esquina. A partir de entonces, el mito de la antiespañolidad de la masonería, si hasta ahora estaba en formación, con el desastre del 98 pasará a convertirse en un hecho»[196].

A tenor de este acontecimiento pudo ser representante de la masonería en el Congreso Internacional de Librepensadores, conmemoración del cuarto centenario de la llegada española a América, que iba a celebrarse en Madrid en 1892.

La suspensión del evento el mismo día de su apertura, que fue el 12 de octubre, a través de una orden emitida por Antonio Cánovas del Castillo relacionado con las colonias, más si estos certámenes podían contribuir a desestabilizar el maltrecho estatus colonial del país, al abordarse en los mismos la cuestión del independentismo, consideración harto difusa, pues con la celebración del descubrimiento de América[198], iba a ser buena prueba de la censura del Gobierno. Los sucesos coloniales comenzaron tres años antes de la crisis de 1898. Tras el inicio de los disturbios en Cuba y con la insurrección en Filipinas, el Partido Liberal de Práxedes Mateo Sagasta, por entonces en el gobierno, se lanzó a acusar a la masonería de filibusterismo y las logias Hijos de la Verdad, de Jaén, Puritanos, de Madrid, y Unión Latina, de Cuba, son algunos de los muchos templos masónicos que honran la figura de Lozano por su artículo titulado «Mi discurso». En él se hace una defensa íntegra de la corporación, combatiéndose el «error y la superstición»[199], de presunta participación en favor de la independencia y hechos, y a tenor de lo dispuesto en el código penal de 1870[200], una multitud de logias de distintas obediencias eran asaltadas por las fuerzas de orden público, viéndose obligada la institución a clausurar sus puertas por orden del gobernador de Madrid. Pronto el decreto comenzaba su andadura. Inmediatamente después de ser iniciados, desde un punto de vista efectivo a todos los puntos del territorio nacional, fueran parte de la metrópoli o de las colonias hasta comienzos del siglo XX. Ello iba a suponer un duro golpe para la masonería española, perdiendo todo tipo de capacidad operativa, así como gran cantidad de masones entre sus filas, descendiendo el número de los mismos durante el periodo 1900-1939, hasta los 5.000 masones inscritos en 229 logias, cifras irrisorias en comparación a los 82.000 masones y 14.750 logias operativas entre 1868 y 1900. Entonces, tras la documentación aportada, ¿fue la corporación masónica la principal responsable de la pérdida de los últimos territorios ultramarinos desencadenantes del famoso desastre de 1898?

La respuesta a esta cuestión ha sido ampliamente difundida por un nutrido grupo de historiadores de la institución masónica[201], que afirman que la masonería española, aun siendo partidaria del autonomismo y firme rival del clericalismo existente en algunos territorios, jamás se mostró a favor de la independencia colonial, mostrando un españolismo intachable. Sin embargo, la torpe actuación de Miguel Morayta y Sagrario, siempre dispuesto a actuar en favor de Filipinas, hizo que tanto la Iglesia católica como el conservadurismo trabajaran para construir el mito del antiespañolismo de la masonería, pues para ellos eran las actividades, llevadas a cabo por el gran maestro, las supuestas causantes de la insurrección en el archipiélago[202]. En consecuencia, se propagará el paradigma del complot masónico contra el país. En el intervendrá esta presunta sociedad secreta, traidora a todas luces, la «organización antipatriótica que trabajaba contra España»[203].

En el caso de la supuesta iniciación de los monarcas españoles en la masonería llegó al Palacio de las Cortes, ante la resonancia mediática del episodio, no iba a ser menos con la pérdida de las colonias, suceso que sin duda pondrá en jaque la conciencia nacional del país durante las primeras décadas del nuevo siglo. En 1904, seis años después del desastre del 98, Miguel Morayta y Sagrario, la persona a la cabeza de la masonería hispana durante las últimas dos décadas, se verá de nuevo obligado a intervenir en su defensa[204]. Ocurrió el día en el que se debatía, en el Palacio de las Cortes, la provisión de la vacante del obispado de Valencia, en favor del padre Bernardino Nozaleda, antiguo dominico y arzobispo de Manila, territorio en el que se mantuvo impartiendo doctrina tras la derrota colonial en 1898[205].

La decisión de removerlo hacia la Península formaba parte de la estrategia llevada a cabo por Antonio Maura y Montaner en su primera etapa al frente del Gobierno, pieza clave de la práctica de lo que se ha llamado su «revolución desde arriba»[206] relacionada con el conservadurismo español en el siglo XX. Tal disposición con el objetivo de instaurar al religioso en uno de los focos más fuertes del republicanismo del sector del escritor Vicente Blasco Ibáñez; el político, baluarte de la Iglesia católica y el clericalismo, fue, como cabeza del ejecutivo, Antonio Maura y Montaner formulaba lo acontecido desde 1898, la sociedad española ya estaba polarizada frente a dos tendencias.

De un lado, la confesional, con Antonio Maura y Montaner con el Partido Conservador a la cabeza. Por otro, la secularizadora, formando parte de la misma un conglomerado de fuerzas políticas que van del liberalismo hasta el republicanismo, aglutinando a un elevado número de masones entre sus filas[207]. Parece que Miguel Morayta eligió la elección del eclesiástico para defender a la corporación por un doble motivo. Aparte de protegerse de las acusaciones de Antonio Maura, que culpaban a la masonería de todo lo ocurrido en 1898, el gran maestro no olvidaba que el padre dominico Bernardino Nozaleda fue la persona que hizo caer en desgracia al capitán general de Cuba y más tarde en Filipinas, Ramón Blanco y Ereneas, quien fue perseguido y vilipendiado políticamente ante las acusaciones de pertenencia a las Cortes de Francisco Romero Robledo para terminar con la leyenda de la masonería[208], pese a que desde 1887, tras la promulgación de la ley de asociaciones, la corporación iniciática era considerada una «asociación perfectamente legal»[209], y por tanto era falsa la acusación de filibusterismo y antiespañolismo de los masones filipinos dependientes del GOE[210], pues estos, como requisito, días antes de la sesión de Cortes, parece que Antonio Maura y Montaner «había señalado en público y con soberano arte un saludo recibido por parte de Miguel Morayta del tal forma que, en opinión del primero, parecía que aún le quemaba la diestra que le tendiera»[211].

Como aparece recogido en el diario de sesiones, en el diálogo mantenido por el diputado y ministro Francisco Romero Robledo y el gran maestro Miguel Morayta parece que el primero, dentro de su pensamiento católico y conservador, considera como algo mal visto socialmente, o si se quiere, por ajustarlo al contexto parlamentario, la pertenencia de cualquier persona que consiguiera ser admitida en la masonería[212]. La corporación iniciática, por parte del sacerdote sin haberlo sido nunca diputado republicano haciendo constar el desprecio personal del presidente Antonio Maura y Montaner tanto por su persona como por la corporación, a la cual su partido y los medios de comunicación afines culpaban de los sucesos coloniales, llegando incluso a rivalizar por ello con el presidente a estas alturas, aunque a tener en cuenta por su alocución, el gran maestro, Miguel Morayta y Sagrario, comenzó con su discurso claro en el que menciona los requisitos para pertenecer a la corporación, entre los que destacan que debían tener una posición social cómoda y mostrar amor al país, quedando perfectamente probado su condición de españolidad.

Con todo, el dirigente masón, con sus palabras, está diciendo basta al mito de antiespañolidad de la masonería, formalmente construido a raíz de los sucesos del fin del Imperio colonial español. Sin embargo, de poco le iba a servir presentar a la familia masónica como una institución seria y española. No obstante, cuando el dictador Francisco Franco Bahamonde, 37 años más tarde y a la cabeza del nuevo régimen, cuando redacte la ley para reprimir a la masonería y el comunismo, no iba a tener ninguna duda de que había que eliminarla de raíz. El año 1917 fue una fecha muy significativa en el engrandecimiento del mito antiespañol de la corporación masónica. Aparte de ser el año de fallecimiento de Miguel Morayta y Sagrario, la persona que más había protegido y defendido a la masonería desde 1889, hubo en España un triple conflicto militar, político y social derivado de la guerra mundial y de la incapacidad y debilidad del sistema de la Restauración para seguir funcionando tal y como la responsabilidad de la corporación en la pérdida del Imperio colonial español eclesiástica, los medios de comunicación, el desastre de 1898 y los políticos españoles, desde Antonio Cánovas del Castillo hasta Práxedes Mateo Sagasta o Antonio Maura, le pusieron en bandeja, años más tarde, al caudillo argumentos sesgados del pasado para legitimar la prohibición de la supuesta «secta» en el presente y en el futuro de su dictadura. De hecho, se había comentado esta postura después del turnismo político entre progresistas liberales y conservadores[213].

La masonería, una vez iniciada la contienda bélica, tendría al mundo en vilo durante casi cuatro cruentos años, se declararía, del mismo modo que el Gobierno conservador[214] de Eduardo Dato e Iradier, aunque fue neutral al episodio bélico de la I Guerra Mundial, pesó sobre esta decisión la tradición masónica, pues según el pastor presbiteriano James Anderson y sus constituciones, la corporación masónica no podía ir en contra de lo así dispuesto por los gobernantes del país. Del mismo modo, esto contribuyó en su decisión las consignas de paz y neutralidad expresadas por uno de los principales organismos masónicos mundiales como el Bureau International[215] (logia suiza). La citada estructura masónica especialmente se relaciona con aquellas corporaciones de Cataluña y su papel territorial dentro de España, como la Gran Logia Simbólica Regional Catalana-Balear (GLSRCB)[216] (obediencia masónica catalana).

Las disensiones habidas dentro de la familia o la jerarquía federada dentro del GOE obligaron a la obediencia a decantarse, con el devenir de la guerra[217], a reemplazar al sustituto de Miguel Morayta y Sagrario al frente del GOE, estando, Luis Simarro, alineado con la causa aliadófila. Naturalmente, también pesaba sobre dicha forma de actuar que el republicano en el partido reformista de Melquíades Álvarez González-Posada, que lideraba a muchos masones entre sus filas, se había declarado, como todas las organizaciones republicanas, a favor de la causa aliada, pues su triunfo político en el interior[218] despotismo negador de toda libertad al llevar a cabo un gran número de atrocidades contra del país[219] dependía de la derrota del Eje, a quien había condenado como ejemplo del enemigo que no fueron pasadas por alto en otra contienda que era la de la opinión pública. Fueron tres los conflictos desencadenados en la famosa crisis del verano de 1917.

Trataremos aquí los que tuvieron una índole puramente política y social, en los cuales la masonería estuvo implicada activamente. Desbaratada, en junio, la rebelión militar formada por las juntas en las que los militares solicitaban del Gobierno una mayor compensación económica y un trato igualitario para los soldados africanistas o peninsulares, de la misma manera que los diputados en Cortes, ya sean republicanos, catalanistas o socialistas.

Estos actuaban tanto como reacción al problema militar como para exigir una reforma constitucional que diera al país una apariencia democrática no conseguida por los Gobiernos alternantes en el sistema político. Tal intento de transformación del mismo fue llevado a cabo por los partidos opositores al régimen y auspiciado por el común acuerdo de los mismos al defender la causa aliada en la contienda mundial, parecía tener como objetivo la reforma de la Constitución de 1876 en función de postulados federalistas.

Iniciada la actividad de los parlamentarios, la masonería española, con el GOE y Luis Simarro a la cabeza, quiso llevar la situación con la misma calma de 1914, una vez declaradas las hostilidades en el conflicto. Sin embargo, al igual que ocurriera entonces, la GLSRCB (Gran Logia Simbólica Regional Catalana-Balear), organización iniciática que decidió actuar por su cuenta y sumarse al acontecimiento junto a los opositores al régimen[220] ante la iniciativa catalanista y la celebración de la asamblea del 19 de julio en Barcelona. Este acontecimiento llevaría, tal y como ocurrió en el pasado, al GOE a decantarse por el apoyo a los parlamentarios a través del visto bueno personal del gran maestro, Luis Simarro, quien propició la reunión, en el mes de septiembre, de una comisión encargada de auxiliar económicamente[221] a los presos del movimiento democratizador o, incluso, para financiar la huelga de agosto

Las consecuencias para la corporación, después de apoyar la intentona reformista del régimen, no serán muy distintas de las acaecidas en el pasado. Desde agosto de 1917 tendrán que suspender las «tenidas» (reuniones masónicas) y los trabajos simbólico-rituales, porque muchos medios de comunicación y miembros del Gobierno les están culpando de participar en los hechos, no volviéndose a ver indicios de una considerable actividad masónica hasta 1918.

Para las clases medias y muchos intelectuales, la masonería consiguió ganar un prestigio perdido por muchos partidos políticos, siendo a partir de entonces cuando comiencen a iniciarse en ella personalidades de todos los planos de la política y cultura españolas, que estarán llamados a tener un importante papel en el devenir histórico de España, bien sea, primero, como oposición a la dictadura de Miguel Primo de Rivera, o incluso como firmes partidarios con la llegada de la República. Con todo, la activa participación de la corporación en los sucesos de 1917 iba a costarle lo poco que le quedaba de regularidad masónica en casi toda su extensión, es decir, el claro abandono de los postulados históricos legitimadores de su existencia desde el siglo XVIII, pasando de este modo a tener un papel muy activo en los acontecimientos políticos del país, sin ser por ello una formación con tales tintes.

La declaración que apunta que la masonería debía ser «la casa política de todas las izquierdas»[222] dictaminada por el GOE en su gran asamblea de 1918 y la superación de problemas internos una vez llegado el régimen de Miguel Primo de Rivera iban a servirle a Francisco Franco Bahamonde, del mismo modo que las condenas papales, los sucesos coloniales de 1898 y la situación en la República y posterior guerra, para constatar la tesis de que la masonería no podía formar parte del proyecto de España planteado por el dictador, durante 37 años al frente de la jefatura del Estado, desde 1939 hasta 1975[223]. Pasaban a ser los masones, como tantos, con respecto al comité que organizó la huelga de agosto, una comisión masónica del GOE constituida por Ceferino González Castroverde y el alcalde de Madrid, Pedro Rico, quien se encargará de visitar y atender sus demandas de los masones más débiles encarcelados[224]. En suma, como puede comprobarse ante los ojos de republicanos, anarquistas, socialistas y comunistas que, «pese a no verse ni en pintura», en materia ideológica estaban unidos en la diversidad los símbolos principales de la anti-España.

Una de ellas comenzó en aquel verano, al verse con su primogénito, fueron acusados de iniciarse en la masonería. La noticia fue difundida por la revista católica *La Hormiga de Oro*, que estaba dirigida por el diputado en Cortes y periodista Luis María de Llauder[225]. En fin, como se ha podido apreciar mientras realizamos esta singladura por estas páginas, la masonería ha sido, y en cierto modo todavía hoy en día lo es, una institución muy revestida y rodeada de mitos y leyendas a lo largo de la historia contemporánea de España. De ahí surge la necesidad, en este libro, de intentar localizarlas y eliminarlas para evitar caer en errores históricos.

Tras los sucesos de 1868, se vivió una de las mejores épocas masónicas durante los años de la Restauración, etapa histórica bajo la cual la masonería conseguirá consolidarse y existir legalmente durante más tiempo como asociación con unos fines específicos, subdividiéndose, de esta manera, el periodo en dos partes: una primera de florecimiento y cautela, que abarca desde la construcción del sistema político hasta el desastre de 1898, y otra que arranca a comienzos del siglo XX y finalizará con el golpe de mano de Miguel Primo de Rivera en 1923, momento en el que observamos una masonería más comprometida con la actividad política y, por tanto, más desviada de sus patrones históricos relacionados con los trabajos rituales y corporativos.

Al comparar la corporación masónica hispana con la de otros países como Estados Unidos o Inglaterra, llama la atención el poco peso de la regularidad y el escaso conocimiento de la tradición masónica de la familia real española con respecto a las naciones más poderosas del nuevo y el viejo mundo.

La ayuda al masón será el medio con el que la corporación masónica española estaría dispuesta a abrazar el progreso y extender sus consignas al organigrama de las necesidades sociales, ya que desde el masón se acabaría pasando a sus estructuras y de estas a otros colectivos del mundo profano, como el núcleo femenino o los sectores más desfavorecidos de la sociedad, el proletariado y el campesinado, no dejándose de lado tampoco las luchas individuales entre los hombres y las mujeres de la época contra el sistema establecido si este se comportaba de manera opresora. Sería precisamente esa preocupación por el progreso del hombre y de la humanidad lo que acabaría por convertir a nuestro objeto de estudio en un *lobby* de poder con notable peso y entidad en la España de su tiempo.

De ahí que diversas consignas compartidas entre la masonería y los partidos políticos fueran ejecutadas por la crisis y la deriva del régimen, e hicieran de la primera, ante los ojos de los sectores más conservadores y reaccionarios del momento, una institución dispuesta a derribar cadenas, socavar gobiernos o, incluso, destruir sistemas políticos y/o religiosos.

El repaso a la historiografía más acertada, en lo que respecta a la actividad política de la institución masónica, además de las listas de masones existentes en las Cortes del periodo de entre guerras, disipan cualquier duda sobre su inexistente comportamiento como si se tratara de una formación política de izquierdas cuyo objetivo primordial sería la toma del poder, bien fuera por procedimiento electoral o a través del uso de la fuerza. En verdad, el principal y más fuerte enemigo de los masones era propiciado por ellos mismos y las luchas entre las obediencias más representativas del panorama nacional. A tenor de los conflictos, los masones pusieron en bandeja a la Iglesia católica y a la monarquía, pilares básicos del régimen, la construcción de ciertos mitos que implicaban a la corporación masónica en todos los problemas acaecidos desde la Edad Moderna hasta la II República.

Como se ha ido explicando en el texto, las reiteradas condenas papales contra los masones, identificados con el mismísimo Belcebú (Satanás), hicieron relucir la histórica catolicidad de España, que había sido «luz de Trento, martillo de herejes»[226]. Parece que era incompatible, por tanto, como afirmaría Práxedes Mateo Sagasta, «ser masón y buen católico al mismo tiempo»[227], aunque, con las fuentes en la mano, nos hemos percatado de que esto no era correcto. A pesar de ello, algunos expertos han localizado 5.000 masones católicos, por lo que no es una incompatibilidad manifiesta. Como punto final a este capítulo, debe señalarse una consideración de especial importancia: al miembro de la corporación masónica, además de mala reputación social por el hecho de serlo y por ser el supuesto enemigo o rival de la religión, se le hubo de unir un nuevo calificativo más, el de ser antiespañol y trabajar en favor de la ruina de la nación. Así aparecería dictaminado en la ley de represión de la masonería y el comunismo decretada por el general Franco en 1940.

Este modelo mítico, transcurridos los duros años de la Guerra Civil, no deja de hundir sus raíces, al fin y al cabo, en la España decimonónica, aquella que, lejos de estar representada por una dictadura, lo hace por el trono y el altar. La consecuencia del secreto de pertenencia, sufrían también una especie de recelo. Dentro de esta institución marginal, las mujeres en general se habían encontrado en evidentes desventajas numéricas y judiciales; sobre todo de inferioridad social. Por lo tanto, se puede argumentar sin reservas que eran una minoría marginada en un grupo marginal en sí mismo.

En este ensayo intentaremos diseñar la situación histórica del grupo masónico femenino a través del último tercio del siglo XIX, que corresponde al periodo del nacimiento de la cuestión feminista dentro de las logias españolas metropolitanas. Previamente, debido al desconocimiento más o menos generalizado sobre la naturaleza y los fines de las organizaciones masónicas, consideramos imprescindible remitirnos a algunos documentos masónicos esenciales relativos al tema y vincular la situación de España con el contexto de la masonería femenina internacional. Como es bien sabido, la masonería contemporánea, o la llamada especulativa, es la que se mantiene hoy en día, para diferenciarla de la masonería gremial.

La masonería especulativa se formó en 1717 como apunta su carta magna, conocida como las constituciones de James Anderson, siendo promulgada en 1723. Este documento esencial se convertiría en una referencia obligada para la mayoría de los masones del mundo, aunque su recepción inmediata tuvo un éxito variable en los distintos países y, en este sentido, algunos de sus puntos principales fueron interpretados de forma diferente por las distintas organizaciones masónicas, especialmente con el paso del tiempo.

Las constituciones de Anderson, en definitiva, definen a la masonería como una institución creada para unir a los hombres por encima de las diferencias que los separaban. Por lo tanto, prohibieron estrictamente, en el interior de sus logias, discutir sobre política y religión. En cuanto a sus intenciones unificadoras, en diferentes artículos también se fomentó la vocación universalista de la masonería especulativa. Las logias debían convertirse en una especie de laboratorios en los que se superasen las diferencias políticas, religiosas y culturales. Sin embargo, las constituciones de Anderson señalaban dos casos que limitaban drásticamente el universalismo masónico: el artículo 3 establecía la prohibición expresa de admisión de mujeres y esclavos como miembros de una logia. De hecho, las personas admitidas como miembros de una logia deben ser buenas y verdaderas, de nacimiento libre, de edad madura y discreta, no siervos, no mujeres, no hombres inmorales o escandalosos, sino de buena reputación.

En suma, a partir de estas trascendentes constituciones y de otros importantes[228] documentos, como el célebre discurso de Andrew Michael Ramsey, alias Chevalier Ramsay, de 1736[229], a lo largo de la primera mitad del siglo los masones del siglo XVIII excluyeron a la mitad de la humanidad de los trabajos en las logias por un triple argumento: la tradición operativa (medieval) había sido exclusivamente masculina; la mujer no era socialmente libre, y la naturaleza femenina era incapaz de preservar los misterios, así como el secreto de la corporación.

Además de estas razones, la prohibición también se justificó sobre la base de que la mujer perturbaría la tranquilidad de los hermanos en la logia y, en última instancia, destruiría la institución. Un pequeño poema titulado «Les franc-maçon, songe» sería publicado en 1737 en la revista *Nouvelle apologie des francmaçons*, en la que se expresan tales prevenciones: «Si el bello sexo está desterrado, no se alarme por esto, no es una ofensa a su lealtad; pero temo que el Amor, entrando con sus encantos, produzca el olvido de la fraternidad. El nombre del hermano y amigo serían brazos frágiles para proteger los corazones de la rivalidad»[230].

Dicho esto, la masculinidad excluyente de la tradición masónica operativa, o medieval, no es correcta, ya que se ha documentado la presencia de la mujer en corporaciones medievales de constructores en París, Chester, York, Norwich o Wurzburgo, y es bien conocido el caso de Sabine Steinbach, hija del capataz de la catedral de Estrasburgo, que fue escultora en Estrasburgo y Marburgo. En tercer lugar[231], con la masonería especulativa, a pesar de la oposición de la tendencia de la masonería anglosajona, las mujeres en Francia se unieron a la corporación en la segunda mitad del Siglo de las Luces. Formalmente, como señalan algunas expertas, las evidencias tangibles de la presencia femenina en las logias masónicas comienzan su andadura desde 1747-1749, y en las décadas de 1770 y 1780, en las que una gran mayoría de territorios contaban con logias femeninas[232].

Sus obras consistían principalmente en ceremonias de recepción, ceremonias de paso y elevación a grados y en actividades caritativas. En la asamblea general del 10 de junio de 1774, el Gran Oriente de Francia decidió regularizar estas logias y dotarlas de estatutos. Para ello, un año más tarde creó el rito de la masonería adoptiva o masonería de las damas, que estaba bajo su jurisdicción. Estableció un conjunto de reglas y leyes para su gobierno: prescribía que solo los maestros masones podían asistir a sus reuniones; que cada logia de adopción estaba bajo la responsabilidad y bajo la sanción y garantía de una logia masculina regularmente constituida; que deben ser presididas por el venerable maestro de la logia madre, y acompañados por la maestra. Según estas mismas fuentes, la masonería adoptiva construida sobre los grados de aprendiz, compañero, maestro masón y perfecto maestro se basa en el desarrollo de la virtud en la que Jean-Marie Ragon le dedicó uno de sus rituales masónicos.

Por otro lado, la logia de adopción más relevante fue La Candeur de París. La componían, entre otras personalidades, la esposa de Claude-Adrien Helvetius, la princesa María Teresa de Saboya, de Lamballe, o Luisa Adelaida de Borbón, la duquesa de Chartres, esposa del futuro rey de Francia Luis Felipe de Orleans, también llamado por los revolucionarios «Felipe Igualdad».

Analizando las juntas de miembros de las logias de adopción, hay que apuntar que algunos expertos sugieren que su constitución se debió a la dificultad de excluir a ciertas mujeres aristocráticas de la vida masónica[233]. Esta observación confirma la convicción de quienes creen que la medida de prohibir a las mujeres participar en los trabajos de la logia no fue de carácter personal sino social. Algunos expertos habían señalado al respecto que las damas de la corte frecuentan asiduamente las logias de adopción y, tras esto, parece que el rey se ofende. El mismo día que el gran maestro visita La Candeur en compañía de la duquesa de Chartres, la duquesa de Borbón, la princesa de Lamballe y el teniente-inspector de policía. En este preciso instante, se nombra al masón, venerable de la logia Thalia, y se intitula a Juan Federico Phélypeaux con un cargo del conde de Maurepas que, en nombre del rey, prohíbe la celebración de una logia de adopción.

Por otro lado, las logias de adopción, totalmente desconocidas en la masonería británica y escandinava, se introdujeron en toda Europa continental, especialmente en Italia, los Países Bajos, en la Alemania renana, Austria, Polonia y Rusia. En Francia este tipo de adopción duró hasta 1870, precisamente el momento en que la masonería femenina comenzó a desarrollarse, de forma autónoma, y tener cierta relevancia en la España de finales del XIX. A continuación, una vez analizada la masonería del siglo XIX, que es el momento más politizado de la corporación masónica, se intentará resolver el siguiente enigma del libro: ¿hay masonas en España?

¿MASONAS ESPAÑOLAS?

La masonería española, alentada por las libertades proclamadas en la revolución de 1868, inició un despegue desmesurado, siendo aupada a los estratos sociales más elevados. En estos momentos existía, como se ha ido explicando con anterioridad, en los tiempos previos a la Revolución gloriosa, aunque llevaba una vida escasamente marcada por el foco mediático, y no había contado con la iniciación de mujeres.

Por otro lado, durante la jefatura del Estado del rey Alfonso XII, la masonería no disminuye, sino que sigue creciendo porque se multiplican las corporaciones masónicas, y durante la primera etapa de la Restauración la masonería alcanza su punto álgido o cénit en tierras españolas. Todo ello se motivó por el espíritu de tolerancia bajo el paraguas de la Constitución de 1876 y, sobre todo, por la implantación de la ley de asociaciones de 1887; en virtud de esta norma jurídica se legalizaron, por primera vez en España, diferentes corporaciones masónicas, como veremos a continuación.

La masonería mostró rápidamente una imagen verdaderamente compleja, pese a que se han consagrado distintas interpretaciones falseadas o tergiversadas, como las formas internas variables de distribución del poder, la influencia de ideologías políticas o de nuevos espiritualismos como la teosofía, el espiritismo o los vínculos con el movimiento del librepensamiento, divisiones provocadas por deseos personales de protagonismo y otras causas de distinto tipo, que originaron un verdadero laberinto de las grandes logias o divisiones masónicas. Estas ramificaciones estaban casi siempre enfrentadas, por lo que en realidad formaban parte de diferentes masonerías.

En el Sexenio democrático (1868-1874) existieron grandes logias, como el Gran Oriente Lusitano Unido (GOLU), que patrocinó un buen número de corporaciones iniciáticas en la península ibérica y también en Canarias; el Gran Oriente Nacional de España (GONE), con una clara tendencia liberal-moderada y que, durante años, fue auspiciado y promocionado por el escritor Eduardo Caballero de Puga; y, en última instancia, el Gran Oriente de España (GODE), cuya presidencia sería ocupada, entre otros, por algunos de los más destacados políticos y por el presidente del Consejo de Ministros, Manuel Ruiz Zorrilla, el ministro Antonio Romero Ortiz, el matemático y ministro Manuel Becerra y el líder del Partido Liberal y presidente del Consejo de Ministros Práxedes Mateo Sagasta[234].

La sociabilidad masónica se volvió especialmente relevante durante la Restauración (1875-1896). Alrededor de una treintena de grandes logias estuvieron activas en algún momento de este periodo histórico. Habría que añadir, a las tres que acabamos de mencionar, algunas grandes logias que también reunieron a importantes contingentes de masones, como la obediencia masónica el Gran Oriente Ibérico (GOIco), el Gran Consejo General Ibérico de rito antiguo y primitivo de Menfis-Misraím (GCGI) y el trascendental Gran Oriente Español (GOE), constituido en el año 1889 por la brillante gestión de Miguel Morayta y Sagrario, carismático catedrático de Historia de España y Universal de la Universidad Central, que es el germen de la Universidad Complutense de Madrid.

Por otro lado, las tendencias descentralizadoras y simbolistas aparecieron con fuerza con la creación de las grandes logias simbólicas independientes. Este movimiento fue iniciado en 1878 por la Confederación Masónica del Congreso de Sevilla (CMCS) y cuya máxima expresión fue la configuración de la Gran Logia Simbólica Regional Catalana (GLSRC), dirigida por el periodista y dramaturgo catalán Rossend Arús i Arderíu[235].

Esta amalgama de vínculos masónicos se extendió con desigual éxito en torno a las 1.200 logias simbólicas, que llegaron a iniciar a unos 50.000 masones y más de cincuenta masonas. Los mayores porcentajes de logias y triángulos correspondieron a las provincias de Cádiz, alrededor de 122; Madrid, unos 90; Barcelona, 77; Málaga, 60; Sevilla, 59 y Murcia, 50. Madrid, Murcia, Andalucía, Baleares, Valencia y Cataluña fueron los territorios que ocuparon el primer lugar de la población masónica.

La masonería se desarrolló principalmente en la periferia y la España insular, con la lógica excepción de Madrid. Pero el mundo masónico español del último tercio del siglo XIX no solo mostró su complejidad en el plano estadístico y administrativo, sino también en el plano intelectual e ideológico. De esta manera, la influencia del krausismo, el positivismo o el darwinismo en la masonería española es evidente; y también se prueba la influencia del eclecticismo y de los filósofos anarquistas. Políticamente, los orígenes de los afiliados fueron variados, oscilando entre la derecha dinástica y el movimiento libertario. A partir de los años ochenta se produjo un punto de inflexión y la balanza se inclinó claramente a favor de los diversos y variados sectores del típico republicanismo español, que se encontraba disperso y fragmentado.

En las logias simbólicas se trataron los más variados temas: los debates sobre religión, política, enseñanza y mundo laboral destacaron por su número y vigor. Los planteamientos se apoyaron principalmente en propuestas reformistas, aunque en ocasiones se encontró un fuerte contrapunto en los postulados defendidos por afiliaciones socialistas y anarquistas. Entre los temas tratados está el de la mujer, como apunta Manuel Becerra, el conocido estadista, matemático y político gallego, quien destacó la importancia de la mujer en su discurso de investidura como gran maestro del Gran Oriente de España, mientras que Francisco del Pino llamó la atención sobre este discurso, como se coteja en un artículo titulado «La Gran Logia Simbólica», que saldría publicado el 21 de julio de 1884 en el boletín oficial y en la revista masónica del Gran Oriente de España[236]. Entre los muchos testimonios existentes sobre este tema cabe destacar el de Eligio Callejas quien, en 1884, pertenecía a la logia Amor de Madrid.

Entre los temas importantes que hoy se ponen a la atención del hombre, ninguno de ellos, quizás, ocupa un lugar tan preferencial como los relacionados con la mujer, bajo el aspecto que la considera la antropología moderna y que es reclamada por cualquier cómputo por los estudios sociológicos. Había logias que, exaltando la figura de la mujer liberal, celebraban veladas en honor a Mariana Pineda, mientras que otras logias organizaban importantes mítines y actos públicos a favor de las heroínas republicanas. Esta persistente preocupación por dignificar la imagen de la mujer, tan común entre los sectores liberales y progresistas de la época, hace mención a un movimiento feminista masónico en sentido estricto, así como a la dignidad de la mujer y su relación con la corporación masónica.

El discurso masónico se adaptó a los diferentes patrones del discurso profano, tan bien conocidos por la historiografía actual, aunque tenía la particularidad de estar dirigido a los propios iniciados. Una minoría de hermanos, difíciles de cuantificar, mantuvo posiciones intransigentes y reaccionarias. De hecho, opiniones de este tipo se expresaron tanto en debates internos como en la prensa masónica, bajo las siglas F. P. y el título «La mujer en la masonería», que se publicó en la logia La Concordia de Barcelona en noviembre de 1888: «Declaro que soy enemigo de las mujeres como parte de nuestras logias, porque entiendo que las discusiones filosóficas, sociales y económicas que puedan suscitarse no son propias de su temperamento ni de su cuerpo; ni creo que deban enterarse de ciertos pequeños incidentes que lamentablemente se promueven entre nosotros; ante la mujer debemos lucir siempre grandes, escondamos entre nosotros nuestra miseria».

Sin embargo, la masonería en general reivindicaba[236] la condición de mujer y compartía el mismo punto de partida: históricamente la mujer había sido injustamente sojuzgada y, para dignificarla, debían dotarla de una instrucción adecuada, que naturalmente incluía la educación impartida en las logias. Todos estaban de acuerdo en que las mujeres cultas debían desempeñar un papel decisivo en el progreso de la humanidad, pero discrepaban entre sí sobre dónde y cómo hacerlo[237].

Los más numerosos —de estos masones que formaban parte de lo que, en otro contexto, algunas expertas[238] han llamado una orientación posibilista— sentían que las razones de la discriminación social no emanaban de la naturaleza femenina, sino que reducían la actividad de la mujer casi exclusivamente al ámbito familiar y solo exigían para ella un nivel elemental de educación, que firmaba con el nombre simbólico Pompeyo, y pertenecía a una logia de Cartagena (Murcia), como consta en la publicación en el boletín y en la revista masónica del Gran Oriente de España[239].

Un conjunto de artículos se editaron en forma de ensayo bajo el título de *Influencia de la mujer en la masonería*, siendo un buen ejemplo de este enfoque, ya que comenta claramente lo que muchos otros pensaron o escribieron con un estilo ambiguo y alambicado.

Creía que participar en la vida pública no era cosa de mujeres. No obstante, esto no era por cuestiones de temperamento, educación o cultura, ni tampoco por diferencias esenciales en la estructura del cuerpo físico o del intelecto, ni tampoco por una atrofia del discernimiento, ni por enervación o variantes de formas en las circunvoluciones cerebrales propias de un fenómeno psicológico o físico de disparidad, sino más bien por la diversidad de destinos de los hombres y las mujeres.

En la misma línea, la escritora y masona alicantina Mercedes Vargas-Chambó, quien bajo el nombre simbólico de Juana de Arco colaboraba asiduamente en la revista masónica *La Humanidad*, que era el semanario de la logia Constante Alona, sugería en uno de sus artículos, titulado «Influencia de la mujer en la familia»[240], que la educación de la mujer debe basarse en la más sana moral. De hecho, todo el conocimiento que ha de adquirir debe estar encaminado a hacer de ella una fiel esposa y una buena madre. Tal y como lo vemos, no es lo más conveniente dedicarla, a tenor de las costumbres de la época, a que desempeñasen determinadas carreras científicas.

Entonces, en el caso en que la mujer se dedicase a tener una farmacia, al ejercicio de la medicina, al periodismo etc., ¿quién cuidará de sus hijos?, ¿quién representará como buena madre la providencia de Dios en la Tierra? Tales posturas intermedias, de raíz esencialmente paternalista, machistas y evidentemente contradictorias, obedecían al estereotipo común de la época descrito por algunas profesoras y escritoras: la razón, la lógica, la reflexión y la capacidad intelectual predominarían en los hombres, mientras que los sentimientos, en estas fechas, los reflejarían, en mayor grado, las mujeres. Asimismo, predominan en la mujer, en este periodo histórico, el cariño, la sensibilidad, la dulzura, la intuición, la pasividad y la abnegación. Así, las características atribuidas a la mujer hacen que se la considere como una persona más idónea para ocuparse de la esfera privada, y el hombre para la esfera pública de la política y el trabajo.

En conclusión, a pesar de sus diferencias con la mentalidad dominante de la época en España, varios sectores masónicos, atrapados por la fuerza de la educación recibida y la mentalidad imperante, en la práctica seguían considerando a las mujeres como ciudadanas de segundo orden, porque sus deberes fundamentales, decían, eran complacer a sus maridos y criar a sus hijos en los valores de la época. Por eso, la intervención pública de las mujeres se restringió al campo de la filantropía y la caridad.

Con algunos planteamientos se infiere que una minoría más crítica defendía la comparación indiscriminada de sexos en cuestiones políticas y laborales. Estas firmes defensoras de los reclamos de las mujeres, incluido un distinguido grupo de masonas, reclamaron en sus logias y publicaciones los mismos derechos para las mujeres que disfrutaba el mundo masculino. Desde un principio creyeron que la condición jurídica de la mujer era inmoral, como lamentaba el masón con nombre simbólico Víctor Hugo en una obra que leyó en 1893 en el interior de la logia Valencia n.º 119. En este libro hay una fuerte crítica al código civil vigente en ese momento, y exigió para las mujeres los derechos culturales, sociales y políticos que no les eran concedidos. Esto pretendía relatar las distintas etapas históricas por las que había pasado la mujer desde que se constituyó la familia, y defendía la «necesidad de garantizarles el pleno goce de sus derechos morales, políticos y sociales en perfecta igualdad con los que los hombres disfrutaban»[241].

La obra se publicó en el boletín oficial del Gran Oriente Español el 15 de febrero de 1893, y también en el diario local *El alicantino masón* el 30 de abril del mismo año. Entonces, se pueden recoger discursos y textos de este mismo tipo, entre 1872 y 1892, en los diarios, folletines y boletines de Madrid, Barcelona y Alicante, por citar algunos de los ejemplos más representativos. Otra masona, que también usó el nombre simbólico de Juana de Arco, se hizo famosa por escribir un artículo, que fue publicado el 28 de abril de 1893, que alude a las campañas sufragistas americanas, y en París. La masona española expresaba una afirmación desafiante: «Debemos condenar a quienes aún conservan la tradicional y errónea oposición a la educación de la mujer, porque suponen que su desarrollo intelectual es nocivo, y más allá del hogar doméstico no se nos concede más que los conocimientos indispensables para dedicarnos a las obras que dicen que nos encomiendan»[242].

«Es hora de que los hombres dejen de albergar estos miedos inmaduros, que nos concedan nuestros derechos y que no piensen que, siendo eruditos, perturbaremos a la sociedad». Parece que se alude a aquellos hombres incrédulos, que piensan que hay que cambiar el fusil por el voto.

Estas docentes, que solían ser activas en el republicanismo radical, estaban aún más interesadas en vincular a las mujeres a la causa del librepensamiento y el laicismo que en integrarlas al mundo laboral y político. En su opinión, cualquier solución a la cuestión femenina pasaba necesariamente por alejar a la mujer del catolicismo, infiel en su camino a las doctrinas de Cristo, y especialmente de los jesuitas, que habían establecido categorías morales antinaturales y egoístas. Entre los masones que reivindicaban el feminismo en las logias brillaron por derecho propio algunos personajes muy representativos, como por ejemplo el escritor y político Cristóbal Litrán Canet, autor del libro *La mujer en el cristianismo*, que fue publicado en Barcelona en 1892, siendo el resultado de una recopilación de varias conferencias impartidas a lo largo de su vida.

Por otro lado, Odón de Buen y de Cos escribió el prólogo del citado libro de Cristóbal Litrán, en el que defendió con convicción la necesidad de proteger a la mujer, como bien indica en su obra *La liberación intelectual de la mujer a través de la separación de sus creencias religiosas*, tanto en el prólogo como posteriormente en varios artículos publicados en el periódico *Las Dominicales del Libre Pensamiento*, entre 1892 y 1908. Paralelamente, el alcalde de Madrid, José Francos Rodríguez, que perteneció a la logia

Amor de Madrid entre 1881 y 1886, editó *La España masónica* y años más tarde, como subrayan algunos expertos, que el escritor y político declaró abiertamente a favor de la inclusión de la mujer en la vida social y política, de la misma forma que lo hizo el abogado y profesor Segundo Moreno Barcia, que perteneció a la logia Brigantina de La Coruña entre 1883 y 1892. En este contexto no puede olvidarse a destacados escritores como Vicente Blasco Ibáñez, masón activo en las logias Acacia y Federación Valentina de Valencia entre 1888 y 1895[243]. Esto se identificó en sus escritos, que relacionan a la mujer emancipada con la mujer librepensadora, como apostilla su artículo «La mujer y el niño», que apareció en la revista de la logia *La Humanidad* de Alicante entre los días 10 y 20 de enero de 1889, siendo reproducido su contenido en *La Razón de Castellón* el 27 de junio de 1889. A estas personalidades masculinas se unirán, sobre todo, las masonas femeninas, como Ángeles López de Ayala, Amalia Carvia Bernal, Ana Carvia Bernal o Rosario Acuña Villanueva. Todas ellas, como se detallará más adelante, desempeñaron una intensa actividad divulgativa y consiguieron constituir las primeras corporaciones iniciáticas y feministas españolas.

Sin embargo, las variadas concepciones existentes sobre la mujer tuvieron su reflejo en las distintas formas de incorporarla a la masonería, lo que supuso también distintas formas de interpretar lo establecido en la carta magna de James Anderson. De hecho, la Gran Logia Unida de Inglaterra no admite mujeres en la corporación, por considerarse una institución tradicionalmente compuesta por hombres y cuyos ritos y símbolos tienen un marcado carácter masculino. A estos argumentos, amplios sectores masónicos agregaron otras razones de carácter extramasónico y razones derivadas de estancadas concepciones patriarcales. Algunos expertos realizan un análisis sobre el tipo de juicios más comunes emitidos por los enemigos de la iniciación de la mujer, sintetizados en varios apartados, como que física, mental e intelectualmente la mujer es inferior al hombre y, por tanto, incapaz de acceder a los misterios específicamente masculinos. No obstante, nunca sería libre en el sentido estricto de la palabra, como exigen las constituciones de Anderson. Sin embargo, jamás pudo separarse de los lazos atávicos religiosos y místicos.

Parece que era frívola, vengativa, impulsiva e inconstante. Pese a esto, no supo guardar el secreto y, de esta manera, se puede apreciar la ley del silencio masónico. Su presencia en las logias masculinas distraería a los hermanos de sus deberes y les impediría trabajar seriamente. Ciertamente, los partidarios de la iniciación masónica refutaron los argumentos por sus enemigos.

Por un lado, consideraban que a finales del siglo XIX las justificaciones segregacionistas de las constituciones de James Anderson del siglo XVIII carecían de sentido. En cambio, encontraban odiosas aquellas razones excluyentes de carácter fisiológico, psicológico, intelectual o doméstico mantenidas por los masones antifeministas. Amalia Carvia[244], por ejemplo, después de haber trabajado, de forma ritual, en la logia Redención de Cádiz, respondió rápidamente a los reacios masones con estas palabras, publicadas en el citado diario alicantino *La Humanidad* el 31 de octubre de 1889.

Por lo tanto, se debe dejar de aludir a esos objetores de nuestro sexo, con esos falsos argumentos. La orientación más descarnada la tenían los pocos masones que eran miembros activos en las filas del anarquismo, que estuvieron representados por las figuras destacadas de José López Montenegro y Anselmo Lorenzo.

La mujer en la logia realiza un acto prudente y, de hecho, el rito de la adopción es muy aceptable para la mujer, como veremos; la corporación puede ocultar sus misterios si encuentra que la educación de la mujer es aún insuficiente para comprender completamente el gran simbolismo de esos misterios. Estas razones serán respetadas, pero están argumentadas con base en la fisiología y las conveniencias, las cuales retratan a la mujer como inepta para compartir estas obras aduciendo, a su libre entender, la debilidad de su sexo y las obligaciones que la atan a su hogar. Bajo la tendencia genérica de la aceptación de la mujer en la masonería, se dio un paso decisivo en Francia a finales del siglo XIX. María Deraismes[245] (1828-1894) fue una librepensadora, periodista, feminista y una oradora de gran relevancia. A tenor de lo expuesto, en 1893, después de su iniciación once años antes en la logia masculina Les Libres Penseurs de Le Pecq, María Deraismes fundó Le Droit Humain, que fue una gran logia mixta que inmediatamente pasó a ser dirigida por el Dr. Georges Martin. Esta federación internacional, así como posteriormente el caso de la Gran Logia de Holanda y del Jus Humanorum de Suecia (obediencia masónica sueca), se caracterizó por estar integrada por hombres y mujeres que tenían idénticos derechos y obligaciones jurídicas, e incluso practicaban el mismo rito.

Como explican algunas expertas del tema, desde 1893 dos caminos se abren pues para las mujeres francesas, el de las logias de adopción y el de la diversidad en una obediencia mixta, la federación de Derechos Humanos que hoy tiene una dimensión internacional, y que ha conocido escisiones y ramificaciones.

Por otro lado, a partir del siglo XX se organiza una masonería femenina independiente, en cierto modo como consecuencia de la fundación de la corporación mixta (hombres y mujeres), Le Droit Humain (El Derecho Humano) y, al mismo tiempo, del avance real de la igualdad entre los dos géneros. En 1945, los miembros de la Grande Loge de France permitieron a las mujeres masonas crear una gran logia autónoma. En un principio se llamó Union Maçonnique Féminine de France, y en 1952 pasó a llamarse La Grand Loge Feménine de France (La Gran Logia Femenina de Francia). Sin embargo, aunque pertenece a la tradición de la masonería adoptiva, en la práctica no es menos feminista que la logia Le Droit Humain (El Derecho Humano) y ha demostrado un fuerte espíritu de lucha en la defensa de los derechos de las mujeres. En fin, en palabras de algunas masonas de la corporación: «El propósito de una logia exclusivamente femenina no es aislar a las mujeres, sino que debe tomar conciencia de su mundo femenino y de su libertad. Es decir, después de tratar sus problemas, desde el punto de vista femenino, pueden encontrarse con hombres y, juntos, buscar soluciones y ambos presentar sus perspectivas en absoluta libertad».

Por otro lado, en la España del siglo XIX las logias del Gran Oriente de España de Juan Antonio Pérez y las logias del Suprême Conseil de France (Supremo Consejo de Francia) mantenían la más antigua tradición anglosajona, aunque casi todas las demás grandes logias contaban con la presencia de mujeres. Sin embargo, la logia Fe y Abnegación de Cádiz llegó a impedir la entrada de las mujeres al recinto de la corporación, a pesar de ser una «tenida blanca», que es una ceremonia abierta al público laico, como puede verse en las sesiones de 13 de marzo de 1878 y 15 de diciembre de 1879, recogidas en su libro de actas del grado.

Por otro lado, en la práctica coexistieron en España tres enfoques basados en la relación entre la mujer y la masonería. En primer lugar, los sectores intransigentes con el feminismo también se negaron a aceptar la iniciación de la mujer; en segundo lugar, en el polo opuesto, los progresistas igualitarios defendían la plena integración de la mujer en las logias; y finalmente, el abanico de posibilidades se dividía entre quienes no aceptaban la iniciación femenina y quienes aceptaban sin reservas la masonería de adopción.

El caso del masón Pompeyo de Cartagena, citado anteriormente[246], vuelve a ser representativo del sector conservador de estos posibilistas que, a pesar de no encontrar diferencias sustanciales entre ambos sexos, se opusieron a la regularización masónica de la mujer sobre la base de la diversidad de destinos: «No basta con que las mejores intenciones nos guíen. Entonces, la elevación de la mujer a la plenitud de las esferas masónicas sería hoy una ruptura en el orden racional y organizado de las cosas porque en virtud de ella, podría considerarse la intrusión de la mujer en nuestros misterios como una bochornosa y risible parodia del espectáculo producido por la familia Michel y sus aduladores, además de ser visto también como una segunda edición de una especie de disparate social».

La alusión a la anarquista francesa Louise Michel (1830-1905), una de las figuras clave de la Comuna de París (1871), es extremadamente significativo. Previamente, Louise Michel había ejercido, como indican algunos especialistas, una fascinación verdaderamente repulsiva sobre la opinión burguesa. Isabel Luna de Benaocaz, masona anarquista que fue detenida junto con el imputado por la comisión del crimen de Parrilla, había sido apodada la «Luisa Michel de Andalucía». Por lo tanto, la gran mayoría de las 537 masonas que han sido catalogadas fueron recibidas en comités de adopción bajo la tutela de logias masculinas. Además, el comité de mujeres en cuestión lograba reunir un número suficiente de miembros, entonces se lo conocía como logia; pero todavía estaba supervisado y controlado por los protectores hermanos varones. En tiempos del Sexenio democrático ya se conocían algunas organizaciones femeninas de orientación similar a la masonería de adopción.

La logia de Los Hijos del Trabajo de Madrid, en 1872, que estuvo patrocinada por el Gran Oriente de España (GODE), fundó una asociación de mujeres denominada Las Hijas del Sol. Entre sus objetivos figuraban, según los estatutos que recogimos y publicamos, la educación física, intelectual y moral de la mujer, así como la caridad y la beneficencia, sin olvidar la justicia y la protección mutua. Todo parece indicar que este grupo estaba en relación directa con la revista del mismo nombre, en la que colaboró Concepción Arenal. El tema ha despertado el interés de varios estudiosos. Algunos expertos han mencionado, en primer lugar, el esfuerzo de Concepción Arenal por fundar, en 1860, la rama femenina de las conferencias de San Vicente de Paúl, cuyo objetivo era dar testimonio práctico de la fe cristiana en los hogares de los pobres; y que, en principio, en España contaban con el apoyo de sectores liberales. Además, Concepción Arenal había dedicado su manual traducido a varios idiomas *El visitador del pobre* a las Hijas de San Vicente de Paúl. La afamada escritora y filósofa, unos años más tarde, se involucró en las tendencias abolicionistas españolas, aunque, según este autor, al contrario de lo que ocurría con figuras como Pilar Amandi de Ozores (la condesa de Priegue, tras contraer matrimonio con el conde Eusebio Aguado de Santiyán)[247] o la ya citada escritora ferrolana Concepción Arenal, que nunca querrá estar claramente vinculada a la masonería, aunque probablemente su padre había estado vinculado a ella y tenía buenos amigos en sus filas, pronto, ya que el abolicionista español mostró su desconfianza. Por otro lado, sobre el proyecto de la institución femenina, algunas expertas apuntan que la logia de Las Hijas del Sol era similar a la creada por Concepción Arenal en la Sociedad de las Hijas de San Vicente de Paúl; con Las Hijas del Sol reunidas formarán una constelación con diez constelaciones, diez sistemas y un cielo masónico.

Algunas expertas han destacado, en la extensa bibliografía de Concepción Arenal, que en este contexto el hecho corroborado de que masones y librepensadores coincidieron en una idea de la perfectibilidad humana, basada en la libre investigación de la verdad, el ejercicio de la justicia y la tolerancia, así como una aceptación de un principio creador que podría expresarse en la idea de un ser masónico. Asimismo, la visitadora de instituciones penitenciarias y escritora gallega señala que, en conclusión, en los aportes intelectuales de estos sectores se revela la misma moral activa, la búsqueda de la verdad a través de la inteligencia y la sensibilidad que hemos encontrado en la escritora ferrolana. En fin, la convicción de que son los hombres quienes construyen sus propias estructuras humanizadas, aunque su tarea consiste en perfeccionarlas.

Durante las dos últimas décadas del siglo XIX se constató la existencia de varias de estas logias de adopción que pertenecían a diferentes grandes logias. Al menos tenemos certeza de las siguientes: las Hijas de la Virtud de Alicante, 1883 (GODE); las Hijas de los Pobres de Madrid, 1887, de la Gran Logia Unida de España (GLUE), la logia Amantes del Progreso de Madrid, 1888, auspiciada por el Gran Oriente Nacional de España Ros-Morayta (GONERM); Integridad de Barcelona, 1889, del Gran Oriente de España de Rojo Arias, GODER; Las Hijas de la Acacia de Valencia, 1889-1890, dependientes del GODER y del GOE; la Creación de Mahón, 1889-1893, del GOE; las Hijas del Progreso de Madrid, 1889-1893, del GOE; la Hijas de la Unión de Valencia, 1892-1895, dependientes del GOE; las Hijas de la Regeneración de Cádiz, 1895-1898, del GOIco y, en última instancia, la logia Caridad Cartagenera de Cartagena durante los años 1893-1894, auspiciada por la Gran Logia Provincial de Murcia (GLPMu).

Además, entre los comités de adopción de cierta importancia destacaron los patrocinados por estas logias: Constante Alona de Alicante; Acacia y logia Valencia de la capital del Turia; la logia Vigilancia de Murcia; Diez Hermanas y Caballeros de la Noche de Cartagena; Estrella Flamígera y Espíritu Práctico de Córdoba; El Porvenir de Linares; Verdad y Progreso y Columna Social de Málaga; Verdad y Fe de Sevilla; Nueva Cádiz y Regeneración de

Cádiz; Unión y Sinceridad de Huelva; Comuneros de Castilla, 5 de abril de 1888, Hijos del Progreso, Hijos de Riego, Legalidad y Unión es Fuerza, de Madrid; Hermanos de García Vao, Progreso y Reforma de Valladolid; Hijos de la Humanidad de Salamanca; Luz de León; Hijos del Trabajo de La Coruña; Francisco Arouet de Voltaire de Ferrol; Colmena, Lealtad y Creación de Barcelona; Amigos de la Virtud de Lérida, etc. Junto a la caduca fórmula de adopción, que es la institucionalización masónica del feminismo conservador, la masonería hispana fue también pionera de los dos tipos de masonería femenina progresista que cristalizaron en el siglo XX: las logias mixtas y las logias femeninas.

Con bastante frecuencia se ha comprobado que en las juntas de logias masculinas hay ciertas mujeres que trabajaban en el rito escocés antiguo y aceptado masculino; tenían títulos superiores y ocupaban puestos relevantes en la sociedad. Pueden ser representativos, entre muchos otros, los siguientes casos: Suceso Sánchez, orador de la logia Legalidad de Madrid y 18.º grado en 1887; Ángeles López de Ayala[248], dramaturga, anarquista y secretaria de la logia Constancia de Barcelona y 18.º grado; Concepción Milián, perteneciente al capítulo rosacruz Acacia y Severidad de Valencia; Ángeles Sanmillán, 9.º grado en la logia Estrella del Mediterráneo de Villanueva del Grao, en la provincia de Valencia; Isabel Zwonar, lingüista y oradora de la logia Concordia de Barcelona; María Macías Pons, grado 27 y oradora de la logia Karma de Mahón; Ana Carvia, secretaria de la logia Regeneración de Cádiz; Jacinta Navarro Fonseca, secretaria de la logia Nueva Cádiz de Cádiz y miembro del Cabildo Rosacruz de la conocida como La Tacita de Plata; Josefa Alba, grado 14 y miembro de la logia Lealtad de Málaga; María Gracia, grado 30 de la logia Lealtad de Málaga; Consuelo Delgado, grado 18 de la logia Estrella Flamígera de Córdoba, y, por último, Josefa Ramírez, de la logia Hijos de la Humanidad de Salamanca y grado 9.º[249].

Algunos de estos casos, más que por argumentos a favor de la igualdad de género, se debieron al desconocimiento o la indiferencia de las logias sobre lo legislado por sus organismos superiores, especialmente en relación con los ritos. Por otro lado, se ha comprobado que Amalia Carvia aceptaba y trabajaba el rito de adopción como un mal menor porque la educación de las mujeres españolas era todavía muy pobre, pero no aducía razón alguna de orden ritual ni excluía la posibilidad de iniciaciones femeninas en los ritos practicados por varones en las logias. Ella misma, al igual que su hermana Ana, habían sido iniciadas al rito escocés antiguo y aceptado en la logia Regeneración, que practicaba el mismo rito en la logia Hijas de la Regeneración.

Por otro lado, la logia Hijos del Trabajo, presidida por Anselmo Lorenzo, dejó clara, en más de una ocasión, su disconformidad con la masonería de adopción, aunque, por otro lado y a modo de oxímoron, defendió la igualdad de sexos en la logia. En una interesante carta dirigida conjuntamente al cabildo Juan de Padilla y a la logia Comuneros de Castilla de Madrid, decía el 20 de agosto de 1887: «La logia Respetable de Hijos del Trabajo quiere asociar a la mujer al trabajo ritual masónico, no para tenerla en condición de adopción y dependencia, como si fuera una menor sujeta a tutela permanente, sino para elevarla a la condición de miembro activo, otorgando a los iniciados, como los miembros de la junta, los mismos derechos y los mismos deberes, porque el pensamiento, la virtud, el derecho y el deber, elementos que constituyen la responsabilidad humana y que juntos forman la justicia, no tienen género. De hecho, si el mundo masónico está formado indistintamente por hombres y mujeres, aunque en número desproporcionado por las preocupaciones profanas, ¿qué derecho tenemos a establecer la preeminencia del hombre sobre la mujer?». Por último, de esta forma, se sustenta la construcción de la logia Respetable Hijos del Trabajo. Asimismo, esta logia tiene sus puertas abiertas para la mujer virtuosa y progresista, y se honra en contar entre sus columnas con la asistencia regular de una ilustre trabajadora, que posee merecidamente un alto grado masónico. Asimismo, Ángeles López de Ayala fue otro claro ejemplo de protesta continua frente a las diferencias existentes entre ambos sexos en la masonería. De hecho, en 1895 estaba afiliada a la logia masculina Constancia del barrio de Gràcia de Barcelona, que ostentaba el grado 30 y ocupaba el cargo de secretaria de la logia. En última instancia, el establecimiento de logias femeninas sin tutela fue un hecho característico de finales del siglo XIX. Ya en 1890, Ángeles López de Ayala dio constancia de su existencia.

Veamos, ahora, lo que dice en una respuesta al prelado de Santander en las páginas del semanario de Alicante La Humanidad del 20 de abril de 1890: «Usted [obispo] asegura que las mujeres han entrado a formar parte de esa asociación masónica, pertenecientes de 1890 a logias de adopción, y aun en eso se encuentra algo atrasado; porque hoy la mujer, según acuerdo de grandes y eruditos Orientes, puede construir logias con los mismos derechos y en las mismas condiciones en que se constituyen las de los hombres»[250].

Dentro de las organizaciones masónicas, como el Gran Consejo General Ibérico y su Gran Logia Simbólica Española del Rito Antiguo y Primitivo Oriental de Memphis-Mizraím, asociado a la Gran Logia Simbólica Española del Rito Antiguo y Primitivo Oriental de Menfis-Mizraím, la tendencia a la superación de la masonería adoptiva debía de ser bastante general. Esta singular potencia masónica, cuya creación en España debe datarse el 15 de febrero de 1887, fue reconocida a principios de 1889 por el Gran Consejo de Nápoles, que con anterioridad había sido presidido por el propio Giuseppe Garibaldi.

El 11 de mayo de 1892 se publicó, en su boletín, un editorial con una carta de Isabel Galindo Torres[251], miembro de la logia Isis Lucentina en la localidad de Lucena (Córdoba), que apostilla que la mujer tiene derecho a toda nuestra atención, y los orientalistas la quieren a nuestro lado con los mismos derechos y deberes que los hombres. Además, existe la logia Audacia de Herrera, compuesta exclusivamente por mujeres, y varias logias de nuestra gran logia donde hay masonas iniciadas, ya que debemos adopción a las menores, trabajadoras o ancianas. Seguidamente, la logia Audacia de Herrera (Sevilla), que estuvo activa entre 1892 y 1896, aun compuesta exclusivamente por mujeres, lo que permitió que gozase de una total independencia en relación con las logias masculinas. Parece que se trataba de otro tipo de masonería femenina que, sin adoptar la fórmula de la masonería mixta, no admitía quedar en un segundo plano frente a la masonería masculina. Por otro lado, algunas expertas han destacado la importancia de la corriente masónica y librepensadora en la configuración de los orígenes históricos del feminismo español.

En este sentido, sostienen la teoría de que el siglo XIX fue precisamente el periodo de formación del feminismo español, en el que el objetivo perseguido no era el sufragio sino la libertad de pensamiento, la educación femenina a puestos de trabajo intermedios y el acceso a una educación laica. En la década de 1880 este feminismo se fue construyendo en círculos militantes librepensadores y logias masónicas estrechamente relacionadas entre sí, que comenzaron a abrir espacios de protesta para las mujeres. Durante la organización del movimiento feminista destacarán solo algunas mujeres olvidadas que, actuando de forma coordinada, conectan sus proyectos laicos, que son los que dieron consistencia al periodo de formación del feminismo español, con los proyectos sufragistas propiamente dichos de la época desde 1915. En efecto, las grandes impulsoras del movimiento feminista en España, durante el periodo de formación, estuvieron vinculadas simultáneamente a logias masónicas y a organizaciones librepensadoras. Aunque a título meramente orientativo, es obligatorio hacer referencia a la escritora Rosario Acuña Villanueva, a las periodistas Ángeles López de Ayala y Belén Sárraga[252] y también a las escritoras y sufragistas Amalia y Ana Carvia Bernal. Junto a estos nombres femeninos, habría que añadir los de masones que también jugaron un papel básico en el nacimiento y la primera etapa del feminismo español.

Por otro lado, la escritora madrileña Rosario Acuña, que ya había alcanzado el éxito como dramaturga en los años setenta, en 1885 comienza a ser considerada una lideresa del librepensamiento y, un año después, se iniciaba, como masona, en la logia Constante Alona de Alicante. A través de sus actividades, libros y artículos en la prensa republicana y/o librepensadora, su figura fue ejemplar para las mujeres que participaron en el proceso de formación del movimiento feminista. Hasta 1923, fecha de su muerte acaecida en Gijón, siguió con constancia la triple dirección masónica-librepensadora-defensora de la emancipación de la mujer. En relación con el tema que nos ocupa, resumió sus planteamientos en un discurso que pronunció a finales de 1888 en la logia Hijas del Progreso de Madrid, en la que ocupaba entonces el cargo de oradora.

En la década de 1880, Ángeles López de Ayala fue muy activa en la Sociedad Autónoma de Mujeres de Barcelona, que se fundó en abril de 1898, junto con la anarquista y también masona Teresa Claramunt y la espiritista Amalia Domingo Soler, que ingresó en la Sociedad Progresiva Femenina, integrada por las mujeres burguesas y librepensadoras de Barcelona.

Esta corporación, que tenía estrechas relaciones con la logia Constancia de Alona a la que pertenecía Ángeles López de Ayala, puede considerarse una de las instituciones feministas más importantes de la época. Como revelaron algunos de los expertos, la prolífica escritora Ángeles López de Ayala también fundó y dirigió los primeros periódicos feministas españoles, como *El Progreso* (1896-1901), *El Gladiador* (1906-1908), *El Libertador* (1910) y el matinal híbrido *Gladiador del Librepensamiento* (1914-1920), que será el nuevo boletín de la Sociedad Progresiva Femenina. Belén Sárraga, esposa del librepensador Emilio Ferrero, fue otra figura destacada del feminismo librepensador masónico que, hasta tiempos recientes, había sido injustamente olvidada por nuestra historiografía. Poco a poco, la información disponible sobre esta singular figura ha aumentado significativamente: se destacó en España entre 1895 y 1906 y luego en América Latina. En Málaga, en el verano de 1896, Belén Sárraga, conocida en las logias con el nombre simbólico de Justicia, fue la encargada de articular el movimiento feminista en torno al diario de alineación masónica *La Conciencia Libre* y al círculo librepensador Federación Malagueña. Esta misma propagandista, junto con Ana Carvia, fundó en Valencia en 1897 la Asociación General Femenina. Con magnitudes discutibles pero con hechos ciertos, algunos expertos han subrayado, por otra parte, la oposición de Belén Sárraga a las guerras coloniales de finales de siglo a través de una labor periodística arriesgada y valiente, así como a través de su decidida apuesta por la lucha republicana y los ideales femeninos.

Belén Sárraga —comprometida librepensadora, anarquista, masona y propagandista feminista— nació en 1874, era maestra, periodista y fundadora, a los 21 años, de la Federación de Grupos

Femeninos de Valencia en 1895. Dos años después, en 1897, cofundó la Asociación General Femenina, con sede en la capital del Turia. Además, la librepensadora organizó una sociedad de mujeres, en su mayoría trabajadoras del campo, en los alrededores de Málaga, que sumaban unas veinte mil integrantes durante la segunda insurrección cubana. Tras esto, Belén Sárraga recorrió Valencia reclutando mujeres para manifestarse contra la guerra, promoviendo la independencia de Cuba y la restauración de la República.

En varias ocasiones he llamado la atención sobre las actividades masónicas de la masona con nombre simbólico Justicia, es decir, Belén Sárraga, por ejemplo en relación con las actas de la logia Constante Alona de Alicante. Tal y como aluden algunas expertas, Belén Sárraga[253] se inició en la masonería a finales de 1896 en la logia Severidad de Valencia, según la información obtenida del diario *La Antorcha Valentina*. También estuvo vinculada a la logia Fe de Sevilla, en la que figura su nombre en el cuadro de honor de 1901 y, con motivo del Congreso Universal de Librepensadores, celebrado en 1907 en Buenos Aires, representó a la logia Virtud de Málaga y, en este momento y lugar, la periodista se adhirió a la masonería argentina. Perteneció al Supremo Consejo Universal Mixto, y se integró en las filas de la Federación Argentina de los Derechos Humanos, la ya mencionada Le Droit Humain, hasta que fue dada de baja en 1918 por una lucha de egos y por un conflicto de poderes. No obstante, su vida estuvo marcada por su adhesión a los ideales librepensadores, feministas y federalistas republicanos, a los que sirvió con intensa dedicación en el ámbito social y político. Por otro lado, Belén Sárraga y su esposo se asentaron en Uruguay en 1910. Poco después regresaron a la Península y, tras una breve estancia en Portugal, se mudaron a México, permaneciendo en el extranjero hasta 1931. En 1933 se presentó a las elecciones de España como candidata a las Cortes por los republicanos federales, por la circunscripción de Málaga, pero no consiguió el acta. Cuando comenzó la Guerra Civil se exilió a México. Belén Sárraga fue sin duda la feminista, masona y librepensadora española de mayor proyección internacional de finales del siglo XIX y principios del XX.

En cuanto a su iniciación masónica, algunas expertas han destacado ciertos aspectos del acto de recepción en la logia Severidad de Valencia, en particular las palabras de un conocido masón que subrayaba las grandes posibilidades que se abrían a la nueva masona; posibilidades de atraer a la mujer hacia la masonería para emanciparla y liberar su conciencia contra el fanatismo y la ignorancia.

Al mismo tiempo, predijo el triunfo para la organización masónica, porque su misión, en definitiva, sería trabajar y atraer a otras mujeres hacia la luz y la inteligencia. En suma, no se trataba solo de liberar las conciencias de la humanidad a través de la acción conjunta de todos los librepensadores del mundo, sino, en particular, se trataba de concienciar a las mujeres de la necesidad de luchar por la obtención de los mismos derechos políticos que los hombres. Se comenta que cuando fue recibida, Belén Sárraga respondió a las palabras de bienvenida de los masones varones con una premonitoria declaración: «No he hecho nada, pero lo haré». Algunas expertas ahondan en que la masona, con nombre simbólico Justicia, realiza una serie de tareas y ritos compartidos con los hombres fuera del marco de la masonería adoptiva femenina, claramente discriminatoria y paternalista, obligando a construir una verdadera masonería mixta con la ayuda de otras librepensadoras catalanas y andaluzas. Algunos de los expertos han destacado, en líneas generales, la labor desarrollada en Valencia por estas mujeres masonas, citando los casos de Ana Carvia, Amalia Domingo Soler, Mercedes Vargas y, especialmente, Belén Sárraga.

Mencionar a Belén Sárraga consiste en aludir al núcleo duro del feminismo librepensador del área levantina. En este sentido, hay que añadir que la coordinación que articula el grupo valenciano se realizó con la Sociedad Progresiva Femenina que dirige Ángeles López de Ayala, y desde La Conciencia Libre, que se presenta con el lema libertad, justicia, fraternidad y con una rica iconografía masónica. En Cádiz, Amalia y Ana Carvia lideraron el movimiento feminista en torno a la logia Hijas de la Regeneración, fundada en 1895, pero anteriormente ya habían sido muy activas en la logia Regeneración. Por otro lado, las Hijas de la Regeneración, junto con el círculo librepensador creado en la misma ciudad en 1896, supusieron un punto clave en el movimiento feminista andaluz de finales de siglo. Asimismo, por iniciativa de las hermanas Ana y Amalia Carvia[254], se desarrolló en Huelva la Unión Femenina en 1898, cuyo fin principal era la emancipación de la mujer a través de una educación laica integral. Acto seguido, las hermanas Carvia se convirtieron en uno de los pilares del feminismo sufragista español del siglo XX por sus iniciativas fundacionales gracias a la revista *Redención* (1915) de Valencia y con la Liga Española para el Progreso de la Mujer con la logia el Progreso de la mujer (1918), y en Madrid, con la congregación del Consejo Supremo Feminista (obediencia masónica femenina).

Posteriormente, otros autores se han expresado en esta misma línea. Algunos expertos, precisamente desde la fundación de la citada revista *Redención*, destacan el trabajo de la Asociación General Femenina de Valencia y el estudiado grupo de mujeres feministas y masónicas, porque será parte de ese mismo grupo de mujeres que, desde los proyectos laicos decimonónicos, reformularán sus planteamientos en una nueva etapa que ya era netamente sufragista hacia 1915.

Hay algunos aspectos que aún requieren del esfuerzo continuado de los especialistas para definir el verdadero impacto de estas interesantes personalidades femeninas, en el marco de lo que, hace más de una década, definimos como una minoría en un grupo marginal por la presencia femenina en las logias. Así, por ejemplo, la presencia de Amalia Carvia Bernal, iniciada en la logia Piedad; Ana Carvia Bernal, iniciada en la logia Verdad; Dolores Guillén, que se inició en la logia Firmeza; Juana Varo, iniciada en la logia Moreno, auspiciada por la logia de La Regeneración, o Luisa López Vargas, que se inició en la logia Caridad. Todas estas logias se caracterizan por algunos hechos llamativos, principalmente porque todas ellas se inician, prácticamente en grupo, en 1887, es decir, con poca diferencia de tiempo por imperativos fundacionales; y, al incorporarse a ella, salen de Hijas de la Regeneración n.º 124.

Las masonas Amalia y Ana Carvia se dan de baja en marzo de 1890. Justo en ese momento, de manera paralela, se le entrega a Dolores Guillén la plancha de quite, que es un documento elaborado por la logia y otorgado a aquellos masones o masonas que deseen salir de la logia o, incluso, que deseen incorporarse a otra corporación. Por otro lado, Luisa López Vargas fue expulsada por falta de asistencia en agosto de 1893 y solo Juana Varo Moreno solicitó la plancha de quite (darse de baja de la logia) en julio de 1894, aunque solo llegaría al 2.º grado de la logia.

Es imposible generalizar a partir de un solo caso, pero el estudio pormenorizado de la presencia femenina en las logias españolas puede ofrecer, sin duda, fuertes argumentos para la reflexión, que pasaría por el análisis en profundidad de determinadas filiaciones ideológicas y, al mismo tiempo, la valoración más refinada del impacto sociocultural y político del grupo masónico femenino español.

En este contexto, se ha señalado que la articulación teórica del pensamiento de las mujeres masonas de Cádiz, representadas en Amalia Carvia, estaría basada en un programa que incluiría la regeneración de la mujer como «base de la familia y la sociedad» o la evaluación de la misión de la masonería en el proceso de emancipación del género femenino a través de la instrucción y la educación; la admisión de la mujer en la masonería en igualdad con el hombre y, en definitiva, la lucha contra el fanatismo religioso y el clericalismo, que condenaba a la mujer a una posición de inferioridad social y cultural. Pero entonces, ¿es posible desarrollar un programa tan ambicioso en tan poco tiempo? Por otro lado, ¿estamos ante meras declaraciones programáticas, o más bien ante un proyecto digno de transformación de la situación de la mujer en el sur de Europa? Ambas respuestas, en estos temas, siempre son poco clarificadoras por la falta de pruebas documentales, aunque es posible apuntar que la mujer lucha por sus derechos en la Europa de finales del siglo XIX y principios del XX.

También es importante insistir en un aspecto sobre el que ya he llamado la atención en otras ocasiones: la cuestión de la mujer y la laicidad escolar del siglo XIX, ya que está profundamente ligada a este feminismo español emergente. Además de las diversas escuelas independientes para niñas dirigidas por maestras laicas, las primeras sociedades feministas dieron en sus reglamentos un lugar muy destacado a la enseñanza. Fueron los casos de la citada Sociedad Progresiva Femenina[255], de la Asociación General Femenina, y también de La Unión Femenina de Huelva, creada por iniciativa de Amalia Carvia en 1898. Como ocurrió con los centros educativos inspirados en la acción de los varones, las escuelas que dieron forma al movimiento laico no pudieron subsistir mucho tiempo por la dificultad de reclutar maestros calificados, la falta de medios y la hostilidad incentivada por la Iglesia católica.

Estas escuelas tampoco podían distinguirse por sus grandes innovaciones educativas, pero formaron un frente de resistencia contra el poder eclesiástico en la enseñanza y lograron labrar alguna alternativa al sistema político-educativo vigente. En relación con las perspectivas de género, algunas especialistas han subrayado, entre otras consideraciones, la necesidad de valorar la importancia de los protagonismos en este apasionante periodo histórico, considerando que estos y otras mujeres ejemplifican esos liderazgos y a la vez destacan tanto el interés por el tema que ahonda en la historia de género, como la tensión entre los derechos de las mujeres y los derechos universales. En opinión de una serie de expertos, es posible afirmar que el papel secundario de la mujer en el espectro de la ciudadanía civil y política fue contrarrestado con la fundación y dirección de revistas, colaboraciones en prensa, apertura de escuelas laicas, creación de asociaciones y redes comunitarias, mítines y viajes de propaganda y participación en rituales y reuniones políticas. Desde el punto de vista de estos discursos y experiencias subyace la noción de ciudadanía y de movimientos sociales, relacionada con las virtudes cívicas que muestran las mujeres en el campo del trabajo reproductivo, donde se desarrollan gran parte de las relaciones afectivas. Evidentemente, muchos de los principios e ideales defendidos por mujeres como Belén Sárraga o Amalia Carvia, entre otras, iniciaron un proceso de consolidación en torno a la feminidad, así como con el nuevo y creciente protagonismo de la mujer en la política o en su propia vida.

En España, durante el Sexenio democrático (1868-1876) aparecen algunas logias femeninas dependientes del Gran Oriente de España. Es el caso de la logia Hijas de Minerva, que debió de constituirse en 1872, seguida de la logia Hijas del Sol, en ese mismo año, junto a la logia Hijas de Memphis, fundada en 1877. Contaron con un medio de comunicación, *Las Hijas del Sol*, que estuvo dirigido por la baronesa Emilia Serrano de Wilson[256]. En 1886 también aparece un buen número de mujeres en el censo de la logia Legalidad de Madrid. Al año siguiente, se funda la logia Hijas de los Pobres de Madrid, que se trata de una corporación iniciática de adopción. Por otro lado, la confusión en la terminología masónica con respecto a la masonería femenina no oculta sin embargo que bajo el nombre de cámara o logia, las mujeres trabajaron bajo las formas rituales de la masonería de adopción. Tras esto, al iniciarse el año 1890, el Gran Oriente Español contaba solo con dos logias de adopción con La Creación de Mahón o las Hijas del Progreso de Madrid.

En España, las primeras legislaciones que sientan las bases de la masonería de adopción datan de principios de la década de los años noventa del siglo XIX y responden a los problemas de irregularidad en los que habían caído muchas logias que iniciaban a mujeres, lo que suponía una contradicción de una norma general masónica que data de las constituciones de Anderson, que prohíbe el ingreso de mujeres en la corporación iniciática. En el Boletín del Gran Oriente Español (BOGOE) del 15 de agosto de 1892 se aplica una ley de adopción, que establece «que la corporación [federación] tiene sus logias de adopción, nuestra federación no admite en su seno a la mujer sino que le designa un rito especial llamado de adopción»[257].

El primero de los estatutos sobre la masonería de adopción en España aparece en 1893. En ellos se mantiene la regla de que todos los trabajos en la logia deben ser supervisados por masones que ostenten como mínimo el grado de maestro. Tras la reforma de 1902 y la aparición de un nuevo reglamento del rito de adopción, la situación de las logias no cambia apenas.

Recordemos que en España la mujer mantiene una situación de subordinación al marido conforme al código civil de Alonso Martínez, publicado en el año 1889. La presencia de mujeres en los grandes acontecimientos masónicos se limita a la participación de manera individual. Es el caso de Rosario de Acuña[258] y Ángeles López de Ayala; huelga aclarar que realizan una serie de discursos en la inauguración, el 24 de junio de 1888, del Gran Oriente Nacional de España, en los que ambas masonas brindaron por la emancipación de la mujer en la sociedad.

Por otro lado, Ángeles López de Ayala, que fue una escritora librepensadora relacionada con los círculos republicanos, ingresó en 1888 en la logia de adopción Amantes del Progreso y en 1889 en la logia Hijas de los Pobres. Junto a Amalia Domingo Soler, fueron exponentes de las doctrinas espiritistas de influencia deísta y sostuvieron estos principios frente a las actitudes librepensadoras materialistas de inspiración atea. Ángeles López de Ayala participaría en la logia Constancia n.º 102 de Barcelona como secretaria de la corporación masónica.

Foto 16. Las hijas de la Unión 1894.
Fuente: https://alacantobrera.com/2015/09/22/palmira-luz-i-elena-just

El 17 de septiembre de 1910, la comisión organizadora del primer Congreso Librepensador Nacional, en una carta que dirige a Fernando Lozano, se le pide que Ángeles López de Ayala preste al acto su adhesión valiosísima, pues sin ella el congreso no tendría el mismo eco ni esa repercusión. La amanuense se convierte, en este momento, casi en un icono del librepensamiento. Acto seguido, en los estatutos generales del GOE correspondientes a la reforma de 1903, se ofrecen razones similares para la creación de la masonería de adopción[259]. Por último, el rito de adopción se convierte en una fórmula necesaria para una institución progresista y comprometida en las transformaciones sociales. En esta época las logias de adopción o femeninas comienzan a formar parte de los organigramas masónicos, aunque eran organismos dependientes y subsidiarios de la masonería formada por hombres.

La constitución federalista del GOE de 1923 no supone ningún cambio para las logias de adopción, aunque tampoco por el texto constitucional de 1933. La evolución de la mujer en la masonería fue pareja a los movimientos feministas de la sociedad española del momento. En este sentido, la defensa de la emancipación femenina entra a formar parte del discurso masónico como una especie de «feminismo de hombres», de la mano de figuras como los escritores Odón de Buen y Cos o Cristóbal Litrán. En 1925 aparece publicado en el BOGOE una propuesta para reformar la masonería de adopción en un sentido más progresista, con el fin de conceder un mayor protagonismo a las mujeres en las logias. Pero la situación de la mujer dentro de la masonería no cambia a grandes rasgos. Habrá que esperar a comienzos de 1920, cuando la opinión de la masonería respecto a la admisión de mujeres en sus instituciones comienza a cambiar. Por parte de la GLE se presentaron propuestas ante la asociación masónica internacional, mientras que en el boletín de la GLE de junio de 1933 hay una proposición pidiendo la autonomía para las logias femeninas y una equiparación a los hombres en cuanto a los signos de los grados. Esta proposición será llevada a la asamblea de Ginebra de la asociación masónica internacional, donde no tendrá ningún éxito. Entonces, ¿qué nivel de participación tuvo la mujer en la masonería española? En la zona de Valencia, ¿la masonería femenina alcanzó cotas tan altas? En 1886 aparece ya un nutrido grupo de mujeres en la logia Constante Alona, en logia de adopción. Rosario de Acuña y Villanueva solicitó su ingreso en la logia Constante Alona de Alicante el 12 de febrero de 1886. Otra escritora masona fue Mercedes Vargas Chambó[260], que se inició también en la logia alicantina, aunque posteriormente se afilió a la logia Hermanos de la Humanidad de Albacete. A partir de 1892 comenzará su andadura la logia de adopción Hijas de la Unión de Valencia. Paralelamente, en Cartagena aparece un nutrido grupo de mujeres en la logia Diez Hermanos n.º 380, fundada el 1 de enero de 1887 bajo los auspicios del GONE, aunque posteriormente, en 1893, estas mujeres formaron la logia de adopción con el nombre de logia Caridad.

Respecto a la región andaluza, cabe citar la logia de adopción Las Hijas de la Regeneración, que aparece vinculada a la logia Regeneración, instalada en 1895 en la ciudad de Cádiz. En la provincia de Granada, en la logia Luz del Porvenir de Loja de 1888 hay diez mujeres en la corporación de la masonería de adopción.

Foto 17. Masonas en España. Logia Isis de Andalucía. 1912-1936. Visita a las Ruinas de Itálica (Sevilla) en 1912. Foto: Diario Público. www.publico.es/españa/treściento-smasones-andaluces-fusilados-golpe.html. Libro "Los masones andaluces de la República, la Guerra y el Exilio. Diccionario bibliográfico", en Álvarez Rey, L. y Martínez López, F. (Coordinadores.), Sevilla, Universidad de Sevilla, II Vols. 2014.

En la provincia de Almería destaca la labor masónica emprendida por Adela Martínez, viuda de Salmerón, que perteneció a la Logia Salmeroniana n.º 206 de Alhama de Almería, fundada bajo los auspicios del GOE. De entre las numerosas mujeres destaca Belén Zárraga Hernández, política feminista, librepensadora y republicana federal, fundadora de la Federación malagueña de Sociedades de Resistencia en 1897 y del semanario *La Conciencia Libre*.

La escritora masona participó en el congreso universal de librepensadores de Ginebra y presidió la Asociación General Femenina de Valencia. En su ideario mezcla elementos como el anticlericalismo, el humanismo integral, el pacifismo universalista, el nacionalismo, el obrerismo y el regeneracionismo.

En Canarias, el grueso de la masonería femenina se concentra en la logia Añaza de Santa Cruz de Tenerife, así como en la logia Andemana n.º 3 de Las Palmas de Gran Canarias o, incluso, el palmario caso de Clara Campoamor (1888-1972), abogada feminista y diputada a Cortes desde 1931 hasta 1933. Tras exiliarse intentó regresar a España a fines de 1940, sin conseguirlo al estar procesada por su pertenencia a una logia masónica. En suma, las mujeres que durante la II República ingresan en la masonería son, en muchos casos, grandes personalidades. Se cita a estos efectos a Clara Campoamor[261], Victoria Kent o Margarita Nelken.

En los expedientes personales de la abogada y procuradora en Cortes Clara Campoamor, la escritora y política Margarita Nelken y la directora de Instituciones Penitenciarias y diputada Victoria Kent, como se coteja en el Archivo Histórico Nacional de Salamanca (AHNS), existen ricas referencias a una posible filiación masónica. Lo cierto es que no se ha encontrado en ninguno de los tres casos su expediente de iniciación.

En el caso de Clara Campoamor se asegura, por parte de los Servicios Especiales de Información, que trabajaron intensamente durante la inmediata posguerra, que, en efecto, era masona y que perteneció a la logia Reivindicación de Madrid. Allí se dice que un testigo afirmó que Clara Campoamor asistía a la logia Reivindicación de Madrid. En cambio, su pertenencia a la Liga de los Derechos del Hombre, organización muy vinculada a la masonería, está acreditada. La logia de adopción Amor de Madrid representa la tendencia emancipadora de la masonería durante la II República. Dicho taller fue instalado el día 2 de diciembre de 1931 bajo los auspicios de la logia Mantua de Madrid, pues era imprescindible que toda logia femenina fuese patrocinada por una logia regular, es decir, una logia masculina. La citada logia perteneció a la Gran Logia Española y, en la «tenida» de instalación, fue afiliada Carmen de Burgos que, con anterioridad a los hechos, pertenecía a la masonería.

Por otro lado, Victoria Kent también aparece relacionada con algunas logias por los estrechos lazos de amistad con algunos masones. Victoria Kent no reivindicará el derecho al voto de la mujer influida por la disciplina de partido y la idea de que la mujer no estaba preparada para participar responsablemente en la vida política democrática. Carmen de Burgos y Clara Campoamor, en cambio, defendieron el derecho de la mujer al sufragio sin paliativos ni condiciones.

Carmen de Burgos[262] fue pionera en el ámbito del periodismo cuando, en 1901, entra a formar parte de la redacción del *Diario Universal*. En 1920 fundó una agrupación, La Cruzada de Mujeres Españolas, a favor del sufragio femenino. Durante la República se afilia al Partido Republicano Radical Socialista, al igual que Victoria Kent[263]. Sin embargo, en cuestiones como el sufragio femenino adoptaron posturas diferentes, porque la diputada Victoria Kent comprendió que no era momento para otorgarles el voto a las mujeres, dado que podrían votar lo mismo que los maridos o los confesores. Tras la revolución de septiembre de 1868, la masonería española se reorganizó en varios grupos. En primer lugar, el constituido por los masones que se agruparon en torno a Ramón María Calatrava, ministro de Hacienda desde 1842-1843, como gran maestro del Gran Oriente Nacional de España, que se configura por las logias que dependían del Gran Oriente lusitano; y el compuesto por aquellos masones que se quisieron organizar por su cuenta. Además, hay que destacar dos que quedaron frente a frente: el Gran Oriente de España, y el Gran Oriente Nacional de España. El primero imprimió a sus trabajos un carácter eminentemente expansivo y democrático, en oposición al espíritu restrictivo y centralista que imperaba en los de su contrincante. A este fin proclamó el 21 de julio de 1870, como gran comendador y gran maestro, a Manuel Ruiz Zorrilla, presidente del Gobierno español.

La animación fue grande porque surgieron logias por todas partes para tomar parte activa en sus trabajos rituales y simbólicos.

Los acontecimientos políticos que dieron por resultado la abdicación de Amadeo de Saboya y la proclamación de la I República dieron origen a la división y la discordia. El 1 de enero de 1874, Manuel Ruiz Zorrilla presentó la renuncia de sus cargos masónicos. Seguidamente se procedió a la elección del gran maestro, siendo proclamado Juan de la Somera. Al poco tiempo Juan Utor, gran maestro del Oriente Ibérico, se fusionó con el Gran Oriente de España, con lo que se inició una nueva fase de prosperidad que culminó el 7 de abril de 1876, al ser proclamado gran maestro del Oriente de España Práxedes Mateo Sagasta, jefe del Partido Liberal y presidente del Gobierno. En fin, existen alrededor de 151 masonas iniciadas entre los años 1871 y 1898.

Foto 18. Juan Antonio Seoane.

Justo en ese preciso instante, las logias empezaron a crecer a un ritmo vertiginoso. Práxedes Mateo Sagasta no convirtió la institución iniciática en un brazo de un partido político, pero atendió especialmente a establecer un gran intercambio de relaciones de amistad con gran número de corporaciones masónicas en el extranjero. El 10 de mayo de 1881 sustituyó a Práxedes Mateo Sagasta en el mismo cargo Antonio Romero Ortiz, ministro de Gracia y Justicia, y al morir prematuramente cubrió su vacante Manuel Becerra, matemático y exministro, quien tomó posesión de su cargo de gran maestro el 21 de julio de 1884. Paralelamente, Miguel Morayta emprendió la tarea de reunir a todos los masones en el seno de una única organización. De esta forma tuvo lugar el 4 de abril de 1888 la fusión del Gran Oriente Nacional con los disgregados del Grande Oriente de España.

El resultado fue la creación del Gran Oriente Nacional de España. El 9 de enero de 1889 constituyeron un nuevo cuerpo que adoptó, el 21 de mayo del mismo año, el título de Gran Oriente Español, siendo proclamado Miguel Morayta como gran maestro. Pero esta unión de todos los masones españoles fue efímera. Unos años antes de finales de siglo existían cinco centros masónicos: el Gran Oriente Nacional, el Gran Oriente Ibérico, la Gran Logia Simbólica Independiente, el Gran Oriente Español y, por último, el Soberano Gran Consistorio General Ibérico.

Poco después, a Miguel Morayta le sucedió como gran maestro y presidente del consejo el diputado a Cortes Emilio Menéndez Pallarés, desde el 11 de junio de 1901. Por último, Miguel Morayta resultó elegido soberano gran comendador del supremo consejo del grado 33 (presidente del rito escocés antiguo y aceptado de influencia francesa), mientras que poco tiempo después, el 30 de septiembre de 1904, sucedió a Emilio Menéndez Pallarés en el cargo de gran maestro el también diputado a Cortes José Marenco. Tras las maestrías interinas de algunos miembros relevantes de la corporación masónica, Antonio López del Villar y José Lescura, fue proclamado gran maestro el doctor Luis Simarro, que fue sustituido por Augusto Barcia Trelles hasta 1922.

Foto 19. Caricatura de Miguel Morayta, publicada en El Diario *El País* (1903)".

Como conclusión, desde 1868 hasta la crisis colonial de 1898, cuando la masonería española fue acusada de ser la culpable, sin pruebas documentales, de la independencia de Filipinas y Cuba, se contabilizan en España y sus dependencias la existencia de unas 1.750 logias, y por esa razón es fundamental citar la existencia de varias masonerías y no de una única masonería. En suma y a continuación, tras conocer que existió un nutrido grupo de masonas españolas que se pudieron iniciar en los ritos de adopción o en las logias masónicas masculinas, se hace necesario explicar, en las siguientes líneas, cómo se ha desarrollado la masonería y cuáles son sus entresijos a lo largo del siglo XX.

¿CÓMO ES LA MASONERÍA ESPAÑOLA EN EL SIGLO XX?

La masonería, una vez concluido el periodo decimonónico y los primeros compases del siglo XX, se recuperará poco a poco, aunque huelga aclarar que en este momento no alcanzará las cotas tan elevadas que tuvo en el Sexenio democrático, momento álgido del desarrollo de las corporaciones masónicas. Tan solo dos obediencias masónicas pervivirán a la crisis: el Gran Oriente Español y la Gran Logia Catalano-Balear que, a partir de 1921, adoptó el nombre de Gran Logia Española, extendiendo su jurisdicción a todo el territorio nacional. De hecho, el más importante de ellos, el Gran Oriente Español, que entre 1900 y 1922 adoptó la estructura federal de las grandes logias regionales, instalará y configurará 187 logias, de las cuales 125 se fundan fuera de España: 42 corporaciones en EE. UU.; 29 logias en Filipinas; 20 corporaciones en Puerto Rico; 19 logias en Argentina; 11 en Marruecos; 4 en Turquía, y solo 62 en España. Poco tiempo después se ha podido comprobar, con las fuentes documentales en la mano, que entre 1922 y 1936 el Gran Oriente Español erigirá unas 42 nuevas logias, reduciéndose el interés por la masonería. Por su parte, la otra obediencia masónica, la Gran Logia Española, llegó a alcanzar entre 1900 y 1939 un total de 155 logias. Acto seguido, es fundamental comentar que, durante la dictadura de Miguel Primo de Rivera, la masonería vuelve a encontrarse con serias dificultades. Sin embargo, algunos políticos y militares descontentos hallaron en la masonería un refugio y una institución eficaz para desarrollar su enriquecimiento intelectual, como ocurre con algunos afiliados del PSOE[264]. Con la llegada del régimen republicano se experimenta un despertar e influjo masónicos, y en especial en las Cortes de 1931, en las que encontramos un número importante de diputados masones, que alcanza el holgado número de 150 miembros que pertenecían a las corporaciones iniciáticas. Por esas mismas fechas el Gobierno provisional de la República contaba con seis ministros masones, entre los que destacan Alejandro Lerroux como ministro de Estado; Álvaro de Albornoz, que ostentaba la cartera de Fomento; Diego Martínez Barrio con la cartera ministerial de Comunicaciones; Fernando de los Ríos como ministro de Justicia; Marcelino Domingo como ministro de Instrucción Pública, o incluso Santiago Casares Quiroga, que ostentaba la cartera de Marina[265]. Un año después, el 5 de marzo de 1932, ingresaría en una logia masónica del número 12 de la calle Príncipe de Madrid el ministro de Guerra, Manuel Azaña. A partir de 1933 la situación se fue complicando para la masonería por la acción conjunta de una serie de actitudes y manifestaciones contrarias procedentes de elementos tan dispares como la CEDA, la Falange y la Iglesia católica, el Partido Socialista, los sindicalistas y algunos miembros del Partido Comunista.

El tipo de masonería que se estableció en España a partir del Sexenio democrático estaba fuertemente imbuida de las ideas de los nuevos tiempos en que triunfaban la libertad, la razón y la tolerancia, en combate contra la superstición religiosa, el absolutismo, el despotismo político y el atraso social. De alguna manera podría afirmarse que, al iniciarse el siglo XX, unos pocos masones estaban convencidos de que la masonería tenía como único objetivo la lucha política, de modo que no dudaban en introducir en el cuerpo doctrinal de la corporación muchos principios que de hecho eran realidades profanas.

Tras esta escueta introducción, habría que cuestionarse: ¿cómo es posible ser moderno, defender las libertades y el progreso y, al mismo tiempo, mantener la jerarquía, el ritual, los misterios de la corporación, los ritos masónicos, una cultura simbólica o, incluso, creer en un Dios monoteísta? Esto se responde de manera sencilla, ya que los masones pueden tener ideología política y creencia religiosa, pero en el seno de sus reuniones no deben, según los textos constitucionales, hablar de estos temas. Tras esto, los masones españoles no pudieron o no supieron armonizar dos cosas que pertenecían a dos ámbitos diferentes: el mundo iniciático y el profano. Sin embargo, la contradicción no era tal, pero la mayoría de masones no lo entendió de esa manera. Además, es tan excitante intentar cambiar el mundo, y tan difícil cambiarse a sí mismo.

Atendiendo a la documentación histórica y masónica, en la primera década del siglo XX apenas existen referencias al contenido iniciático de la corporación, porque la interpretación que se hace de los símbolos es de carácter superficial.

Además, se dirigen boletines oficiales, en los que apenas se incluyen temas iniciáticos, pero que van bien surtidos de trabajos dedicados a temas políticos, al regionalismo, al clericalismo, la lucha entre capital y trabajo, la patria, la rehabilitación de la clase obrera, el divorcio, etc. No obstante, en junio de 1915, el GOE propone los siguientes temas para ser estudiados en las logias simbólicas a lo largo del año, como por ejemplo la propiedad de la tierra, la secularización del Estado, los medios para librar el presupuesto nacional de las cargas de la justicia, la libertad de cultos, la reforma de la ley tributaria, etc. Ciertamente, a los enemigos de la masonería no les faltaron argumentos para vilipendiarla y acusarla de ser un centro de activismo político. Ante semejante panorama, hay un sector de los masones que consideraba innecesario el mantenimiento de las viejas formas, como el simbolismo y el ritual. Esta era la corriente hegemónica en la masonería, ya que los partidarios de la ortodoxia y la tradición iniciática nunca desaparecieron y, a medida que avanzaba el siglo, fueron creciendo dentro de la corporación las voces que defendían, sin paliativos, los orígenes iniciáticos de la masonería.

En ese momento impulsaron la necesidad de volver a los orígenes, a lo que era la esencia de la masonería, con el objetivo de rehabilitar los principios originales de las doctrinas masónicas y promover la casi inexistente cultura iniciática. A pesar de la labor de algunos masones, la corriente antitradicional siguió siendo extremadamente poderosa. Para intentar corregir esta situación, en la asamblea del GOE de 1916 fue aprobada una proposición para incrementar la cultura iniciática. La proposición abogada por la edición de folletos en los que se explicasen las enseñanzas simbólicas de los tres primeros grados. Asimismo, se pretendía convocar un concurso de trabajos de interpretación de los símbolos. Desde la V Asamblea Nacional Simbólica, celebrada en 1926 en Sevilla, Augusto Barcia Trelles y otros defensores de la ortodoxia fueron abriéndose paso hasta que en la Gran Asamblea de Madrid, en 1927, fueron admitidas sus tesis, aprobándose el memorándum que presentó el gran maestro del Gran Consejo Federal Simbólico del GOE, Demófilo de Buen y Lozano.

En efecto, se trataba simplemente de volver a los principios seculares de la masonería: creencia en Dios, bajo el nombre de la masonería se suscribe la prohibición de intervenir directamente en los asuntos políticos y religiosos, la realización de los trabajos iniciáticos y/o simbólicos, etc. Sin embargo, la vorágine política seguía invadiendo las logias.

El retorno a la tradición estaba mal visto, en lo que concierne a la iniciación masónica, porque la masonería estaba cada vez más implicada en las luchas sociales y políticas. Pese a ello, durante los años republicanos, en muchas logias apenas se practicaba ritual alguno: los hermanos se reunían en cámara de aprendiz para tratar de todos los temas y ni siquiera muchos de los maestros tenían conocimientos mínimos de doctrina masónica. En esos años continuó la pugna entre tradicionales e innovadores; de estos últimos decía el boletín del GOE en 1931: «Ya que estiman hasta perjudicial la conservación de ritualidades, que no se conforman a las corrientes predominantes en los tiempos actuales»[266].

Sin embargo, fue precisamente durante la etapa de mayor relajación en las prácticas masónicas cuando salió publicada la mejor revista de cultura iniciática con que ha contado la masonería española, *Latomia*, creada por los componentes de la logia madrileña La Unión, bajo los auspicios del Gran Oriente de España.

Los miembros de la logia presentaban sus primeros trabajos con estas palabras: «La República ha creado en España un grave problema de orientación. La política partidista tiende a penetrar en los talleres y la historia y nuestros precedentes nos enseñan las fatales consecuencias que puede producir en nuestra corporación tan nefasta intromisión. De hecho, privados de libertad en estos últimos años, nuestros hermanos consumían todas las energías en su conquista. Pero hoy, libres de este agobio, los talleres deben entrar de lleno en la vida pura, espiritual y de fraternidad, que es el gran molde de nuestra institución. Queremos hacer partícipes a todos los hermanos y a los profanos de nuestras inquietudes espirituales, y esta es una débil muestra de nuestra preocupación por la conquista de la verdad y la virtud, a cuyo conocimiento y práctica hemos vinculado nuestro ser ante el Ara»[267]. En estas páginas encontramos grandes textos del hermetismo europeo que aún no habían sido publicados en castellano, como las obras de Agripa, de la cábala tradicional, los orígenes de la masonería e incluso dos artículos del filósofo sufí René Guénon, uno de los grandes renovadores del esoterismo en la tradición europea. *Latomia* fue, en suma, una isla de la masonería tradicional rodeada de las tormentas que las pasiones políticas y de todo tipo habían desatado en la vida social española. Una de las varias razones por las que puede explicarse la implantación de la masonería española en lugares como Casablanca, Tánger, Salónica, que pertenecía a la Turquía europea, o Constantinopla (Estambul) es la existencia de importantes comunidades sefardíes en esas localidades. Los masones sefardíes tienen propensión natural a afiliarse a logias españolas, en las que se practica el ritual en su lengua.

Se comprueba que, en la composición de la mayoría de las logias de Salónica, Tánger y Casablanca, entre otras, predominan los hebreos. Mención especial merece el caso de Salónica, con 110.000 habitantes en 1907, unos 70.000 de los cuales eran sefardíes. Desde principios de siglo el GOE recibió de los masones hebreos de esa ciudad solicitudes de afiliación y de creación de talleres. La logia Perseverancia, así como La Fazilette, La Constitución y La Immanuel estaban formadas casi exclusivamente por semitas. En muchos casos, los deseos de estrechar relaciones con España u otras razones, tanto personales como políticas, llevaron a un número importante de masones sefardíes a solicitar los buenos oficios del Gran Oriente Español en Madrid con el fin de conseguir la nacionalidad española. En Marruecos, por otro lado, las comunidades hebreas también cuentan con numerosos masones iniciados en las logias del GOE y hay corporaciones iniciáticas que llevan nombres como la corporación Hispano-Hebrea, asentada en Tánger. Aquí, como en Casablanca, en las logias españolas los sefardíes son mayoría. En Marruecos, como en Turquía, los citados masones piden al GOE que gestione, desde Madrid, la obtención de nacionalidad para muchos de ellos, ya que para la comunidad judía ser español constituye una forma de protección jurídica de la que tienen especial necesidad quienes, como ellos, están normalmente amenazados por las arbitrariedades del que califican como mal llamado Gobierno marroquí[268].

Uno de los mitos extendidos por el discurso antimasónico es la identificación entre masonería y la política de izquierdas. Pero lo cierto es que en España siempre ha habido masones conservadores, que trabajaban como diputados en el Congreso durante el reinado de Alfonso XIII, que fueron activos en la realización de trabajos rituales y simbólicos y que estuvieron alineados con las distintas ideologías políticas. Algunos de estos diputados masones conservadores fueron Esteban Barquero Hidalgo, Lorenzo Borrego Gómez, Juan de la Cierva Peñafiel, Ezequiel Diez y Sanz de Revenga, Francisco Martínez Corbalán, Fernando Monedero Díez Quiroga, Juan Monedero y Monedero, Mariano Muñoz Rivero, Miguel Ochoa y Llacer, Pedro Poggio y Álvarez y los hermanos Pedro y Julio Pagán y Ayuso, ambos alcaldes de Murcia, que más tarde fueron nombrados senadores. Con seguridad se constata que este es otro de los mitos extendidos que vincula a los masones con los partidos políticos de izquierdas. Dentro de una misma obediencia existen numerosas logias integradas mayoritariamente por masones de ideologías liberales o incluso conservadoras, entre las que destaca la logia La Unión[269] de Madrid. También existían algunas logias con ideología relacionada con la izquierda, como la Primero de Mayo de Madrid o la Karl Marx de Barcelona.

Se constata que, en términos cuantitativos, algunos masones españoles apoyaban, con firme decisión, algunas posiciones ideológicas anticlericales e izquierdistas. En última instancia, a la hora de comprometerse en la actividad política, pesaba más la ideología y las consignas de las facciones políticas que la pertenencia a la corporación masónica.

Existió un gran número de masones que fueron encarcelados en primer lugar por el Frente Popular y posteriormente por el bando nacional. Pueden citarse los casos del gobernador civil de Asturias, José María Feriera Jacoby, detenido por las milicias del Frente Popular y acusado, acto seguido, de pertenecer al Socorro Blanco, opuesto al Socorro Rojo. Más tarde sería detenido y procesado por las autoridades franquistas por su condición de masón.

En el caso de Salvador Delgado Ureña Roldán, fue arrestado por los milicianos del Frente Popular, acusado de colaborar en la fuga de prisioneros del bando rebelde. Sin embargo, luego fue acusado por los nacionales de masón y, por tanto, de «rojo» (republicano). Otro masón conservador, Marcelino Aguirre Victorero, grado 33 del rito escocés antiguo y aceptado, cuya ficha policial hacía constar que había sido perseguido por los republicanos, fue encarcelado en noviembre de 1937 a los 74 años de edad por ser masón, y dos años después desterrado. De manera similar ocurrió con Carlos Pérez Arias, Máximo Mata Cubria y otros masones asturianos.

Paralelamente, entre los nobles titulados hay que destacar a un grande de España como Salvador Samá i de Sarriera, marqués de Vilanova i la Geltrú, gentilhombre durante el reinado de Alfonso XIII y diputado en Cortes por el partido conservador y nacionalista la Lliga Regionalista, que poco después sería perseguido por el Frente Popular. No obstante, se pudo escapar y vivir como refugiado en Francia. Posteriormente sería, de manera enigmática y misteriosa, colaborador del bando nacional y, al poco tiempo, condenado por las autoridades franquistas a veinte años y un día de cárcel por cometer el delito de pertenencia a la masonería. Asimismo, existieron algunos masones de ideologías más templadas que fueron asesinados por el Frente Popular, principalmente por sus ideas políticas. Entre ellos destaca Melquíades Álvarez González-Posadas, Rafael Salazar Alonso y Manuel Rico Avelló, detenidos en la cárcel Modelo de Madrid (actual cuartel general del Ejército del Aire) en julio y agosto de 1936, junto con otros significados conservadores como los exministros Ramón Álvarez-Valdés y el abogado José Martínez de Velasco, los falangistas Fernando Primo de Rivera, hermano del fundador de la Falange, el aviador Julio Ruiz de Alda, el médico José María Albiñana, el comisario de policía Martín Báguenas y los generales del ejército de tierra Osvaldo Fernando Capaz Montes y Rafael Villegas[270]. Todos ellos fueron paseados por los milicianos anarquistas en la madrugada del 23 de agosto de 1936 en la pradera de San Isidro de Madrid. Cabe destacar, como fusilado, al general masón Eduardo López-Ochoa, que fue ejecutado por los milicianos de Madrid y acto seguido se clavó su cabeza en una pica y se realizó un dantesco espectáculo por las calles de la capital. Asimismo, se citan algunos de los masones afiliados a partidos políticos de centro o de derecha como la Unión Monárquica Nacional, el Partido Liberal y, por último, el Partido Republicano Radical fundado por Alejandro Lerroux, «el emperador del Paralelo»[271] en 1908, el cual, tras ganar las elecciones de 1933, gobernó la República con el apoyo de la CEDA, del que era líder el abogado y catedrático de derecho político de la Universidad de Oviedo José María Gil-Robles.

Entre los masones que militaban en partidos de derechas se encuentran Juan Sarradell Farrás (1894-1962), iniciado en la logia España n.º 22 de Sevilla, que trabajaba bajo el auspicio y la patente del Gran Oriente de España, aunque luego se inició en la logia La Unión n.º 9 de Madrid y la Hiram n.º 95, en la que fue elevado al grado de venerable maestro en 1933. Asimismo, fue diputado a Cortes en 1919 por el partido Unión Monárquica Nacional de Santiago Alba, que fue el secretario del Congreso de los Diputados y, en 1923, sería nombrado nuevamente diputado del partido Unión Monárquica Nacional.

Por su parte, el magistrado sevillano de ideología conservadora Manuel Figueroa Rojas había sido iniciado el 15 de abril de 1915 en la logia Ibérica de Madrid, adscrita al Gran Oriente Español, con el nombre simbólico Humildad. En las elecciones municipales celebradas el 12 de abril de 1931 fue apoderado e interventor de los candidatos monárquicos. Con la II República, se afilió al partido de Niceto Alcalá-Zamora y de Miguel Maura, Derecha Liberal Republicana, siendo elegido, en febrero de 1936, diputado por la CEDA (Confederación Española de Derechas Autónomas), y posteriormente ingresó en la Unión Republicana de Diego Martínez

Barrio. En septiembre de 1936 fue detenido por los milicianos, acusado de ayudar a los sublevados. Poco después se exilió en 1937 a París, Bruselas, Londres y, por último, Cuba. Un curioso caso fue el del jienense Joaquín Pérez Madrigal (1898-1974), que fue iniciado masón en el año 1927, obteniendo su acta de diputado del Partido Radical de Alejandro Lerroux en 1931 por la circunscripción de Ciudad Real. Después se afilió a la CEDA, y durante la Guerra Civil se adhirió al bando nacional y colaboró en Radio Nacional en un programa titulado «El miliciano Remigio», con el único objetivo de poner en ridículo a los milicianos. En 1955 se convirtió al catolicismo y, casi diez años después, en 1964, fundó una revista.

Otro caso parecido fue el de Francisco Ferrari Billoch (1901-1958), un periodista que, durante la II República, combatió el marxismo y la masonería, se adhirió a la causa nacional y alcanzó cierta fama por publicar libros antimasónicos y anticomunistas, entre los que destacan: *La masonería al desnudo. Logias desenmascaradas*, publicado en 1936, *Entre marxistas y masones*, o *Masones. Así es la secta. Las logias de Palma y Ibiza*, editado en 1937. O incluso *Mallorca contra los rojos: fracaso de los desembarcos marxistas en la isla: diario de un combatiente* (1937).

Francisco Ferrari Billoch fue iniciado en la logia La Unión n.º 9 de Madrid (GOE), por lo que fue encarcelado y procesado pero sin sentencia judicial firme[272]. Otros ejemplos fueron los de Tomás Cruz García, diputado de la CEDA en 1933, o el médico Gonzalo Ferrey Fernández, miembro de la logia Evolución n.º 7, que había sido concejal del Ayuntamiento de Almería por el partido Derecha Liberal Republicana. Mayor concentración de masones tuvo el Partido Republicano Radical, porque el fundador y líder del partido político se había iniciado masón. En efecto, Alejandro Lerroux García (1864-1949) ingresó en la masonería en 1886, probablemente en la logia Antorcha de Madrid, dependiente del Gran Oriente, con el nombre simbólico de Giordano Bruno. En 1901, 1903 y 1905 fue elegido diputado a Cortes, visitando alguna logia como la Redención de Barcelona, y afiliándose en 1917 a la logia Adelante n.º 8 de la Ciudad Condal. En 1932 lo encontramos afiliado a la logia La Unión n.º 9 de Madrid.

Durante la Guerra Civil, el masón Lerroux envió correspondencia epistolar para adherirse a la causa del general Francisco Franco Bahamonde. Tras esto, el 18 de julio de 1937 apuntaba que «en el día de hoy se cumple un año del alzamiento nacional que con el Ejército a la cabeza se inició para salvar a España de la anarquía y de la barbarie... Y me permito celebrar en mi soledad este aniversario, ratificando por escrito mi adhesión leal y desinteresada al hombre que por designio providencial asume la representación nacional»[273].

A pesar de su ideología conservadora y de ofrecer su colaboración a Franco, fue condenado en 1945 por el Tribunal de Represión de la Masonería y el Comunismo «a la pena de doce años y un día de reclusión menor y penas accesorias»[274], aunque se le permitió regresar a España en 1947. Falleció dos años después, en 1949. De entre los masones afiliados a su partido podemos citar al catedrático de francés de la Escuela de Comercio y el instituto Cabra de Málaga Pedro Armasa Briales[275], dirigente de la Alianza Republicana de Málaga que, poco más tarde, obtendría el acta de diputado por la ciudad andaluza homónima, entre 1931 y 1933, por el Partido Republicano Radical. Fue consejero de Estado y, en 1933, subsecretario de Instrucción Pública.

Formaba parte del ala más extremista del Partido Radical de Alejandro Lerroux y, en julio de 1936, escapó de los milicianos del Frente Popular refugiándose en la ciudad norteafricana de Tánger. Había sido iniciado en septiembre de 1925 en la logia Pitágoras n.º 25 de Málaga, auspiciada por el Gran Oriente de España, con el nombre simbólico Dantón, y alcanzó el grado 2 en junio de 1927 y el 3 en diciembre siguiente, en cuyo taller masónico permaneció hasta 1934. En 1941 el Tribunal de Represión de la Masonería y el Comunismo lo condenó a veinte años y un día de reclusión mayor. También cabe mencionar al industrial malagueño Francisco Burgos Díaz, vocal de la junta provincial de la Alianza Republicana de Málaga (1930), directivo de la Sociedad Económica de Amigos del País y diputado en 1933 por el Partido Republicano Radical, que era masón desde 1917 con el nombre simbólico de Sócrates en la logia Virtud n.º 385 de Málaga.

Asimismo, destaca el catedrático de la Escuela Normal de Magisterio de Córdoba, Ramón Carreras Pons, diputado a Cortes por la circunscripción de Córdoba en 1931 por el Partido Republicano Radical, gobernador civil de Sevilla entre diciembre de 1935 y febrero de 1936, que había sido iniciado en noviembre de 1924 en la logia cordobesa Turdetania del Gran Oriente de España con el nombre simbólico de Pitágoras, pasando al grado de compañero en noviembre, y al grado 3 en marzo de 1925.

Por otro lado, al abogado sevillano y ministro del Tribunal de Cuentas José Domínguez Barbero, también diputado a Cortes en 1931 por el Partido Republicano Radical, fue iniciado en 1908 en la logia sevillana Fe n.º 261, dependiente del Gran Oriente de España, adoptando el simbólico e iniciático Henri. Alcanzó el grado 18 y en 1921 se afilió a la logia Isis y Osiris de la misma obediencia, solicitando «la plancha de quite» (darse de baja en una logia masónica) en 1927. Unos años más tarde, en 1944, el Tribunal de Represión le condenó a doce años y un día de reclusión menor. También el fundador y director del periódico *La Libertad* (1908), José Marcial Dorado, diputado a Cortes por Sevilla en 1931 por el Partido Republicano Radical, fue iniciado en 1893 en la logia sevillana Numantina n.º 1, adoptando el simbólico Shakespeare, siendo elevado y nombrado venerable maestro de la logia Fe n.º 261 en 1906 y grado 18 del rito escocista, bajo los auspicios del Gran Oriente Español.

Otro vocal de la junta provincial de la Alianza Republicana de Málaga (1930), José Martín Gómez, diputado en 1933 por el Partido Republicano Radical, fue iniciado masón de la logia Patria Grande n.º 18, con el nombre simbólico de Atila, bajo los auspicios del Gran Oriente de España. Hay que resaltar el caso de Manuel Moreno Mendoza, masón durante más de cuarenta años, alcalde de Jerez de la Frontera entre abril de 1931 y noviembre de 1933, que fue diputado en las elecciones de 1931 por el Partido Republicano Radical y seguidor de Alejandro Lerroux tras su separación del partido de Diego Martínez Barrio. Manuel Moreno Mendoza, presidente de la Federación Regionalista Andaluza, fue iniciado en 1897 en la logia El Pelícano n.º 120, bajo el paraguas del Gran Oriente Ibérico, con el nombre simbólico Jesús, fundando luego otros talleres de los que fue elevado como maestro y, acto seguido, nombrado venerable maestro, llegando a presidir la asamblea del Gran Oriente de España celebrada en Madrid en 1916. Falleció en el transcurso de la guerra civil española[276].

Otro masón seguidor de Alejandro Lerroux, tras la escisión de Martínez Barrio en 1934, fue José Pérez de Rozas Masdeu, diputado por Jaén en las elecciones de 1933 por el Partido Republicano Radical, siendo nombrado más tarde gobernador civil de Oviedo.

Había sido iniciado en 1922 en la logia Fénix n.º 381 de Barcelona, y tras esto, en 1943, fue condenado a doce años de reclusión mayor por el Tribunal para la Represión de la Masonería y el Comunismo. También permaneció, como muchos otros masones, junto a Alejandro Lerroux el presidente del comité provincial del Partido Republicano Radical en Huelva Fernando Rey Mora, que fue diputado a Cortes durante las elecciones de 1931 y 1933 por el Partido Republicano Radical.

No obstante, poco después se presentó, en 1936, como candidato a las listas del Partido Centro-Conservador. Por último, fue ejecutado en Madrid, en agosto de 1936, por algunos milicianos del Frente Popular mientras Fernando Rey estaba preso y cumpliendo condena en la cárcel de Porlier (actual colegio Calasancio de Madrid). De hecho, fue iniciado en la logia Luis Simarro n.º 3 de Madrid, auspiciada por el Gran Oriente de España, adoptando el nombre simbólico de Wagner. Otro seguidor de Lerroux fue José Terrero Sánchez, catedrático y director del instituto de enseñanza secundaria, que también fue diputado por Huelva en 1931 por el Partido Republicano Radical, vicepresidente provincial de la Liga de Derechos del Hombre en 1933, miembro de la comisión de instrucción pública de las Cortes y gobernador civil de Valencia en 1934. Fue iniciado en 1927 en la logia Minerva, usando el simbólico Apolodoro y, al poco tiempo, se afilió a la logia La Transigencia n.º 37, ambas con sede en Huelva y bajo el paraguas del Gran Oriente de España. De ideología conservadora era Antonio Tuñón de Lara[277], catedrático del instituto de bachillerato en Almería, fundador y miembro de la junta provincial del partido político Alianza Republicana, nombrado procurador en Cortes por Almería y, al poco tiempo, elegido en las elecciones de 1931 y 1933 por el Partido Republicano Radical. Fue más tarde concejal durante la «Dictablanda» del general Dámaso Berenguer, gobernador civil de Cáceres en 1931 y director general de beneficencia con el gobierno de Alejandro Lerroux. Había sido iniciado en diciembre de 1918 en la logia Ibérica n.º 7 de Madrid y adoptado el nombre simbólico de Rousseau.

Al año siguiente, en marzo de 1919, estaba afiliado a la logia Evolución n.º 403 y en 1926 a la logia Progreso n.º 28, dependiente del Gran Oriente de España, de cuya obediencia llegó a ser, en 1933, gran maestro adjunto. Por otro lado, perteneció al Partido Radical Republicano Eloy Vaquero Cantillo[278], jefe provincial y miembro del comité ejecutivo nacional y diputado a Cortes por Córdoba en 1931 y 1933 en el partido de Alejandro Lerroux. Fue alcalde republicano de la ciudad de Córdoba, académico de número en la Academia de Ciencias, Bellas Artes y Nobles Artes de Córdoba, ministro de la Gobernación desde octubre de 1934 y, al año siguiente, ministro de Trabajo, Sanidad y Previsión. Tras la victoria del Frente Popular, en febrero de 1936, huyó a Londres, La Habana, Caracas y México, estableciéndose finalmente en Nueva York como catedrático de la Universidad de Columbia.

Eloy Vaquero Cantillo, maestro poeta y ministro de Interior, fue iniciado en julio de 1917, adoptando el simbólico Cavour. En 1931 era vocal suplente de la comisión permanente del Gran Oriente Español. Condenado por el Tribunal para la Represión de la Masonería y el Comunismo, murió exiliado en 1960 en Nueva York. Otros políticos masones conservadores y liberales fueron el catedrático Miguel Rivera, miembro del Partido Radical Republicano e iniciado en la logia Miravete de Murcia, en 1921, adscrita a la Gran Logia Regional del Sudeste; Antonio Guallar Poza, diputado oscense en 1931; o el dirigente radical lerrouxista Rafael Ulled, impulsor del asociacionismo en Aragón. Además, destaca el abogado y concejal Antonio Rodríguez y García-Alarcón, y el capitán de carabineros y exmiembro del Partido Radical Republicano Juan García Souviere. Asimismo, cabría citar a Juan Cantizán Aranda y Juan Braulio García, concejales durante la dictadura de Miguel Primo de Rivera y luego republicanos moderados, del municipio de Constantina (Sevilla), que fueron ejecutados por el Frente Popular. Pese a todo, muchas logias seguían siendo un espacio de convivencia entre personas de ideologías distintas. Por poner un ejemplo, en Motril (Granada), la logia Generalife integraba a masones con múltiples tendencias políticas, incluidas las conversadoras o liberales. Además, cabe resaltar a José del Rosal Cobo, alcalde que militaba en el Partido Radical Republicano; o a Francisco Monferrel Moreno, iniciado en 1923, que estuvo afiliado desde 1933 al Partido Conservador de José Calvo Sotelo, que en 1936 publicaba artículos contra la República y la democracia y que por esa razón fue encarcelado en la localidad granadina de Motril.

Otro claro ejemplo es Juan García, militante de la CEDA, que fue fusilado por el Frente Popular el 8 de agosto de 1936; o Mariano Consuegra Cuevas, militante granadino de la CEDA, que fue igualmente fusilado por el Frente Popular el 27 de septiembre de 1936. Algunos de estos masones y políticos de derechas desempeñarían un papel activo en apoyo de los sublevados del llamado bando nacional, como el farmacéutico masón Federico Molini, que se alistó en las milicias nacionales y puso a disposición de las fuerzas «rebeldes» (nacionales) su farmacia y su laboratorio[279]. También hubo masones falangistas, como José Lira Pacheco, empleado del Ayuntamiento de Constantina, o el médico falangista, masón y diputado provincial de Unión Republicana Manuel Muñoz Conde, que se alistó en el bando nacional y falleció en noviembre de 1936 en el frente de Madrid.

Hubo masones fascistas, como el italiano afincado en España Rodolfo de Micheli (1879- 1932), conde de Rocabezana, que se inició en la masonería bajo el nombre simbólico de Mazzini, y estaba afiliado a la logia Cavalieri de Scozia (logia italiana de Turín). En 1922 formaba parte de la logia Redención de Barcelona, adscrita a la Gran Logia Española, y en 1924 consta también en la logia Ibérica de Madrid, que trabajaba bajo los auspicios del Gran Oriente Español, y en su supremo consejo del grado 33, en el que detentaba el grado máximo. Por sus excelentes relaciones con los dignatarios de sendas corporaciones, estas le habían nombrado su representante ante los organismos masónicos internacionales, cargo que desempeñó hasta su muerte en 1931.

En suma, como la lista de masones que estaban alineados con los partidos moderados podría ser mayor, se consideran suficientes los ejemplos expuestos para desmontar el impreciso tópico que en España identifica masonería con el izquierdismo, información que está manipulada por algunas fuentes. Uno de los mayores problemas a los que se ha enfrentado la masonería en todos sus años de historia se refiere a la supuesta asociación de la masonería con el izquierdismo y con los movimientos políticos de izquierdas. Esta tesis forma parte de una dilatada corriente de pensamiento que ve en la caída del Antiguo Régimen, la Revolución francesa y las revoluciones liberales del siglo XIX el sello del complot judeomasónico.

En España, tales planteamientos comenzaron a tener fuerza a raíz de la proclamación de la II República, pues tanto ella como su constitución formaban parte de los acuerdos firmados por republicanos izquierdistas, socialistas, comunistas, masones y judíos, rivales acérrimos de la derecha conservadora y católica. La tendencia, lejos de verse diseminada por su escasa veracidad, vendría a hacerse todavía más fehaciente con la polarización de la sociedad española en la década de los años treinta del siglo XX, siendo la Guerra Civil su punto de no retorno.

Lo cierto es que, al estudiar el periodo de la Restauración, el tópico fue ampliamente difundido desde la barrera antimasónica sobre la fluida relación entre la masonería y las izquierdas, pese a que durante la República la masonería demuestra, en su singladura política, numerosos problemas internos. De hecho, es posible comprobar las listas de diputados masones en las Cortes de la Restauración de Antonio Cánovas del Castillo durante los reinados de la regencia de María Cristina de Habsburgo-Lorena y, posteriormente, el reinado de Alfonso XIII. La realización de las mismas, mérito del historiador Francisco López Casimiro, demuestra la amplia disparidad ideológica de la masonería española.

El primer catálogo de masones, con acta de diputado durante el reinado de Alfonso XII y posterior regencia de María Cristina Habsburgo-Lorena, entre los veinticinco años que abarcan desde 1876 hasta 1901, cuenta que existieron unos 85 masones entre los 2.666 diputados que trabajaron, en el Parlamento, durante las once legislaturas. De la casi centena, 23 estaban incorporados a las filas del republicanismo, en sus distintas variantes: posibilista del partido de Emilio Castelar, republicanos progresistas, centralistas y federalistas.

La mayoría de masones, alrededor de 60, son partidarios del liberalismo, del partido de Práxedes Mateo Sagasta, fusionistas, liberales o incluso conservadores, etc. Entre los segundos, la filiación masónica más llamativa es la de Juan de la Cierva y Peñafiel[280], afamado abogado y militante del Partido Conservador, que alcanzaría carteras ministeriales durante los gobiernos de Antonio Maura y Montaner, que, por cierto, siempre receló de la masonería, aunque, según Francisco López Casimiro, fue iniciado en la corporación hacia finales de la década de los ochenta, en la logia murciana Vigilancia.

El segundo listado, relativo al periodo conocido como segunda Restauración, época en la cual el sistema comienza a dar claros síntomas de agotamiento, se refiere a los veinte años del reinado de Alfonso XIII (1903-1923), donde se contabilizan 75 masones en 10 legislaturas, con un total de 1.629 diputados. El nacimiento de nuevas formaciones políticas a lo largo de toda la monarquía de la dinastía Borbón hace que la militancia masónica de este segundo registro fluctúe entre la decena de partidos inscritos en la ley. Es posible señalar, con la exclusión del tradicionalismo, que los masones ocupan todo el espectro político existente, desde el conservadurismo al socialismo, pasando también por aquellos partidos regionalistas existentes en muchos lugares de España. Respecto al primer catálogo, el mayor número de masones no estaría ya dentro de los planteamientos liberales, y siendo totalmente correcto aludir a una fuerte interiorización republicana de la masonería española como más de la mitad del total de los mismos alrededor del año 1940, el republicanismo en sus distintas tendencias, producto de la crisis del régimen político.

Como se ha comprobado, hay un pluralismo político de los masones españoles en el periodo de entre siglos. Es conveniente señalar tres importantes consideraciones: cómo la masonería española agrupaba a un conjunto de personalidades con múltiples ideas políticas, dando sentido a la histórica prohibición de abordar los asuntos políticos del país; sería muy difícil, a la luz de los datos señalados, verlos llegar a acuerdos sobre el asunto. Juan de la Cierva, en sus memorias, apenas hace mención a la masonería. En ellas, lejos de certificar su pertenencia a la institución masónica, la vilipendia como si fuera un instrumento para atacar España y en especial a su persona, después de decretar, siendo ministro de Gobernación, la ejecución del anarquista Francisco Ferrer Guardia en 1909[281].

El número de diputados socialistas en el Palacio de las Cortes que se iniciaron en la masonería hasta la dictadura de Miguel Primo de Rivera fue muy bajo, pues contándose desde el reinado de Alfonso XIII, solo dos se iniciaron. El rechazo de los líderes históricos del PSOE hacia ella fue siempre bastante notable, al pensar que los planteamientos de la institución no servían para mejorar la realidad social de la población. Por ejemplo, en el caso de Indalecio Prieto Tuero, cuando fue requerido por el doctor Luis Simarro para entrar en la corporación en 1918, además de no ver con buenos ojos el régimen de secreto existente en los templos, hubo de rechazar la invitación por tener bastante ya con sus deberes de diputado.

Hace falta aludir a la política nacional como si se tratara de un partido político. Por otro lado, en el momento de intervenir ante el Parlamento, como persona sobre la cual reside una parte de la soberanía nacional, el diputado masón defendía los postulados emanados de su formación política y no de la masonería; no cabe pensar en la alianza de todos los masones elegidos para representar a la soberanía nacional en el Congreso para defender el interés general de la corporación masónica. A continuación, la España de la Restauración no deja pie a la existencia de una conspiración o complot judeomasónico para derribar los cimientos de un sistema bien levantado por Antonio Cánovas del Castillo, pues la actividad de la masonería nunca estuvo vinculada para conseguir, por activa o por pasiva, el poder público.

A pesar de todo, la crisis del régimen político en España, unida a la destrucción de la democracia en la Europa de entre guerras, hará de la masonería un enemigo principal al defender planteamientos plenamente relacionados con la libertad o la fe en el progreso. Por otro lado, la llegada al poder de algunas ideologías como el comunismo en Rusia o el fascismo en Italia fueron claves para proceder a la prohibición de 98 asociaciones, ya que la razón de existir era plenamente, de la monarquía y del sistema de partidos desembocará en una dictadura, cuyo fracaso va a abrir las puertas de la II República.

El apoyo de los masones a la misma les iba a costar, además de su existencia, una pesada losa que cargará en sus espaldas en forma de rechazo, odio y miedo casi existente hasta nuestros días. Sería precisamente eso, la insistencia de los masones en negar su participación en la política, el instrumento utilizado a partir de 1940 para desmentirles, difamarlos, vilipendiarlos o incluso perseguirlos. En suma, el final de la Guerra Civil coincidía con la plena consolidación de un mito, el de la masonería, pero cuyo origen, como vamos a ver, está algunos años más atrás, en las décadas finales del siglo XIX. El 1 de noviembre de 1936 se pronunció en la ciudad de Burgos (epicentro del gobierno sublevado o nacional contra la II República) una conferencia pronunciada por el sacerdote católico Joan Tusquets, considerado por los historiadores como el principal propagandista del Régimen y tío carnal de la escritora Esther Tusquets[282].

En España, el desprestigio antijudeomasónico español de todos los tiempos porque la temática abordada, en aquel seminario, publicado más tarde a modo de libelo con el título *La masonería, crimen de lesa patria*, presentaba a la corporación masónica como el símbolo principal de la religión laica, dispuesta a minar en toda su esencia el predominio de la confesión católica, pues no hacía sino servir a los planes del imperialismo inglés, lugar donde precisamente había nacido la masonería especulativa en el siglo XVIII.

Tusquets, prolífico catalanista y revolucionario en su juventud, cambió su forma de ver a las izquierdas y a las asociaciones secretas, entre ellas la masonería, después de ordenarse sacerdote en 1926. Fruto de esa aversión, y entendiendo el contexto de guerra que se desarrollaba en la España de los meses finales del año 1936, florecía así uno de los tópicos más extendidos durante el franquismo resultante a la salida de la contienda: que la masonería, por su asociación con judíos y comunistas, no solo pretendía acabar con la religión católica, sino que también quería, desde su propia interpretación, acabar con España, aquella nación que representaba la defensa del catolicismo desde al país galo de la forma en que lo hizo el concilio de Trento, había sido, en palabras de Joan Tusquets, la principal causante de una revolución, como la francesa (1789), la que niega el verdadero patriotismo. La mitificación en la alocución está dividida en varias partes; nos interesa aquí destacar aquella que se refiere a España, titulada en la publicación posterior con el llamativo nombre de «Cinco años de la revolución masónica».

Por lo tanto, la II República, aquel régimen político que aterrizó en el país en 1931, era el resultado, según el sacerdote, de las muchas conspiraciones llevadas a cabo por los masones en los años de la Restauración y la dictadura de Miguel Primo de Rivera, pues estos, con sus actividades clandestinas, lo único que pretendían era, sin pruebas documentales, «apoderarse de los resortes universales del poder», algo conseguido con la caída de la monarquía.

Los masones fueron responsables del auge del republicanismo en el inicio de la década de los años treinta; también tenían la culpa de todos los males acaecidos en el periodo, como el Estatuto de Cataluña, los sucesos revolucionarios de Asturias en 1934, o la reciente muerte del líder de casi nula actividad masónica del presidente. Tusquets no deja de alertar a sus lectores de la posibilidad de que este tenga altos cargos en la masonería mundial con los cuales socavar la palabra y formar parte de la anti-España. La reiterada defensa que hacen los masones contra tales acusaciones se tratará en las siguientes páginas. De hecho, en el siguiente capítulo se analizará si Francisco Franco Bahamonde tuvo o no problemas con la masonería. En fin, todo eso y mucho más lo averiguaremos en las siguientes líneas.

¿POR QUÉ FRANCO TUVO PROBLEMAS CON LA MASONERÍA?

La historia de la masonería española, con la sublevación militar del 18 de julio de 1936, entra en una época de persecución junto a una sistemática destrucción, pues se piensa, desde hace tiempo, que «los masones son demonios que tienen cuernos y huelen a azufre»[283]. Tras esto, el primer decreto contra la masonería data del 15 de septiembre de 1936, siendo sancionado y ratificado en Santa Cruz de Tenerife por el comandante en jefe de las islas Canarias, el general Francisco Franco Bahamonde, con quien, con su mandato, queda declarado que la masonería se encuentra al margen de la ley y, por lo tanto, hay que requisar y confiscar todos sus bienes[284].

Una vez concluida la Guerra Civil, la primera ley dictada contra los masones data del 9 de febrero de 1939, como la promulgación y sanción de la ley de responsabilidades políticas. Un año más tarde, el 1 de marzo de 1940, se sancionaba la ley para la represión de la masonería, el comunismo y demás sociedades clandestinas.

En la misma fecha se constituía el Tribunal para la Represión de la Masonería y el Comunismo[285], que estaría en vigor hasta la creación del Tribunal de Orden Público (TOP) en 1963. En la legislación franquista se establecieron penas de 20 a 30 años de prisión para los grados superiores, y de 12 a 20 para los cooperadores. La depuración llegó a tal extremo que imposibilitaba incluso para formar parte de cualquier tribunal de honor a quienes tuvieran algún familiar en segundo grado por consanguinidad o afinidad que hubiese sido masón. De hecho, la cruzada antimasónica fue una de las obsesiones más profundas y persistentes de Franco y de sus más íntimos colaboradores. El resultado fue prácticamente la desaparición de la masonería en España.

La única excepción dentro de la legislación antimasónica española es la referente a las bases militares americanas establecidas en territorio español, en las que dentro de los acuerdos bilaterales entre España y EE. UU. se autorizó el establecimiento de logias masónicas dedicadas exclusivamente al personal militar o civil americano, al igual que las existentes en las bases de la OTAN. Sobre la rapidez del castigo algunos datos, conservados en el archivo de la masonería de Salamanca correspondientes a 1936, son clarividentes.

Los masones de la logia Helmántica de Salamanca fueron fusilados, alrededor de una treintena, entre ellos un pastor de la Iglesia evangélica. En la logia Constancia de Zaragoza fueron asesinados 30 masones, destacando la muerte de un pastor de la Iglesia protestante. En el Triángulo Zurbano de Logroño fusilaron a 15 masones, mientras que de la corporación iniciática Triángulo Libertador de Burgos fusilaron a 7 masones, y el mismo número de ejecutados que fueron iniciados en la corporación oscense Joaquín Costa. De la logia Hijos de la Viuda de Ceuta mataron a 17 masones, mientras que los fusilados de la logia Trafalgar de Algeciras fueron 24. En el caso de los masones fusilados de la logia Resurrección de La Línea de la Concepción (Cádiz), se han contabilizado 9 miembros, mientras que los ejecutados de la logia Fiat Lux de la misma villa fueron 3[286]. Todos los masones de La Coruña, entre ellos el jefe de seguridad, el comandante del ejército Martín Castillo Quesada, y el capitán Gonzalo Tejero, fueron asesinados.

Todos los masones de la logia Lucus de Lugo fueron fusilados. Todos los masones de Zamora; todos los de las logias de Cádiz que no pudieron escapar; todos los de las logias de Granada, hasta un total de 54 masones, fueron fusilados. Igualmente fueron fusilados todos los masones de varias logias de Sevilla, entre ellos don Fermín Zayas, ilustre militar, miembro del supremo consejo. En Valladolid, los nacionales fusilaron a 30 de la logia Constancia, entre ellos al gobernador civil, que era masón.

Seguidamente en este capítulo, principalmente para comprender las actitudes y respuestas del dictador Francisco Franco Bahamonde ante la sociedad de su tiempo, o incluso su animadversión hacia la masonería, es fundamental preguntarse: ¿la masonería durante la II República estaba asociada a un movimiento laicista? En principio, la respuesta es negativa, porque los sectores republicanos, *stricto sensu*, no eran masones. Otra cosa es que existieran miembros del ejecutivo que fueran masones, pero no era lo habitual.

Entonces, ¿por qué existió tal dureza contra los iniciados en las corporaciones masónicas durante la Guerra Civil? El 1 de marzo de 1939, la masonería española emitía un comunicado que notificaba a todos los masones: «Sabed: que en el día de la fecha y en atención a las causas que justifican el estado presente de la España liberal, perseguida por el triunfo de las fuerzas enemigas, la masonería española se ve obligada a abandonar su país, y espera que todos prestéis la ayuda moral y material a vuestros hermanos que, en el exilio forzoso, no dudan recibir de vosotros»[287]. Así pues, acabada la contienda civil, entre los muchos refugiados huidos a Francia había un importante contingente de masones. Se estiman en unos 1.200, que con sus familias sumaban unas 3.500 personas. Lucio Martínez Gil, gran maestro del Gran Oriente Español, cruzó la frontera y llegó a Francia en febrero de 1939, momento en el que se convirtió en la voz de la obediencia iniciática española en el exilio. Junto con otros masones, instalaron una especie de oficina en París para atender a los refugiados. Pese a ello, el Gran Oriente Español no siguió las recomendaciones de la AMI (Asociación Masónica Internacional), que pedía cesar toda actividad propiamente masónica dado que se encontraban en territorio extranjero.

Lo hizo la Gran Logia de España. Posteriormente, de acuerdo con lo decidido por la AMI, y en acuerdo con las obediencias españolas, estas corporaciones masónicas organizaron en París una comisión interobediencial para coordinar las ayudas a los desplazados. Justo en ese instante se desconoce la respuesta del dictador que esté enmarcada en la asociación de la masonería con la religión judía, lo que conllevó, tras el final de la contienda, a la promulgación y sanción de la ley de la represión de la masonería y el comunismo el 1 de marzo de 1940. Pese a esto, no debió de ser determinante, ya que uno de los hermanos de Francisco Franco Bahamonde, concretamente Ramón Franco Bahamonde, fue iniciado en 1929 en la logia Plus Ultra n.º 452 de París pero, tras asentarse en España, fue iniciado en la logia Lixus n.º 446, en el mes de junio de 1931.

En el momento en que se desarrolla el fenómeno de la contienda civil española, Franco no era ajeno a las instituciones y corporaciones masónicas, como bien indican los legajos del archivo de la Gran Logia Española. Asimismo, otro de los problemas que tuvo Francisco Franco con la masonería está imbricado en algunos valores como la inviolabilidad del derecho, el derecho a la vida y a la seguridad en lo que concierne al pensamiento, la escuela única, garantizar el trabajo, que estaba controlado por el Estado, la libertad de reunión, la libertad de asociación o manifestación, el sufragio universal, la existencia del matrimonio civil, la ley del divorcio, la separación Iglesia-Estado, la abolición de la pena de muerte con la reeducación del individuo o incluso la estructura del Estado federal.

Todos estos valores fueron contrarios a lo que efectuó Francisco Franco Bahamonde durante su tiempo en la jefatura del Estado y por esa razón tuvo ciertos problemas con la masonería politizada de esos momentos republicanos. De hecho, estos valores fueron incentivados desde las logias masónicas, como por ejemplo con el periodista Rossend de Arús i Arderiu o el político Josep Vallés Ribot.

En el Parlamento de Cataluña, de los 83 diputados durante el periodo republicano se conoce la existencia de unos 17 masones iniciados; 14 de ellos estaban inscritos en el partido de Esquerra Republicana de Cataluña, como Josep Andreu, Enric Canturri, Joan Casanovas, Lluis Compayns, J. Dencás, F. Farreras y otros más.

Otro de los problemas que tuvo Francisco Franco Bahamonde con la masonería fue el arquetipo del binomio comunista-masón. Es decir, para Francisco Franco Bahamonde, ser masón era lo mismo que pertenecer al Partido Comunista. Esto lo comprobamos con el legajo que alude a Rafael Vidiella[288], que apunta que el citado masón fue iniciado en la logia Karl Marx n.º 92 (una corporación iniciática que dependía de la Gran Logia de Cataluña, en la que se trabajaba, de manera indiscriminada, un conjunto de ritos y costumbres de influencia francesa).

Pese a ello, existe un gran desconocimiento por parte de Francisco Franco Bahamonde a la hora de asociar, sin pruebas documentales, la masonería con el comunismo. Algunos de los estudios apuntan, antes de llegada del dictador al poder de la jefatura del Estado, que aunaría ambos conceptos y provocaría un mal pronóstico en el caso que se consolidara una masonería con un conjunto de valores filosóficos y humanísticos marxistas, como se coteja en los escritos del profesor Joaquín Maurín, que fue iniciado en la logia Adelante n.º 8 hasta 1919.

En el III Congreso Internacional Comunista, liderado por León Trotski, se prohibió la pertenencia a alguna de las corporaciones masónicas a cualquier comunista. Esto se promovió e incentivó porque, según los dirigentes del Partido Comunista en la URSS, las logias masónicas solían estar compuestas por un conjunto de miembros pertenecientes a la aristocracia o incluso a la clase burguesa, elementos denostados por el Partido Comunista, y porque la masonería aludía a los conceptos de la fuerza social, el secreto de las reuniones, la discreción de los miembros, etc., valores contrarios a lo dictaminado por el partido.

Parece complicado asociar, pese a la mitología que ha quedado asentada durante la dictadura franquista, que el comunismo estuviera conectado con los valores de la masonería. Por otro lado, a tenor de los valores de la masonería es fundamental apuntar que las corporaciones promueven algunos de los principios como que abomina la fuerza, trabaja para que la justicia sea la reguladora de corte pacífico, el desarrollo evolutivo del ser humano, fiel a sus tradiciones relacionadas con la paz, así como la orientadora del mundo profano.

La masonería iniciaría una desconexión radical con la Rusia soviética, así como una fuerte desafección con los sectores de la UGT, cuyas bases intentaron tener malas actuaciones contra la masonería, como se sostiene en los estatutos de la Logia Simbólica del Mediodía. Asimismo, otro de los graves problemas que tuvo Francisco Franco Bahamonde fue que la masonería no estaba imbricada con el laicismo fundamentalista; pues aunque sus miembros formasen parte como cargos dentro de las instituciones monárquicas o republicanas, la masonería jamás estuvo controlada por los extremistas de la clase media-acomodada, que fueron principalmente los funcionarios o los pequeños rentistas. Entonces, esto podría desmentir otro de los mitos empleados por Francisco Franco Bahamonde durante su jefatura del Estado sobre la actuación de la masonería republicana. Asimismo, Franco tuvo que lidiar con otro problema, a mi entender el más grave, que fue el de la presencia de numerosos masones en su Gobierno, como Vicente Guarner, Guillermo Cabanellas, Gonzalo Queipo de Llano, así como algunos de los militares del Régimen como José Ungría Jiménez, el ministro del Ejército y general Antonio Barroso Sánchez-Guerra o el capitán general de Cataluña, Juan Bautista-Sánchez[289]. De hecho, algunos de los ministros también pertenecieron a la masonería, como en el caso de Pedro Sainz Rodríguez, o incluso figuras relevantes de la alta cúpula franquista, como el fotógrafo José Demaría Vázquez, alias Campúa, el duque de Alba, el infante Alfonso de Orleáns o incluso el empresario y político Juan March. Es decir, que un vasto crisol de una serie de sectores sociales estuvo a las órdenes del general Francisco Franco Bahamonde mientras atendían, al mismo tiempo, a los principios de la libertad, la igualdad y la fraternidad, como sabemos gracias a la documentación de la época, como algunos expedientes[290].

A pesar de ello, otro de los incidentes que tuvo Francisco Franco Bahamonde con la masonería fue el siguiente: se presupone que durante el gobierno del dictador, existía una fuerte neuropatología con el contubernio judeomasónico. Ahora veremos si esto es real o más bien fruto de su imaginación. Una vez ganada la contienda, Francisco Franco Bahamonde legisló en contra de la masonería y, por ende, en contra del comunismo, asociando ambos elementos cuando ya se ha comprobado que son totalmente distintos.

El primer decreto se emite y sanciona el 15 de septiembre de 1936 en el templo masónico de Santa Cruz de Tenerife, que fue el único edificio que quedó en pie y fue reutilizado por el partido de Falange durante los primeros años de la dictadura; reconvertido, poco después, en un edificio de corte institucional[291].

El 21 de diciembre de 1938 se legisla, en el seno del Consejo de Ministros, el decreto que alude a la destrucción de los símbolos y las inscripciones porque, según el Régimen, ofendían a la Iglesia católica, cuando más de 5.000 masones fueron jesuitas, es decir, que algunos masones habían estado inmersos en el seno de la institución religiosa. Unos meses después, en febrero de 1939, se promulga y sanciona la ley de responsabilidades políticas, cuya legislación atacaba, sin ningún reparo, a las logias.

Continuando con el periplo legislativo antimasónico, el 1 de marzo de 1940 Francisco Franco Bahamonde pone en marcha e impulsa la ley del comunismo y la masonería, ya que están consideradas por su Gobierno, pero sin fuentes contrastadas, estructuras clandestinas que atacaban a la religión católica. Poco después, el 20 de abril del citado año, se legisla para controlar a los sectores del consejo superior del ejército español, cuando ya se ha comprobado con nombres y apellidos que muchos de los dirigentes militares del régimen franquista eran miembros de las logias masónicas. Unos días después, el 26 de abril, lo que se circunscribe en el ámbito legislativo es una causa general contra los actos delictivos de las altas capas del ejército. Casi dos meses después, el 14 de junio de 1940, se sancionó una ley que aludía a un conjunto de retractaciones a los militares de la Marina. De hecho, permitió que muchos militares de este departamento castrense renegasen de las prácticas y actividades masónicas.

Poco después, el 1 de junio de 1941, se legisla por la depuración de los cargos masónicos- comunistas, como se explica en los artículos publicados por algunas revistas especializadas[292]. Respecto al férreo control de la masonería y de las asociaciones clandestinas, es fundamental perseguir el rastro del dinero, así como los costes económicos que causaron el ingreso o incluso formar parte de la membresía masónica.

El delito de crimen de rebelión en el ámbito de la pertenencia a la masonería tenía una sanción administrativa de cinco mil pesetas de la época. Asimismo, se aumentan las cantidades, unas diez mil pesetas de la época, a aquellos masones que tenían, entre sus objetos, distintos emblemas o una incesante correspondencia epistolar, que servía para comunicarse entre los miembros de la corporación masónica.

Hay que comentar que dichos objetos y misivas eran quemados para evitar dejar rastro. Por último, los inmuebles fueron requisados para su reutilización, como en el caso del templo de Santa Cruz de Tenerife, como se ha comentado previamente, o incluso fueron destruidos por el nuevo régimen, ya que las logias, a tenor de lo esgrimido por el dictador, Francisco Franco Bahamonde, eran perniciosas, por lo que la admisión de sus miembros fue perseguida sin piedad, siendo tratada, la masonería, como uno de los males de España.

Por otro lado, el movimiento nacional, es decir, el mecanismo instrumental y de corte fascista que sirvió como cauce para la participación de la vida pública en los años de la dictadura, ahonda en el control y la persecución de la masonería, como se coteja en los siguientes artículos del ordenamiento jurídico.

El primero alude al castigo de pertenencia a la masonería o incluso a las asociaciones clandestinas. El artículo 2 menciona la disolución de las logias masónicas, amparado, como se puede comprobar, en la ley de responsabilidades políticas. El artículo 3 menciona el castigo de la masonería por ser contraria a la religión, a la patria y a las instituciones, cuando se ha comprobado que formaban parte de todas estas los masones que habían sido iniciados en las logias sin ser expulsados. El siguiente artículo alude a aquellos masones que fueron iniciados sin ser expulsados. El artículo 6 menciona los delitos leves o incluso se tipifican, de manera severa, los delitos de los grados 18 al 33 con el agravante a aquellos jefes como los venerables maestros y altos cargos de los cuadros de organizaciones jerárquicas tanto nacionales como extranjeras, mientras que el artículo 7 tipifica la retractación de dos meses.

El siguiente artículo alude a la separación de los cargos políticos a aquellas personas iniciadas en las logias masónicas. El artículo 9 menciona la tipificación de los delitos a aquellos masones que tuvieran documentación falsa. El siguiente artículo tiene prácticas judiciales absolutorias si se pasan al Movimiento, mientras que los dos siguientes artículos hacen mención a la absolución de los militares y generales que pudieran ser masones y renegaban de su condición de masón. Además, se constata que algunos de los masones militares, concretamente ocho, fueron procesados por el código militar, y posteriormente paseados (fusilados). Aparte de los militares, algunos de los procesados y ejecutados fueron de otras clases, como ocurre con los médicos, como el doctor Santiago Vivancos, iniciado en la logia Themis n.º 13, como se conoce por algunas causas procesales[293], condenado a doce años, u otro médico, Antonio Santos, que fue iniciado en la logia Pitágoras.

Hay que mencionar a Roberto Maruny, que fue un inspector de aduanas, siendo iniciado en la logia Pitágoras, o también, en la misma logia, el yerno de Gonzalo Queipo de Llano, Calixto García Martín. Entre otras ocupaciones fuera del ámbito castrense, existen otras profesiones, como el profesor del colegio de los jesuitas Enrique Álvarez, el gerente de la Fábrica de Tejidos de Málaga Cristóbal Benítez, o incluso el procurador en Cortes (hoy en día se corresponde con el cargo de diputado) Enrique Gómez Rodríguez. Asimismo, también en estos momentos se incentiva la cruzada antimasónica (la cual elimina, en cierta manera, a los militares), aunque el mismo Francisco Franco Bahamonde quiso ingresar y ser iniciado, en 1932, en la logia Lukus de Larache, cuando todavía era general en la II República.

Como apunta en sus memorias el teniente coronel Domingo Moriones Larraga, los motivos alegados para no admitirle en la masonería fueron varios, aunque el principal de ellos se relacionaba con la aceptación por Francisco Franco Bahamonde del ascenso a teniente coronel, cuando se había comprometido, al igual que el resto de la guarnición de Marruecos, a no aceptar ascensos por méritos de guerra. Ese mismo año volvería a intentarlo en Madrid en la logia Plus Ultra, a la que fue iniciado y pertenecía su hermano Ramón Franco Bahamonde[294], que además de masón estaba afiliado al partido nacionalista catalán Esquerra Republicana de Cataluña[295].

Al parecer, hasta su propio hermano se negó en las votaciones a que Francisco Franco Bahamonde ingresara en la logia, pues no era considerado un hombre recto y de buenas costumbres. A partir de ese instante, Francisco Franco Bahamonde actuaría de manera vengativa, requisando todas las logias y fusilando a un elevado número de masones. Incluso el dictador llegaría a escribir y publicar en el diario *ABC*, desde el 14 de diciembre de 1946 hasta el 3 de mayo de 1951, un total de 49 artículos antimasónicos bajo el seudónimo de Jakim Boor, que aludía a una mofa que hace referencia a las columnas del templo de Salomón. Tras esto, se fusila a un gran número de masones, alrededor de 8.000, y se redactan unos 80.000 expedientes incoados, como apuntan las fuentes documentales[296].

Previamente hay que señalar que el 1 de marzo de 1940, Francisco Franco Bahamonde dictó la ley para la represión de la masonería, el comunismo y demás «sociedades secretas», creando en la misma fecha el Tribunal para la Represión de la Masonería y el Comunismo, en vigor hasta la creación del TOP (Tribunal de Orden Público) en 1963.

El aparato de represión franquista contra la masonería inició desde el primer momento una requisa sistemática de todos los archivos, bibliotecas y editoriales pertenecientes a las diversas obediencias y logias masónicas.

El 1 de octubre de 1975, dos meses antes de su muerte, Francisco Franco Bahamonde cargaba contra la masonería en un discurso público en la plaza de Oriente de Madrid. En 1976, ya durante la Transición española, Rodolfo Martín Villa, ministro del Interior, daba un telefonazo al presidente del Gobierno Adolfo Suárez González para decirle que tenía a un par de masones (confundiéndolos con comunistas). El ministro se cuestiona: ¿qué debo hacer con ellos? Entonces, la respuesta de Adolfo Suárez González fue que se legalizaran en el menor tiempo posible. Tras esto, desde ese día la masonería sería reconocida en España.

La Iglesia católica nunca ha tolerado la masonería y la ha perseguido y castigado dura y brutalmente. Los motivos que argumentaba la Iglesia católica para su condena a la masonería eran, fundamentalmente: el carácter secreto de la organización, el juramento que garantizaba ese carácter oculto de sus actividades y los complots perturbadores que la masonería llevaba a cabo en contra de la Iglesia y los legítimos poderes civiles.

La pena establecía directamente la excomunión, que venía acompañada de una pena especial para los sacerdotes así como para los religiosos[297]. Tras esto, se demuestra cómo, poco a poco, la organización perseguida con saña por la dictadura franquista, hasta el punto de decretar su exterminio, va reponiéndose de los espantajos que la señalaron como uno de los peores enemigos de España. De hecho, en estos momentos se construye el concepto del contubernio judeomasónico-comunista-internacional[298], como apostilló el general y dictador Francisco Franco Bahamonde, en septiembre de 1975, en su último discurso desde el balcón del Palacio Real, en la plaza de Oriente. Muerto el dictador apenas cincuenta días después, en la cama, la Transición hacia la democracia (de la ley franquista a la ley democrática) fue lenta, pero supuso pronto la legalización de todo lo que execraba el régimen totalitario, como fue el caso de los partidos políticos, los sindicatos, cientos de confesiones religiosas, los derechos de reunión o incluso la manifestación de las estructuras institucionales para la construcción de las autonomías españolas. Por otro lado, la masonería hubo de esperar hasta mayo de 1979, y ello por sentencia de la Audiencia Nacional contra una insólita resolución del ministerio del Interior denegando la inscripción en el registro de asociaciones.

Hoy en día se oyen voces contra los masones, presentados en España como una organización secreta y malvada. De hecho, en 2005 el papa emérito Benedicto XVI afirmó que la masonería era casi peor que un pecado, como también ha defendido el papa Bergoglio (Francisco): «En esta tierra a finales del siglo XIX las condiciones para el crecimiento de los jóvenes eran pésimas. Esta región estaba llena de masones, anticlericales o incluso satanistas»[299], dijo en un encuentro con jóvenes en la ciudad italiana de Turín en septiembre de 2021. Semanas más tarde, una diócesis española suspendía a uno de sus sacerdotes por pertenecer a una corporación masónica. Alguna revista católica acusaba a la organización de matanzas y crímenes de toda índole, pero la Gran Logia de España se tomó las ofensas con cierta ironía y lo publicaría, poco después, en su revista.

En otro orden de cosas, el colegio de abogados de Madrid rehabilitó la memoria de 61 de sus colegiados, que habían sido expulsados de la institución jurídica en 1939 por pertenecer a la masonería. El acuerdo intenta «cerrar heridas que jamás deberían haberse producido», como apunta un comunicado. Entre los rehabilitados está lo más granado del foro nacional en aquellos años, todos fallecidos, algunos ante el pelotón de fusilamiento, la mayoría en el exilio, sin poder regresar a España. Entre ellos destacan el jurista Luis Jiménez de Asúa, el ministro de Gobernación Miguel Maura, el presidente del Consejo de Ministros de la República en el exilio Álvaro de Albornoz, el abogado Eduardo Ortega y Gasset, el gobernador civil de Barcelona Ángel Ossorio y Gallardo, el fiscal general Ángel Galarza, el dirigente del PNV (Partido Nacionalista Vasco) Manuel de Irujo, la visitadora de instituciones penitenciarias Victoria Kent, el alcalde de Madrid Pedro Rico, el presidente de la República Manuel Azaña, el ilustre abogado Augusto Barcia, el escritor José Bergamín, el abogado José Prat[300], etc.

El Senado de España ha puesto de manifiesto los cimientos para reconocer que la masonería también debe figurar en la memoria de los varios holocaustos perpetrados por los totalitarismos del siglo pasado. Por vez primera desde que la ONU impulsó el día oficial de la Memoria del Holocausto, la Cámara Alta invitó a la Gran Logia de España a participar en el acto de conmemoración que tuvo lugar en la Cámara Alta en enero pasado. Fue el presidente de la Federación de Comunidades Judías de España, Isaac Querub, el verdadero protagonista de ese homenaje, quien reclamó que dos representantes de la Gran Logia, el gran maestro Óscar de Alfonso y el director del gran consejo rector Jesús Gutiérrez Morlote, participasen en el mismo. Y aún otro motivo de satisfacción, quizás el más deseado: pese a las gruesas palabras del papa Francisco contra los masones, el cardenal Gianfranco Ravasi, presidente del colegio pontificio para la cultura, acaba de publicar un artículo en *L'Osservatore Romano* con el título «Queridos hermanos masones», invitando al diálogo entre la masonería y la Iglesia católica.

La fobia a la masonería viene referida con el famoso contubernio, que se está derrumbando por el flanco religioso. Los masones no han parado de reivindicarse en los últimos cuarenta años, aunque con escasa fortuna. La última Conferencia Mundial de Grandes Logias Regulares, celebrada en San Francisco (California,

EE. UU.) el otoño pasado, debatió el enigma de una masonería nacional que estaba impregnada de elementos mitológicos. «Nuestro país ocupa un lugar muy destacado en la historia de las persecuciones que hemos sufrido, pero no reside ahí el enigma. Los masones que nos visitan, que presumen con naturalidad en sus países de esa condición, se dan cuenta de que la España democrática no ha hecho ningún esfuerzo para restituir la honorabilidad a la institución», afirma su máxima autoridad, con el título de gran maestro, el abogado valenciano Óscar de Alfonso Ortega: «Que tus acciones, y no tus palabras, hablen por ti»[301] es el lema este año del boletín de la Gran Logia de España.

El venerable maestro Óscar de Alfonso Ortega acudió a la cumbre de San Francisco con una responsabilidad extraordinaria. Además, el gran maestro de los masones españoles preside desde el verano pasado la Confederación Masónica Iberoamericana, una de las organizaciones regionales más importantes de la masonería mundial, con 10.400 logias de 25 países y más de 350.000 miembros.

La masonería española está compuesta por apenas 3.000 personas. Esa elección para un mandato de tres años, además de un honor, servirá para fortalecer la corporación en España y, sobre todo, a nivel internacional, como se afirmó en 1958 en el palacio del Pardo (Madrid). Dos senadores y un alto militar estadounidenses, recibidos por el generalísimo Francisco Franco, sondean al dictador sobre sus intenciones ante una más que probable visita a España del presidente de Estados Unidos, el general Dwight D. Eisenhower. Entonces, ¿cómo sería recibido, con qué garantías, o con qué intenciones? En estos momentos, Francisco Franco Bahamonde se explaya, eufórico, apostillando que hay que exterminar la subversión comunista, y de esta manera, ayudar a Estados Unidos en su combate contra la Unión Soviética, y por ello accede a la instalación de las bases americanas en Morón, Rota y Torrejón.

Por esa razón, el dictador aspira a afianzarse como reserva espiritual de Occidente, hay que acabar con la masonería, etc. De manera paralela, el militar y el aristócrata Eugene Vidal remachó: «No, no, excelentísimo señor. Yo también soy masón y aquí estaría fusilado»[302]. El relato de la entrevista lo hizo, años después, el político y gran escritor Gore Vidal, hijo del militar Eugene Vidal y nieto de otro senador de EE. UU., Thomas P. Gore. Tras esto, el dictador Francisco Franco Bahamonde se quedó exangüe pero nada le importó, ya que paseaba por las calles de Madrid con el líder de una potencia norteamericana, que finalmente llegó a España un año más tarde, el 21 de diciembre de 1959.

Esto sería el final de una lenta aceptación internacional, que se inició con el reconocimiento temprano del Estado vaticano. Para entonces, el régimen nacionalcatólico había permitido la apertura de unas pocas iglesias protestantes, con la airada protesta de los obispos de la época.

Tras esto, comenzaron a regresar a España algunas familias judías. Sin embargo, con los masones no hubo tregua, ya que fueron exterminados de raíz, o eso creía la dictadura, sin saber los masones que tenía en su cúpula. Sin que los historiadores hayamos encontrado todavía una causa razonable, quizás Franco detestaba a su padre y a su hermano Ramón Franco Bahamonde, notorios masones, y por eso fue un perseguidor implacable, criminal, de la famosa corporación masónica universal.

Pese a no haber en 1936 más de 5.000 miembros asociados a la masonería, a lo sumo 6.000, la ley para la represión de la masonería dio paso a casi 18.000 procesos, culminados en el pelotón de fusilamiento, en años de cárcel o en un exilio exterior o interior después de ser desposeídos de sus bienes.

La Transición hacia la democracia fue lenta, entre 1975 a 1982[303], principalmente en lo concerniente a la masonería. Recuperadas todas las libertades que definen a un Estado moderno y de derecho, los masones tuvieron que acudir a los tribunales para recuperar la suya. El ministerio del Interior les denegó dos veces la inscripción en el registro de asociaciones, que ganaron en mayo de 1979 mediante una severa sentencia de la Audiencia Nacional.

El ministro que avaló la decisión de marginar a los masones fue Rodolfo Martín Villa, quien fue ministro en el cargo entre julio de 1976 y abril de 1979, aunque el pleito se resolvió siendo ministro el teniente general Antonio Ibáñez Freire, condecorado con la Cruz de Hierro por sus actos de servicio de ayuda a Hitler en la División

Azul. Hubo un tiempo en que la masonería española fue numerosa y poderosa. Solo en la primera legislatura de la II República se sentaron en las Cortes 135 diputados del Gran Oriente y 16 de la Gran Logia, o sea, 151 sobre 470 parlamentarios[304].

Parece que la República fue un laboratorio masónico, porque los seis presidentes del Consejo de Ministros, entre los que destacan Manuel Azaña, Francisco Casares, Diego Martínez Barrio, Manuel Portela, Ricardo Samper y Alejandro Lerroux, fueron masones, así como veinte ministros y catorce subsecretarios de Estado. Además, 21 generales fueron masones, siendo el más destacado Miguel Cabanellas. En suma, se presupone, con las fuentes en la mano y a tenor de lo explicado anteriormente, que el dictador Francisco Franco Bahamonde tuvo un gran interés por pertenecer a la masonería, principalmente porque la gran mayoría de los generales republicanos eran masones y viendo que en ese espacio existía un gran poder. Francisco Franco Bahamonde quería controlar las logias desde dentro, y de ahí que tuviera tanto interés por ingresar y ser iniciado en alguna corporación masónica española.

Por último, la masonería en la actualidad es un epígrafe fundamental en esta historia porque, de hecho, no nos cansaremos de recordar que la masonería tiene como fin la transformación del individuo, hacerle amante de la libertad, la fraternidad y el progreso, pero al mismo tiempo admitiendo que el apolitismo no puede significar un desistimiento de los problemas del país, aunque mantiene un espíritu democrático. Pero la masonería es un conjunto de organizaciones y corporaciones de carácter iniciático, cuyo objetivo es el perfeccionamiento moral de sus miembros.

Comentar que solo pretende unir a personas libres que respetan la moral natural y que quieren conocerse y trabajar juntas a pesar de la diversidad de sus opiniones religiosas y de su afiliación a partidos más o menos opuestos. Es factible y esta es la hipótesis de partida de las logias y obediencias que trabajan en España entre 1976 y 2024, creándose una socialización concreta entre sus miembros, sin ser ajena al devenir de los acontecimientos políticos, sociales, económicos y culturales del momento. Como se observará en las próximas líneas, una característica de la masonería española apunta al elevado número de obediencias en las que se ha dividido, lo que ha jugado en su contra, pues le ha impedido llevar a la sociedad civil muchos de los planteamientos que defiende y que, en nuestra opinión, pone de manifiesto lo infundado de esa gran influencia que muchos han querido ver en la masonería y que la antimasonería ha teñido de prejuicio ideológico.

Foto 20. Ramón Franco Bahamonde junto a sus compañeros, Juan Manuel Durán González, Julio Ruiz de Alda Miqueléiz y Pablo Rada Ustárroz, en el viaje del avión *Plus Ultra* desde Palos de la Frontera hasta Buenos Aires".

Históricamente Madrid ha sido la sede de las obediencias españolas. A partir de la restauración de la democracia el foco de surgimiento de la masonería se sitúa en el Levante, especialmente en Barcelona, relegando a la ciudad de Madrid, en el ámbito masónico, a un segundo plano tras la implantación de la dictadura del general Francisco Franco Bahamonde, que ilegaliza y persigue la masonería. Durante el franquismo hay referencias a la creación de alguna logia que debió de tener una corta vida; y por supuesto la que existe en la base americana de Torrejón de Ardoz (Madrid)[305]: Arthur T. Weed n.º 59, que estaba adscrita a la Gran

Logia Nacional de Francia (GLNF), y tenía el compromiso de no iniciar a españoles cuando se sancionan, por mutuo acuerdo, las cláusulas bilaterales de 1953 entre España y Estados Unidos con el objetivo de asentar sus bases militares como elementos geoestratégicos para sus propios intereses e incluso para combatir el comunismo. Seguidamente estudiaremos dónde residieron y se establecieron los masones tras la guerra civil española.

¿MASONES EXILIADOS?

La masonería española, en el exilio desde 1939, acabó siendo reconstituida en México en 1943[306], tanto en su versión del Grande Oriente, como en el del Supremo Consejo Español del grado 33. Entre tanto, diversas logias españolas se fueron estableciendo en otros países con autorización de sus respectivas potencias masónicas. Sin embargo, acabaron siendo colocadas bajo los auspicios del Gran Oriente Español en el exilio, a imagen y semejanza del Gobierno provisional y en el exilio de la II República en Iberoamérica. De hecho, amamantada a los pechos de la Gran Logia de Francia, existía desde 1913 otra logia de lengua castellana con el nombre de Plus Ultra, en la que, precisamente en 1931, fue iniciado Ramón Franco Bahamonde a raíz de su exilio tras la sublevación del cuartel militar de Cuatro Vientos (Madrid). Otras logias en las que se hablaba castellano estuvieron abiertas a los franceses, como la Toulouse, de la ciudad homónima, que fue dependiente del Gran Oriente de Francia, y el Exilio de Montpellier, dependiente de la Gran Logia de Francia. Más específicamente españolas, pertenecientes al Gran Oriente Español fueron la Unión Hispana de París, la Fraternidad n.º 23 de Toulouse y la Unión de Marsella. Paralelamente, en el Gran Oriente del Brasil fue fundada otra logia de españoles llamada Renacer Ibérico. A la muerte del dictador se inició el regreso y la reorganización de la masonería en España. Pocos años después, en 1979, fue reconocido legalmente e inscrito en el registro de asociaciones del ministerio del Interior el Gran Oriente Español y Gran Oriente

Español Unido. Poco después, otros grupos masónicos seguirían el mismo camino, como la Gran Logia de España, la Gran Logia Simbólica Española Derechos Humanos, la Masonería Femenina o la Masonería Mixta Universal. Entre los nombres conocidos, y a título de curiosidad, se puede citar a un gran número de masones.

Foto 21: Fotografía de un ágape de la logia Firmeza y Honradez de Gómez Palacios (México) el 20 de septiembre de 1930.

En el campo de la medicina están Santiago Ramón y Cajal, premio Nobel; Luis Simarro, promotor de la psicología experimental en la universidad española. Por otro lado, en el campo de la música cabe destacar Tomás Bretón. En el mundo de la literatura están Antonio Machado, Juan Ramón Jiménez y Vicente Blasco Ibáñez.

En el campo de la pintura cabe citar a Juan Gris, mientras que el ámbito de la arquitectura se encuentra representado por Arturo Soria; Ramón Franco Bahamonde destaca en el ámbito de la aeronáutica, o Juan de la Cierva en el aspecto político; en el de la Marina, Ángel Rizo Bayona; en el del librepensamiento intelectual cabe destacar a Fernando Lozano y Odón de Buen y Cos; en el ámbito de la pedagogía a Francisco Ferrer Guardia; en el del anarquismo a Anselmo Lorenzo; en el del socialismo a Fernando Garrido o incluso Rodolfo Llopis; en el ámbito del comunismo

Andreu Nin y Daniel Anguiniano; en el escalafón castrense hay que citar a los generales Eduardo López Ochoa, Miguel Cabanellas, el aviador Miguel Núñez del Prado, Riquelme y Romerales; al presidente de la Generalitat Luis Companys, así como a presidentes del Gobierno: Juan Prim y Prats, Segismundo Moret, Manuel Ruiz Zorrilla, Práxedes Mateo Sagasta, Manuel Azaña, Alejandro Lerroux, Diego Martínez Barrio y Manuel Portela Valladares.

Por otro lado, como representantes especiales de la II República, hay que citar a su presidente y jefe del Gobierno en el exilio como en los casos de José Maldonado y Fernando Valera. Comentar que la masonería española se caracteriza por la libertad y defensa de los derechos del hombre, por su preocupación por las cuestiones sociales, por su lucha contra la pena de muerte y, sobre todo, por su oposición al fascismo, nazismo o comunismo[307], por la obsesión por la paz y su intervención directa en la configuración de la Sociedad de Naciones, por su presencia y creación de la Liga española de Derechos del Hombre; por la defensa de los sefardíes; por su inquietud ante los problemas coloniales y norteafricanos, e incluso por su defensa de la tolerancia, la fraternidad y la libertad como condición esencial de convivencia, civilización y base de la dignidad humana[308].

Foto 22. El ágape de los masones de la logia de Acacia de la Línea de la Concepción (Cádiz).

Finalmente averiguaremos cómo se desarrolla la masonería desde finales de los años 70 del siglo XX hasta nuestros días. Todo ello y mucho más se conocerá en las próximas líneas.

Foto 23. Demófilo de Buen Lozano.

LA MASONERÍA EN LA ACTUALIDAD: 1976-2024

El ministerio del Interior en 1976, en un momento inicial, deniega el permiso de inscripción del Gran Oriente Español (GOE) en el registro de asociaciones, lo que da lugar a la presentación de un recurso ante la Audiencia Nacional. Este tribunal reconoce el derecho del GOE, pero el ministerio del Interior recurre la sentencia ante el Tribunal Supremo, que se pronuncia a su favor. En enero de 1977 se elimina el Tribunal de Orden Público, conocido como el TOP, que había sido creado en diciembre de 1963 y que, a partir de ese momento, había recibido las competencias del antiguo Tribunal para la Represión de la Masonería y el Comunismo, que había sido constituido en 1940[309].

Por otra parte, en noviembre de 1977 se planteó hacer una consulta del Gobierno al Vaticano sobre la despenalización canónica de la masonería, hecho que fue desmentido por la Iglesia católica, y que se justifica por el propósito de la administración civil de cambiar la actual legislación española sobre la masonería. También existe el rumor de que la logia Unión Hispana, con sede en París, realizó su traslado, en el menor tiempo posible, a Madrid[310]. Finalmente, el 29 de junio de 1979, la masonería fue legalizada *de facto* con la inscripción en el registro nacional de asociaciones dependientes del ministerio del Interior y del GOE[311].

Los artífices de dicha inscripción son Antonio Villar Massó, abogado madrileño y figura muy controvertida, que se había iniciado el 22 de marzo de 1972 en la logia Unión Hispana n.º 1 de París, perteneciente al GOE en el exilio en Iberoamérica (GOEe).

Por otro lado, Jaime Fernández Gil de Terradillos, gran maestro interino del GOEe, y Antonio García Borrajo, abogado, gran orador y ministro de Estado del Supremo Consejo del grado 33. Los tres son expulsados del GOE por apropiarse del nombre del GOE, así como por inscribirlo en España sin su autorización.

Además, el gran maestro Jaime Fernández Gil de Terradillos reconoce la legitimidad de la monarquía española, declaración con la que no están de acuerdo el consejo federal en México, pues considera que el tema de la monarquía debería ser objeto de un referéndum. Sin embargo, ninguno de los expulsados acepta la decisión[312].

En lugar de Jaime Jiménez Gil de Terradillos, fue nombrado gran maestro del GOEe y fundador de la logia La Amistad Francisco Espinar Lafuente, que se ve obligado a legalizar en España el GOE con el nombre de Grande Oriente Español Unido (GOEU) el 20 de octubre de 1979. Poco después, el GOEU acaba integrándose en la GLE en 1983 y Rafael Vilaplana cuatro años más tarde, en 1987. En este año lo refunda para unirse, años más tarde, en 2008, a la Gran Logia Simbólica Española (GLSE).

Antonio Villar Massó es depuesto por el consejo federal del GOE en 1988, siendo sustituido por el exparlamentario de Castilla y León José Alonso Rodríguez, que tuvo que hacer frente al estado de bancarrota en el que se encontraba, en esos momentos, la obediencia masónica. Poco después, Miguel Ángel de Foruria y Franco obtiene una carta-patente del GOE en 1994, y tras conseguirla expulsa a Alonso Rodríguez. En ese preciso instante, el GOE se queda sin logias ni miembros inscritos.

Tras esto se hace una remodelación y a los pocos años, el 31 de marzo de 2001, Miguel Ángel Foruria hace efectiva la entrega de la carta-patente del GOE al gran maestro de la Gran Logia Española (GLE) Tomás Sarobe, a cambio de recuperar el patrimonio incautado a la masonería durante la Guerra Civil y la dictadura franquista[313]. Conforme a este acuerdo, la GLE se convierte en la abanderada y en la heredera de la tradición masónica española, aunque este hecho no es aceptado por otras obediencias españolas, que consideran que el GOE y la Gran Logia Española apenas tuvieron relación con la masonería inglesa, dado que siempre estuvieron relacionadas con la masonería francesa, representada por el Gran Oriente de Francia, de la que se ha sentido heredera[314]. Entonces, existen dos grandes tendencias: la inglesa, conservadora, dogmática y que se autodenomina regular, puesto que defiende que para entrar en la masonería hay que ser hombre, creer en una divinidad o ser supremo y, sobre todo, comprender la inmortalidad del alma; y la francesa, que es liberal e irregular, ya que acepta la iniciación de la mujer y la existencia de algunas concepciones filosóficas como el dominio exclusivo de la apreciación individual de sus miembros, rechazando, por ende, el dogmatismo, como indica el artículo 1 de la Gran Logia de Francia. De hecho, hoy en día forman el espacio masónico español un conjunto de logias españolas pertenecientes principalmente al Gran Oriente de Francia, a la Gran Logia Femenina de España y a la Federación Española Derecho Humano, y otras como el Gran Oriente Ibérico o la Gran Logia General de España. Además de estas obediencias, existen otras de menor entidad pero que mantienen los mismos principios y valores. Paralelamente, Luis Salat i Gusils y Miguel Cabra estudian, en Barcelona, la constitución de una obediencia española que estuviera reconocida por la Gran Logia Unida de Inglaterra, pese a su adhesión a las corporaciones masónicas francesas.

Tras los primeros contactos con la Gran Logia Nacional de Francia, es posible que se integren en el seno y bajo los auspicios de una logia de Perpiñán. Entonces, en el momento en el que existe un número relevante de masones españoles, se configuran dos logias; una en la localidad de Perpiñán y otra clandestina, en Barcelona, el 14 de mayo de 1977, con el nombre de San Juan de Catalunya n.º 208, bajo los auspicios y la patente de la Gran Logia Provincial de Occitania (GLPO).

La primera logia configurada en Madrid fue la logia Concordia n.º 257 en 1980, pero fue considerada como la cuarta logia española. Por otro lado, el 16 de junio de 1980 las logias citadas forman una obediencia más grande denominada la Gran Logia de Distrito de España (GLDE), la cual es legalizada, por el ministerio del Interior, el 18 de octubre de 1980. En ella, el primer gran maestro sería Luis Salat, quien solicita el 17 de junio de 1982 al gran maestro de la GLNF la constitución de la GLE, acto que se lleva a cabo el 2 de julio de 1982.

Las diez logias españolas de la GLNF pasan a formar la GLE, que se erige el 6 de noviembre de 1982 en Madrid. Tras su configuración, la primera gran «tenida» anual tiene lugar el 19 de marzo de 1983. El 16 de septiembre de 1987 es reconocida por la Gran Logia Unida de Inglaterra. La GLE se organiza en otras logias provinciales, aunque durante su historia, la GLE ha tenido los siguientes grandes maestros: Luis Salat Gusils (1982-1994), Tomás Sarobe Piñeiro (1996-2002), Josép Corominas Busqueta (2002-2006), Josep Carretero i Domenech (2006-2010), Óscar de Alfonso Ortega (2010-2022) y, en última instancia, Txema Oleaga, que ha tomado el control de la dirección desde marzo de 2022 hasta la fecha.

La Gran Logia General de España configura su corporación masónica el 29 de abril de 2006 en un acto celebrado en el Rafael Hoteles Atocha, cadena hotelera con sede en la calle Méndez Álvaro (Madrid).

Este acto estuvo presidido por el gran maestro de la Gran Logia de Canarias, Antonio Márquez, quien promovió, con ahínco y gran esfuerzo, la citada obediencia, al alimón con los grandes maestros de la GLF y de la Gran Logia de Rumanía. La corporación masónica nace de la unión de siete logias que la Gran Logia de Canarias y la Gran Logia de Francia tenían consolidadas en distintas ciudades peninsulares como Madrid, Barcelona, Irún, Valencia, Valladolid y Cáceres, aludiendo al ámbito masónico autonómico.

En la nueva obediencia destaca Christian Jordana, que se convierte en gran masón habiendo sido un masón formado en la logia Fraternidad de San Sebastián, aunque falleció, de manera repentina, en octubre de 2018. Otros grandes maestros fueron Adrián Mac Liman y Pablo Bahillo Redondo.

La obediencia tiene carácter deísta pero no teísta, por tanto, para ser admitido es necesario ser creyente pero no necesariamente en un dios revelado de las religiones consagradas en el mundo. De inspiración ritual masculina, trabajan en el rito escocés antiguo y aceptado. Huelga aclarar que, en 2008, ingresa en las Grandes Logias Unidas de Europa (GLUDE) una relevante confederación de obediencias masónicas europeas (mayoritariamente del rito escocés antiguo y aceptado) y presidida por George Bousquet, el exgran maestro de la GLF.

Años más tarde, el 26 de octubre de 2013, se celebra en Madrid una reunión internacional que fue organizada por la Gran Logia Confederal de España, que se acabará convirtiendo, *stricto sensu*, en la Confederación Internacional de Grandes Logias Unidas. Esta corporación agrupa a unas cincuenta obediencias del mundo que trabajan principalmente en el rito escocés antiguo y aceptado. Está presidida actualmente por Alain Graesel, un exgran maestro de la Gran Logia de Francia[315]. Poco después, en el año 2016, la Gran Logia Confederada de España cambia su nombre por el de Gran Logia General de España, permaneciendo en tal institución, con este nuevo nombre, como miembro fundador y de pleno derecho y gran maestro Pablo Bahillo Redondo. Actualmente el gran maestro es Juan Antonio Sheppard Regules.

Los maestros masones de la Gran Logia General de España suelen trabajar simbólicamente en los grados filosóficos relacionados con el rito escocés antiguo y aceptado, el Supremo Consejo de España, filosófico del grado 33 (institución más relevante del rito escocés antiguo y aceptado). Huelga aclarar que este supremo consejo fue ascendido en el año 2002 en Tenerife, siendo su primer gran comendador el citado maestro de la Logia General de España Pablo Bahillo Redondo.

La ceremonia de iniciación fue presidida por Hubert Greven, soberano gran comendador del Supremo Consejo de Francia, que tuvo que viajar a la isla de Tenerife con los grandes oficiales del Supremo Consejo de Francia para ser levantado de manera efectiva. Actualmente el Supremo Consejo de España está presidido por Antonio Márquez. Por otro lado, en el Supremo Consejo de España se hace necesario aclarar que solo pueden trabajar en los grados filosóficos los maestros masones de la Gran Logia de Canarias, la Gran Logia Ibérica unida y la Gran Logia General de España.

Por otro lado, el espacio masónico español es una asociación masónica que agrupa a obediencias que trabajan en España, y que tiene como finalidad fortalecer las relaciones entre las obediencias sin dogmas. Las actuaciones o posicionamientos en la vida pública no son vinculantes para la obediencia que esté en desacuerdo, pero el 9 de mayo de 2009 se celebró el acto de la firma de la constitución, que tuvo lugar en el aula magna de la Facultad de Economía de la Universidad de Barcelona, en el marco de una jornada académica y masónica que tenía por título «Inmigración: Laicidad como factor de integración». En otro orden de cosas, las obediencias firmantes son el Gran Oriente de Francia (GOdF), la Gran Logia Simbólica Española (GLSE) y la Gran Logia Femenina de España (GLFE), a la que se adhiere la corporación masónica el Derecho Humano (DH).

La masonería francesa siempre ha apoyado la formación de logias en España y el reconocimiento y la formación de los masones y las masonas como primer paso a la creación de obediencias de carácter nacional. Trae a España un modelo que aúna la corporación masónica tradicional, de carácter no dogmático, con una organización moderna, comprometida con la ciudadanía, y que tiene espíritu de hacer llegar sus valores a la calle. Por otro lado, todas las logias españolas del GOdF son miembros de la región 17 con sede en Toulouse, junto a las logias del sur de Francia, por lo que están totalmente integradas en la estructura de su obediencia francesa y no tienen espíritu de formar una obediencia de carácter nacional. Actualmente y desde 2011 existe un comité de venerables maestros de todas las logias españolas del GOdF, que tiene como fin conocer, aunar y coordinar las actividades que realizan las distintas logias. El 10 de abril de 1981 fue legalizada en Barcelona la Federación Española de Derecho Humano, que se integra dentro de la Corporación Masónica Mixta e Internacional previamente citada, que es una obediencia de carácter mixto, liberal y adogmática[316]. Por otro lado, la Gran Logia Simbólica Española (GLSE)[317] se registra oficialmente el 27 de octubre de 1980, siendo el gran maestre Rafael Vilaplana.

Por otro lado, la citada obediencia masónica surge a partir de la logia barcelonesa Minerva-Lealtad, que se había separado del GOE de Antonio Villar Massó, uniéndose al GOEU el 21 de abril de 1979 y convirtiéndose el 15 de mayo de 1980 en la logia madre de la GLSE.

Esta obediencia se declara respetuosa con las diferencias y especificaciones individuales, rechaza cualquier tipo de dogmatismo, considera que la laicidad es el mejor garante para que el ser humano exprese libremente sus creencias, lucha por la defensa de los derechos humanos, la moral cívica y la ética. De hecho, su constitución establece la organización federativa por distritos. En 1992 se configura la Gran Logia Centro-Norte y en la asamblea general de la GLSE, celebrada el 27 de junio de 1992, se admite la entrada de las mujeres en la corporación, consolidándose, de una vez, que las logias pudieran ser masculinas, femeninas o incluso mixtas.

Otro de los grandes maestros, Roger Leveder (1987-1993), fue acusado de autoritarismo y, tras este episodio, provoca una fuerte escisión en el GLE, mientras que otros miembros refundan el GOEU. El siguiente gran maestro, elegido tras la muerte de Roger Leveder en 1993, es Joan García Grau, quien restablece relaciones con el GOEU y consigue fusionar ambas obediencias en el año 2000.

Otro gran maestro es Javier Otaola (1997-2000), quien no podrá realizar numerosas actividades rituales porque está poco tiempo en el ejercicio de dirección. La siguiente es una gran maestra, Ascensión Tejerina (2000-2006), que tendrá que enfrentarse a los pesos pesados de la obediencia como Joan García Grau y Álvaro Marcos Garzón. Este último abandona la GLSE y funda el Gran Oriente Ibérico (GOI). Seguidamente, Jordi Farrerons es elegido gran maestro durante los años 2006-2012, y desde esa fecha hasta 2018, la gran maestra es Nieves Bayo, que es sustituida en el cargo por Xavier Molina Figueras, por un mandato que concluyó en 2021, aunque ha revalido su condición de gran maestro, al ser elegido por tres años más, es decir, hasta 2024.

La Gran Logia Femenina de España (GLFE)[318] es el primer éxito de la reconstrucción de la masonería española, aunque fue una tarea muy compleja[319]. Su origen hay que buscarlo en la Gran Logia Femenina de Francia (GLFF), y especialmente en la logia parisina Le rose des Vents, que levanta sus columnas en 1978 con el fin de ayudar a iniciar a mujeres en países en los que no había todavía masonería femenina. En esta logia, en 1982, se inician las primeras masonas españolas, que luego pasaron a una logia en Perpiñán, hasta poder abrir la primera logia española en Barcelona, el 15 de enero de 1984, denominada Luz Primera.

Esta corporación recibe apoyo de la GLSE. Paralelamente, la segunda logia de la obediencia se constituye y tiene su apertura en Madrid el 28 de mayo de 1988, gracias a la ayuda de masonas catalanas y francesas, consolidando el nombre de El Crisol. Entre 1991 y 1993 hay varias intentonas de fundar la GLFE, sin mucho éxito debido a las discrepancias y luchas de poder entre las masonas madrileñas y las barcelonesas. Las primeras consideran que la obediencia debía tener su sede en Madrid, algo en lo que no están de acuerdo las catalanas, que tienen un mayor número de masonas. En un intento de aunar posturas, se permite la apertura en 2002 de una segunda logia en Madrid, aunque no había suficientes masonas. Pero todos los intentos fueron vanos y en septiembre de 2003, en la asamblea general de la GLFF, la representación de las logias madrileñas abandona la reunión al no ser aprobada su propuesta de dividir el territorio español en dos. Poco después, en 2004, las dos logias madrileñas cesan trabajos y algunas de sus inscritas se incorporan a la logia Luz Primera, mientras que la mayoría abandona la obediencia y se une a una obediencia mexicana, para más tarde formar una nueva obediencia denominada el Gran Oriente Femenino de España. Finalmente, el 4 de junio de 2005, en Barcelona, nace la GLFE con carta patente de la GLF. Poco antes había conseguido la cesión de la titularidad registral de la Gran Logia Femenina de España, que ostentaba Teresa Smith y Coromillas.

La primera gran maestra es Francisca (alias Paquita) Valenzuela, desde los años 2005 a 2006, a la que sigue Salvi Presmanes en los años 2006 y 2009; Ana María Lorente, durante los siguientes tres años, desde 2009 a 2012; Teresa Alabernia, desde 2012 a 2015; Patricia Planas desde 2015 a 2017 y por último, en la actualidad, Nuria Fuertes Abella, desde 2017 hasta la fecha, es la gran maestra.

Existen otras corporaciones u obediencias que aluden al trabajo ritual en España, como el Gran Oriente Ibérico (GOI)[320]. Esta obediencia se erige en el año 2000 y está liderado por Álvaro Marcos Garzón[321], hasta que pierde las elecciones a la gran maestría frente a la desconocida Ascensión Tejerina, de la GLSE. Esta obediencia, en estos momentos, tiene el mismo nombre que otra que estuvo en vigor en 1876, y del que se siente heredera, aspirando a la unificación de la masonería liberal española. En 2001 se inscribe en el registro de asociaciones del ministerio del Interior y en 2003 se produce el primer congreso constituyente del GOI, donde es nombrado gran maestro Álvaro Marcos Garzón para un periodo de tres años, con logias masculinas, femeninas o mixtas que trabajan el rito francés. Por último, en junio de 2015 el GOI firma un tratado de amistad con la GLSE, pero manteniendo su autonomía.

Por otro lado, el Gran Oriente Femenino de España nace el 8 de marzo de 2009, y se describe como una institución filantrópica, filosófica y progresista, que ensalza la fraternidad universal y proclama la existencia de un principio creador. Esta logia practica el rito escocés aceptado, y se considera continuación de la rama femenina constituida en los países latinoamericanos por la muy respetable Gran Logia Unida Femenina, alma mexicana del Gran Oriente de México D. F., y la muy respetable logia simbólica femenina Luz y Armonía, del Estado de Veracruz en México, de quien recibieron su carta patente. Sus orígenes se remontan al 28 de mayo de 1988, cuando comienza en Madrid la andadura de la logia El Crisol n.º 192, que consolida el Triángulo Ariadna, con apoyo de la GLFF; al que le sigue el 16 de febrero de 2002 el nacimiento de la logia Templanza, orientada a facilitar el acceso a las mujeres. Ambas logias abandonan la GLFF el 20 de noviembre de 2004 y crean la logia Cibeles, auspiciada por la obediencia mexicana, dependiente de la gran logia femenina Luz y Armonía del Estado de Veracruz, con el nombre de Cibeles n.º 1.

La Gran Logia Tradicional Simbólica-Ópera es otro apéndice de las logias españolas. De hecho, esta obediencia tiene una pequeña y reciente presencia en España, puesto que su principal exponente es la logia madrileña Génesis, que ha pasado en estos años por varias obediencias. Por otro lado, la logia Génesis surge de un grupo de masones procedentes de la logia madrileña La Prudente Amistad, reconstituida tras el regreso a España en 1978, y acompañada con una delegación del GOE que encabeza Jaime Fernández-Gil de Terradillos, siendo una corporación masculina y deísta.

Por otro lado, Francisco José Alonso, gran maestre registrado del GOE, les propone, en 1992, la creación de una nueva corporación, a la que titularon Génesis n.º 5, erigida el 14 de noviembre de 1992.

Años más tarde, en 2012, y de forma reglamentaria abandonan la GLF para integrarse, *ipso facto*, en la GLSE, en un deseo de participar en la vida masónica española. En los años siguientes volverá a la GLF para más tarde, y hasta la actualidad, ingresar en la obediencia francesa, así como el Gran Oriente Latinoamericano (GOLA), que nace como Gran Oriente de Chile en el exilio bajo los auspicios del GOdF (Gran Oriente de Francia) el 21 de junio de 1984, y adquiere su denominación, por decisión unánime, en la VII gran asamblea en Concepción (Chile) el 12 de agosto de 1990, con el fin de acoger, en su seno, a aquellos masones y masonas de diversas logias y ritos de Latinoamérica que viven alejados de sus países o, incluso, de sus raíces culturales. Seis años después, en la VII gran asamblea, cambia su nombre por el de Gran Oriente Latinoamericano. Otras masonerías son el Gran Priorato de Hispania y el Gran Priorato Rectificado de Hispania.

El gran maestro de la GLE Josep Coromina prohíbe a las logias que practican el rito escocés rectificado en 2002 relacionarse con el Gran Priorato de las Galias, lo que provoca que algunos de sus miembros abandonen la GLE y creen el Gran Priorato de Hispania, cuyo representante será Ramón Martí Blanco. Poco después, el 5 de julio de 2010, la logia Caballeros de la Rosa n.º 3 se aparta del Gran Priorato de Hispania, fundando, en unos meses, el Gran Priorato Rectificado de Hispania el día 16 de octubre de 2010. Existe también la Gran Logia de España que trabaja en el rito Menfis-Mizraím (GLEMM) y la corporación u orden martinista (de procedencia francesa) e iniciática en España (OMI)[322].

La Gran Logia de España de Memfis-Mizraím (GLEMM) se constituye el 25 de mayo de 2009 gracias a la entrega de una carta-patente otorgada por la Confederación Internacional Masónica (Supremo Consejo de los Ritos Confederados), que le confiere los derechos para trabajar en el rito antiguo y aceptado de Cerneau, el rito de Menfis-Mizraím, el rito escocés primitivo y el rito escocés rectificado. De hecho, esta obediencia se define a sí misma como un legado esotérico, en el que se incluyen la Iglesia gnóstica y la orden martinista iniciática de España.

Desde el 1 de marzo de 2011 tienen tratado de amistad y reconocimiento con el Gran Priorato Rectificado de Hispania (corporación masónica y caballeresca). En suma y para concluir este capítulo, la masonería española actual vive una época agitada y convulsa, generándose, por lo tanto, escisiones y multitud de obediencias masónicas. Y, por esa razón, es más correcto utilizar el término masonerías y no una única forma de socialización.

En líneas generales, existen tres tipos de masonerías: la dogmática (solo para hombres que crean en un ser supremo), la adogmática (es un tipo de masonería abierta, de una forma u otra, a la mujer y, por añadidura, a la laicidad) y, en última instancia, una tercera vía, que podríamos denominar como masonería cristiana. El histórico GOE desaparece al intentar regresar a España, por lo tanto, ninguna obediencia puede considerarse heredera de la tradición masónica histórica. Todas ellas comparten sus valores, siendo la GLE la propietaria de las siglas. Por último, decir que la masonería no ha logrado ni por número, ni por presencia en la sociedad, recobrar la importancia que tuvo en el primer tercio del siglo pasado, y mucho menos del último tercio del XIX.

En última instancia, cabe citar las piezas musicales compuestas e interpretadas en logia por músicos masones como Wolfgang Amadeus Mozart o Jean Sibelius, los poemas de Johan Wolfgang Goethe, los trabajos de Alberto Lista, los escritos de Rubén Darío, las novelas de Rudyard Kipling[323], etc. Una vez leída la plancha (trabajo o estudio sobre un tema relacionado con la masonería)[324], podía ser aplaudida, aunque en esto, cada logia tenía sus propios símbolos. En muchas de ellas no estaba bien visto aplaudir por considerarse una muestra de condescendencia que podía alabar la vanidad.

En otras, era algo muy excepcional que había que medir muy bien para no crear distinciones entre planchas celebradas (son unos estudios históricos masónicos leídos por el gran maestro) y planchas no aplaudidas (aquellos documentos que no habían sido apoyados por los miembros de la logia). En todo caso, de esta manera tan disciplinada y protocolaria, el masón aprendía a expresarse, a escuchar y a debatir respetuosamente. Razón tenía el conde Joseph de Maistre al comentar en 1782 al gran maestro de su obediencia: «Es inconcebible el influjo que las formas y el aparato de las ceremonias pueden llegar a tener hasta en los hombres más equilibrados, impresionándolos y sirviendo para mantenerlos en orden (...). Pero, por no hablar sino de nosotros, treinta o cuarenta personas, silenciosamente alineadas a lo largo de las paredes de una cámara tapizada de negro o de verde, diferenciadas asimismo por singular ropaje y no hablando sino con permiso, razonarán sabiamente sobre cualquier objeto que se les proponga. Quitad las colgaduras y los hábitos, apagad de nuevo la vela, permitid que se desplacen solos de los asientos y veréis a esos mismos hombres precipitarse unos sobre otros, dejar de entenderse, hablar de la actualidad y de las mujeres»[325].

En síntesis, la masonería en la actualidad es esencial para recordar que la corporación tiene como fin la transformación del individuo, hacerle amante de la libertad, la fraternidad y el progreso, pero al mismo tiempo, admitiendo que el apolitismo no puede significar un desistimiento de los problemas del país. De esta manera, se mantiene un espíritu democrático y trabaja en la construcción de una democracia plena. Pero, además, la masonería es un conjunto de organizaciones de carácter iniciático, cuyo objetivo es el perfeccionamiento moral de sus miembros. Huelga afirmar que la masonería quiere unir a personas libres que respetan la moral natural y que quieren conocerse y trabajar juntas a pesar de la diversidad de sus opiniones religiosas y de su afiliación a partidos más o menos opuestos. Comentar que la hipótesis inicial es que las logias y obediencias que trabajan en España entre 1976 y 2024 crean una socialización propia de la especial relación entre sus miembros, no siendo ajena al devenir de los acontecimientos políticos, sociales y culturales del momento histórico.

Como se ha comprobado, una característica de la masonería española es el gran número de obediencias en las que se ha dividido, lo que ha jugado en su contra, pues esto le ha impedido llevar a la sociedad civil muchos de los planteamientos que defiende. En nuestra opinión, esto pone de manifiesto lo infundado de esa gran influencia que muchos han querido ver en la masonería y que la antimasonería ha teñido de prejuicio ideológico.

Históricamente Madrid ha sido la sede de las principales obediencias masónicas españolas aunque, a partir de la restauración de la democracia, el foco de surgimiento de la masonería se sitúa en el Levante, especialmente en la ciudad de Barcelona, pasando Madrid a un segundo plano. En resumen de todo lo que hemos comentado y como se ha analizado en los capítulos anteriores, la primera logia fundada en la península ibérica y fuera del Reino Unido de Gran Bretaña e Irlanda fue la madrileña logia Matritense o Las Tres Flores de Lis, que tuvo su sede en un establecimiento hotelero de una céntrica calle de Madrid, aunque no existían masones peninsulares en un momento inicial. Con esto, el verdadero surgimiento de la masonería madrileña llega con la invasión francesa. Tras el regreso de Fernando VII, la corporación vuelve a ser perseguida, pues por principio se opone al absolutismo y defiende las ideas que eran odiosas para el repuesto monarca. El mayor esplendor de la masonería madrileña y española lo encontramos desde la promulgación de la I República, con un corto periodo en el que casi desaparece entre 1896 y 1901, y otro tras la implantación de la dictadura del general Francisco Franco Bahamonde, que la ilegaliza y persigue. Durante el franquismo hay referencias a la creación de alguna logia que debió de tener una corta vida; y por supuesto la que existe en la base americana de Torrejón de Ardoz (Madrid), cuya logia está bajo el paraguas masónico de la Gran Logia Nacional de Francia, con el compromiso de no poder iniciar a españoles y que se constituyen, en territorio español, tras la sanción de los acuerdos bilaterales de 1953 entre España y Estados Unidos, lo que también permite la instalación de bases militares americanas en suelo español[326]. En última instancia, habrá que cuestionarse en el epílogo qué no es la masonería en nuestro país, para evitar caer en tópicos sobre la institución corporativa.

EPÍLOGO: ¿QUÉ NO ES LA MASONERÍA EN ESPAÑA?

Son infinitos los calificativos que ha padecido la masonería como una organización burguesa, revolucionaria, izquierdista, republicana, anticlerical, etc. Algunos historiadores afirman que la masonería especulativa, nacida en 1717-1723, fue y sigue siendo una típica institución burguesa desarrollada al amparo de los aires «novatores» e ilustrados de la época. Sin embargo, no puede olvidarse que la masonería del XVIII fue una institución de carácter marcadamente aristocrático, en la que la mayoría de sus miembros estaban animados por una ideología esencialmente conservadora y, por ende, escasamente receptiva a secundar proyectos reformistas, y menos aún revolucionarios. Parece que, sin pruebas concluyentes, se asocia la masonería a la ideología republicana, aunque más bien podría sostenerse justamente lo contrario, esto es, la afinidad de la masonería con la monarquía.

En efecto, conviene recordar que la masonería surgió en un entorno monárquico, y fue siempre apoyada por los reyes mediante diversos privilegios y franquicias. De hecho, a partir de 1721, la masonería inglesa no solo estuvo siempre presidida y dirigida por un miembro de la nobleza titulada, como en el caso del duque de Kent, sino que han sido varios los miembros de la familia real británica que han desempeñado de manera efectiva las más altas responsabilidades dentro de la corporación. Entonces, la masonería británica, como las de los países nórdicos, ha surgido y convivido con la forma de gobierno monárquica a lo largo de más de setecientos años, sin que se haya planteado fundadamente la incompatibilidad entre ambas instituciones. Por supuesto que ello no autoriza a considerar la masonería como una corporación aristocrática, aun cuando buena parte de las reelaboraciones rituales efectuadas durante el siglo XVIII, y conservadas en la actualidad, se deban a las influencias nobiliarias; por ejemplo el uso de espadas en la logia, las denominaciones principescas de los altos grados y escenas de armar caballero, las bandas azules, a imitación de las utilizadas en la aristocrática corporación francesa Saint-Esprit, la denominación de los máximos jefes de la corporación como grandes maestres o grandes comendadores, etc. Otra de las mistificaciones que rodea a la masonería es su supuesto ideario progresista o izquierdista. A esta idea contribuyó la afiliación masónica de destacados líderes socialistas, anarquistas o comunistas, como Paul Lafargue, Pierre-Joseph Proudhon, Mijail Bakunin o Errico Malatesta.

La masonería especulativa denominada regular se fundamenta, desde las constituciones de Anderson (1723), en la tajante prohibición de las discusiones y los debates políticos y religiosos en las logias.

La masonería se caracteriza por su vocación decididamente apolítica. Ello impide denominarla progresista o conservadora, monárquica o republicana pues, en cumplimiento de sus propios estatutos fundacionales, su ámbito de actuación se encuentra fuera de tales cuestiones. No obstante, a fines del siglo XVIII surgieron otras formas de masonería liberal, consideradas algo cismática por las obediencias regulares porque, a mediados del siglo XIX, fueron decididamente partidarias de la acción política.

Además, la masonería ha sido vilipendiada con el tecnicismo de laicista, aunque lo cierto es que, durante la mayor parte del siglo XVIII y comienzos del XIX, fue todo lo contrario, pues siendo inequívocamente creyente, la masonería defendía la tolerancia entre las diversas confesiones religiosas (exceptuando algunas obediencias masónicas alemanas o suecas que exigieron la profesión en la fe cristiana), permitiendo que personas de distinto credo compartieran trabajos en la logia sin otra condición que la creencia en Dios. Por eso, su compromiso de evitar los debates políticos en las logias la alejó de toda discusión sobre la laicidad o, incluso, sobre la existencia de un Estado aconfesional. No obstante, frente a esta masonería regular, la llamada masonería liberal, constituida en países como Bélgica y Francia a partir de la segunda mitad del XIX, fue una militante convencida de la causa laicista, pero en el marco de la opacidad de las fuentes. Igualmente, la masonería ha sido acusada de ser anticlerical, pese a que la propia masonería establecía ya desde las constituciones de 1723, en el seno de las logias, la prohibición de tratar o debatir cuestiones religiosas, pero no que cada individuo pudiera profesar, en privado, su ideología o práctica religiosa. De hecho, los masones regulares venían obligados por sus estatutos a observar ciertas festividades, como las de los dos san Juan Evangelista (27 de diciembre) y san Juan Bautista (24 de junio), que señalan los solsticios de verano o invierno, e incluso el uso correcto de los santos patronos del oficio masónico o gremial: los cuatro santos coronados, mártires tardorromanos que ya aparecen venerados en los versos 527-565 del conocido Edicto de *Regius*, publicado en el año 1390.

Acto seguido, se constata que algunas organizaciones masónicas de la segunda mitad del XIX retocaron esta prohibición, rompiendo con la llamada ortodoxia masónica y británica. Ello dio origen a la masonería sin dogmas, laicista y ultrarracionalista, o lo que es lo mismo, la masonería denominada masonería liberal, cuyos frecuentes enfrentamientos con la Iglesia católica llevaron a muchos de sus miembros a adoptar posturas anticlericales.

En algunas ocasiones se ha calificado a la masonería de sociedad secreta, siendo descalificada, cuando en realidad es una corporación fraternal que adoptó determinadas prevenciones, como la clandestinidad, para protegerse de las persecuciones que llevaron al proceso judicial, a la cárcel, o incluso a la muerte a muchos masones. Más que una sociedad secreta, fue y es una corporación con secretos, como también los tuvieron y tienen en la actualidad determinadas instituciones públicas, existente en el secreto del sumario en el procedimiento judicial, o en las empresas privadas que, al amparo de la ley, exigen a sus miembros o empleados un compromiso de confidencialidad que garantice su intimidad o su patrimonio inmaterial en materia jurídica. La citada ley también ampara el secreto profesional, como los abogados, médicos, periodistas, etc.

En el caso de la religión católica, existe el secreto de confesión o el de la elección papal en secreto por parte de los cardenales, que pueden votar en cónclave. Como en toda corporación de origen gremial, los fines de la masonería, además de los puramente profesionales, se encaminaban a amparar y auxiliar a sus propios miembros y a sus familias, y a ejercitar los lazos fraternales con el prójimo. Tras esto, un sacerdote masón procesado en 1745 por la Inquisición de Sevilla, Juan Bautista Massuco, confesaba que la masonería enseñaba «que a todos los masones, aunque fuesen pobres, tratase como si verdaderamente fuesen masones, favoreciendo y socorriéndoles como principal encargo de la corporación. Que también lo era portarse en adelante como hombre de bien, guardándose de cometer acciones bajas»[327].

Lo cierto es que para conseguir realizar esta ayuda o fin benéfico-asistencial no era necesaria la ejecución de los ritos o las ceremonias, el secretismo de la corporación, el uso de los símbolos o incluso el empleo de los grados de la corporación. Por tanto, era evidente que la masonería denominada especulativa servía a otros fines complementarios y de carácter simbólico. Entonces, ¿qué hacían los masones en sus «tenidas» (reuniones)?, ¿cuál era el método de trabajo simbólico-ritual que atraía a las personas del periodo ilustrado?, ¿cómo se desarrollaban los «ágapes» (banquetes)? En fin, es sencillo resolver estas cuestiones, ya que los mismos masones han protagonizado la sorprendente divulgación de sus usos, costumbres y rituales, y también han publicado numerosos estudios basados en la interpretación de sus ritos, rituales y símbolos. Las reuniones masónicas no estaban abiertas a todos los masones, pero ello dependía del grado y de la condición que se tuviera.

Todos podían asistir a las reuniones que se abrían en el grado de aprendiz. Sin embargo, los aprendices en las logias tienen que mantenerse en silencio, sin preguntar ni asistir a las reuniones que trabajaban en el grado de compañero y mucho menos en las del grado de maestro. Uno de los miembros de la logia, el guardatemplo, evitaba las indiscreciones profanas y comprobaba las cualidades masónicas de los que ingresaban en el recinto administrativo para ser posteriormente conducidos, por el padrino, al interior de la logia. Para ello pedía a cada uno que le diera el «toque» (estrechar la mano) y palabra de paso del grado (contraseña). De manera excepcional, podía invitarse a algún profano en particular («tenida blanca cerrada»), o a cualquier interesado en general («tenida blanca» que era abierta para los no iniciados o paganos). Además, se exigía un cierto decoro en la vestimenta que acompañara al aparato ceremonial de la reunión masónica, así como las formas de comportamiento en el interior de la logia.

Todos los masones se decoraban con el mandil, una banda o incluso una serie de símbolos que les correspondían y, en última instancia, se enfundaban los guantes blancos para representar la pureza y el candor con las que el masón debía trabajar y, más específicamente, para simbolizar la inocencia de los masones que no participaron en el asesinato del maestro y constructor del templo de Salomón que era Hiram Abif. A finales del siglo XVIII, en 1777, la Inquisición de Sevilla informaba de que en las reuniones masónicas estaban todos los congregantes dispuestos con sus delantales y guantes blancos, observando una seria circunspección y silencio sepulcral con el que se ejecutaba el ceremonial y el ritual, acompañado de una serie de elementos e instrumentos que permitían el desarrollo del rito masónico.

CONCLUSIONES

La influencia helenística y judía existe debido a que muchos aspectos rituales establecidos en las ceremonias de iniciación hacen alusión a estas culturas (números, palabras de paso, toques, llamamientos etc.) entre 1700 y 1750. Por ello, aunque no fuera demostrable históricamente, se puede plantear la hipótesis, sin pruebas fehacientes, de la existencia de una evolución de la masonería desde los tiempos antiguos, consolidada en el siglo XVIII hasta nuestros días. Huelga aclarar que la iniciación en la masonería francesa está inmersa en un elemento social, incentivado por la nobleza, las clases medias, a las que hemos dado voz en este manuscrito, y a los sectores populares, promovidos por la Ilustración, que es un movimiento cultural que transforma la masonería en una institución corporativa que afianza las nuevas formas de alcanzar el conocimiento y su aplicación práctica en las corporaciones masónicas. La masonería es una organización corporativa, discreta, centenaria, simbólica, erudita, fraternal y cooperativa. Junto a estos valores se ha podido constatar que es una de las más destacadas instituciones originadas durante la primera mitad del siglo XVIII.

Se trata de una estructura corporativa, intelectual y tolerante, que concilia las mentes de los hombres libres con buena presencia. Conviene resaltar que los trabajos desempeñados en esta corporación son de carácter ritual, entre los que destacan: la iniciación al grado de aprendiz, el pase al grado de compañero y por último, la elevación al grado de maestro en lo que concierne al rito inglés.

En los ritos escocistas o franceses, a partir del tercer grado existe un desdoble del mismo —también llamado cuarto grado— denominado arco real, cuya ceremonia es análoga a la del grado de maestro en el rito inglés. Acto seguido, se trabajarán ritualmente en las consiguientes ceremonias según los altos grados que correspondan atendiendo a las distintas necesidades de la logia, así como del rito. En las corporaciones masónicas, aparte de los trabajos rituales, se desempeñan otros trabajos atendiendo a los intereses de cada logia, como la confección de los distintos objetos simbólicos, joyas, mandiles, sellos, etc. que permiten analizar la forma de desarrollar sus proyectos corporativos, así como el ingreso del peculio institucional para la producción de los distintos trabajos. Se arguye la realización de la compra de los distintos elementos simbólicos como las calaveras, las tres copelas, la piedra tallada, el altar, los libros sagrados, velas, llamaradas, espadas, atuendos o incluso la restauración de algunos de los elementos de la logia como las bóvedas, el suelo ajedrezado o las columnas.

La corporación masónica apuesta, como dicta su corpus institucional, por una serie de valores característicos: la paz, la seguridad, la igualdad, la justicia, la tolerancia, la ayuda mutua o incluso la fraternidad, que permiten inducir que la masonería no pretende derribar las pretensiones de la monarquía o de la Iglesia católica, sino simplemente consolidar en sus logias los trabajos simbólicos a través de los valores de cooperación de todos los miembros[328].

El ritual de iniciación es uno de los procesos más complejos que tiene la Masonería en el que, aunque se conozca a través de los manuscritos como Kevan, Dumfries, Sloane etc., constituciones (Roberts, Anderson etc.); diversas fuentes masónicas y antimasónicas; los legajos de los archivos inquisitoriales autóctonos o extranjeros y textos historiográficos. Con este caldo de cultivo, se puede defender que la iniciación es un evidente elemento simbólico promovido por una serie de ceremonias, tomadas de la alquimia, el hermetismo y el esoterismo, que son constituidas durante el periodo medieval y se han ido consolidando hasta nuestros días. De hecho, es un trabajo ritual exclusivo de las corporaciones masónicas que lo toman de las sociedades mistéricas de la antigüedad o de la Edad Media, sin que sea éste el vínculo conector entre los dos periodos con las masonerías. Simplemente, es posible cotejar que las prendas blanquecinas, algunos tipos de ceremonias son similares a los que desarrollan en algunas sociedades como la pitagórica, la mitraica, la eleusiniana o los *collegia fabrorum* de la Roma bizantina. Además, el rito de iniciación está considerado como el primer eslabón del *cursus* masónico en el que el individuo debe ser iniciado antes de realizar las siguientes ceremonias en los sucesivos grados. El inicio de la carrera masónica está formado por un conjunto de ceremonias y rituales cuya carga simbólica es incomprensible para cualquier humano. Ello permite apuntar que, el ritual de iniciación es un trabajo complejo, arduo e intelectual. De hecho, la masonería consiste en la realización de un trabajo interior (intelectual), con el cual el recibido masón cambia de una vida profana a una iniciática[329]. Es decir, conocer el ritual de iniciación tiene sus complicidades[330] , sobre todo, para aquellos individuos que no han experimentado una iniciación masónica.

El ritual de iniciación es muy complejo y escasamente entendible para el ser humano por su grandilocuente simbología, aunque, como ocurre en la historia, las fuentes exageran, porque algunos de los rituales iniciáticos, como en el rito inglés, tienen una estructura ritual más sencilla con los grados de aprendiz, compañero y maestro masón[331].

En cambio, en los ritos escocistas o franceses tienen rimbombantes ceremonias iniciáticas que son más complejas porque suelen estar vinculadas a miembros de una determinada clase social. El ritual de iniciación está compuesto por diferentes etapas en las que el candidato debe poco a poco resolver las distintas ceremonias desde una perspectiva intelectual. La primera de ellas es la entrada en el recinto. Para realizar esto, el candidato debe tener una figura orientadora denominada padrino, *parrain* o *godfather*, siendo la única que puede conducir al neófito al interior de la logia, así como presentarle a los distintos miembros de la corporación para ser recibido masón.

En definitiva, el padrino es considerado como un maestro que en los distintos oficios enseña a su discípulo los valores esenciales, intelectuales y prácticos para que él pueda aprender a resolver y a desenvolverse por sí mismo por medio de unas directrices. En resumen, el padrino no pretende guiar a sus candidatos hasta el final de su iniciación, sino que los conduce hasta la puerta de la logia para que ellos, por sí solos y con las directrices aprendidas, puedan solventar los catecismos, las ceremonias de iniciación y, por último, las pruebas simbólicas de cada una de las estancias de la logia. En segundo lugar debemos mencionar la cámara de reflexión o cocina como lugar de eliminación de la enseña profana para adquirir así una nueva impronta de carácter iniciático, en la que se debe reflexionar durante un largo periodo de tiempo sobre los elementos simbólicos, alquímicos, herméticos, esotéricos así como la resolución del testamento filosófico. También se defiende por tanto la hipótesis de algunos de los expertos, como el filósofo rumano Mircea Eliade, que afirma que tras la muerte del profano, se produce el renacimiento iniciático. Justo en este preciso instante es cuando el candidato resuelve el testamento y es aceptado por la membresía de la corporación. Acto seguido será preparado por el hermano experto o terrible, que es el miembro que acompaña al nuevo iniciado al interior de la logia.

Es plausible defender que, al igual que en la cámara de reflexión, el proceso de despojarse de los metales es un elemento simbólico, tomado de la tradición alquímica, en la que el candidato debe eliminar su enseña profana adquiriendo una nueva, de tipo iniciático. Tras esto, hay una rehabilitación del iniciado al desnudarle de una parte de sus prendas con motivo de ser considerado un profano, para ser posteriormente revestido mientras se le ciñen las nuevas prendas masónicas como el mandil o los guantes, al concluir su ritual de iniciación. El candidato, una vez concluida su preparación, debe iniciar un proceso lento, largo y complejo en el que debe realizar tres viajes o pruebas ayudado y conducido por el hermano experto o terrible alrededor de la logia. Estas circunvalaciones sirven para alterar las condiciones físicas y psíquicas del candidato, infundiéndole, al que quiere ingresar a la logia, ciertos miedos y temores, que forman parte de una serie de elementos simbólicos como el agua fría, la antorcha de fuego o la porción de tierra. Estos le introducirán en un mundo confuso, lleno de peligros, que el nuevo iniciado debe resolver en su proceloso camino interior e intelectual.

Hay que incidir que esta fase es una de las que mayor simbolismo tienen por la multiplicidad de objetos simbólicos, así como por la manera del candidato de caminar por la logia con los ojos vendados solventando, con cierta pericia, los distintos obstáculos. En fin, con los viajes, el nuevo iniciado podrá reconocer el fuego, el agua, la tierra y el aire según los distintos rituales europeos y americanos que se trabajan en España.

La masonería, como se ha ido explicando a lo largo del libro, es una institución corporativa que tiene su origen en el Siglo de las Luces, que trabaja en sus ritos y en sus símbolos en el seno de las logias. Durante el siglo XVIII apenas tuvo eco ni repercusión en la península ibérica, pues fueron pocos los masones extranjeros procedentes de Francia e Inglaterra. Entonces, lo más importante en este periodo fue la constitución de un conjunto de logias localizadas en Madrid, Barcelona, Andalucía, Gibraltar y Menorca, es decir, en lugares en los que se suelen realizar numerosas actividades comerciales y, sobre todo, sociopolíticas de la clase burguesa. Tales corporaciones estaban patentadas y auspiciadas por la Gran Logia de Inglaterra, lo que indica la configuración de los lazos masónicos alrededor del mundo. No obstante, en el plano realista, las logias asentadas en el territorio peninsular de este periodo tienen ciertas dificultades, pero sí conocemos por los archivos y la documentación que las citadas corporaciones estuvieron fundadas por comerciantes, abogados, profesores, militares o incluso profesionales libres extranjeros al servicio del rey de la monarquía hispánica.

Por esa razón, es fundamental aludir a la clase burguesa. Esto se realiza en estos momentos, porque hasta la fecha se han publicado libros relacionados con los masones y la Iglesia católica, porque se ha hablado de la existencia de unos 5.000 masones que formaban parte de las diferentes capas de la jerarquía eclesiástica, principalmente los jesuitas.

Por el contrario, existen otros estudios que abundan en la relación entre la aristocracia y la masonería, en los que se ha podido comprobar, con el uso de las fuentes documentales, algunos de los aristócratas que habían pertenecido a las logias masónicas, como el caso de José María Queipo de Llano y Ruiz de Sarabia, el conde de Toreno, o Carlos Miguel Fitz-James Stuart y Silva, el duque de Alba. En este momento, hay que tener en cuenta otra institución, que fue el Tribunal de la Inquisición, que supuestamente tendría el trabajo de recabar información y mantener, por lo tanto, el *statuo quo* y los principios de la religión católica. No obstante, cuando se encuentra con la competencia, otorgada por la Iglesia católica o por la monarquía, que consiste en estudiar, repeler o incluso prohibir la realización de las prácticas masónicas, nos percatamos de que la Inquisición desconocía el significado de la institución, así como sus prácticas rituales y/o simbólicas.

Poco tiempo después se fundaría, en 1748, una logia en Barcelona por parte de los burgueses catalanes. Tres años después se publicaría, por parte de Fernando VI, un edicto para prohibir la masonería, sin saber lo que era realmente, por parte de las fuerzas vivas, que en este momento son las autoridades eclesiásticas, monárquicas y/o inquisitoriales. Esto se pone en marcha por parte del confesor del monarca, el padre franciscano José de Torrubia, quien publicaría un texto lleno de noticias tergiversadas para obligar a Fernando VI a promulgar y sancionar la Real Cédula que prohíbe la masonería. Justo en este preciso instante es cuando se manipula la corporación con mitos, leyendas y tergiversaciones de los estudios masónicos.

Se ha comentado que Carlos III defendió la masonería, aunque más bien la persiguió con dureza, calificándola de «perniciosa secta y gravísimo negocio», pese a tener un gabinete de ministros, como Leopoldo de Gregorio, el marqués de Esquilache, o Pedro Pablo Abarca de Bolea, el conde de Aranda, junto a un nutrido grupo de masones, que tenían poder fáctico en el gobierno de Carlos III. Todo esto se incentivó en el siglo XVIII, porque con el asentamiento de los franceses durante cinco años en el territorio peninsular, en la guerra de Independencia, José I Bonaparte, hermano del emperador, es nombrado gran maestro de la masonería española, de corte francesa, configurando, de este modo, la Gran Logia Nacional española, que tendrá corto recorrido, hasta 1813, momento en que los franceses pierden la contienda.

Por otro lado, hay que desmontar uno de los mitos que apuntan que los masones actuaban por la noche y de forma secreta.

Esto viene reflejado en matinales y diarios como el *Sol de Cádiz*, que publican, sin cotejar las fuentes, numerosos artículos y crónicas difamatorias contra la corporación masónica, como que «lo masones hacen presas a las personas por las noches», cuando s ha comprobado que tales acusaciones son falsas. Se condena, tras la restauración absolutista, a la masonería por parte de las fuerzas vivas del momento, con el objeto de intentar eliminarla.

Uno de los ejemplos se coteja en el caso del militar Juan Van Halen Sartí, que fue interrogado por los funcionarios inquisitoriales durante varios días sin conseguir ninguna información aclaratoria sobre la corporación masónica. Pese al desconocimiento en la materia, el monarca Fernando VII pide que redacte y publique una lista de sospechosos que podrían estar relacionados con la corporación masónica para eliminar a personas incómodas, que de manera tergiversada han sido alineadas, por el monarca, con los liberales. Durante el Trienio liberal, la masonería se politiza con algunos generales como el caso de Rafael Riego y otros, sin que ello indique que pueda demostrar que las revoluciones las acometen los masones. En 1824, con el retorno de Fernando VII con la ayuda de los Cien Mil Hijos de San Luis, se volvió a reprimir y perseguir a las corporaciones masónicas, tildándolas, en la Real Cédula de 1824, de sociedades secretas. Durante los reinados de Isabel II o incluso durante la regencia de María Cristina, tras la prematura muerte de Alfonso XII, se publican amnistías para los masones. En la práctica es algo puramente simbólico, pues al final se sancionan penas como la inhabilitación perpetua, el destierro o incluso la privación de empleo.

En los años 1868-1876, la masonería tiene su periodo de florecimiento porque el presidente del Consejo de Ministros, Juan Prim, formaba parte de la corporación. Sin embargo esto durará poco, porque tras el repentino asesinato del primer ministro en la calle del Turco (Madrid) y la rápida abdicación de Amadeo I de Saboya, se reformulan los planteamientos de la masonería española en el plano político, económico y social. Al poco tiempo asciende a la presidencia del Consejo de Ministros el liberal Práxedes Mateo Sagasta, quien nombra como gran maestro del GONE a Juan Antonio Seone, que hasta entonces había ejercido el cargo de presidente del Senado de España. En ese instante se publican numerosas revistas, lo que hace que la masonería tenga, otra vez, un mayor protagonismo.

Otro mito sobre la masonería está en la encíclica de León XIII, quien apunta que la masonería es anticatólica y colabora con los insurrectos, cuando se ha comprobado que era algo tergiversado, pues unos años atrás, en la logia La Beneficencia de Josefina, había 10 eclesiásticos de los 106 miembros. En el siglo XX se hace necesario apuntar que en 1921, tras el triunfo de la revolución bolchevique, se prohíben las asociaciones de las corporaciones masónicas. Esto ocurre en las dictaduras fascistas y comunistas. Entonces, algunas logias españolas como Fiat Lux empezaron a trabajar de manera paralela, haciendo caso omiso a lo pactado por el régimen soviético. A continuación, con la dictadura de Miguel Primo de Rivera, se inicia un régimen antiliberal, contrario a la masonería. Poco después, en los años 30 del siglo XX, con la llegada de la II República, hay un Parlamento de unos 458 diputados, entre los que se han contabilizado unos 183 masones, que representan a más de un tercio de los parlamentarios representados por la soberanía nacional.

Durante la presidencia de Niceto Alcalá-Zamora, este nombró a 11 ministros, de los cuales seis fueron masones, así como en el Parlamento de Cataluña, de 87 diputados, 17 fueron masones. Además, algunas mujeres, como en el caso de las periodistas, maestras, abogadas o diputadas Ana y Amalia Carvia, Rosario Acuña, Clara Campoamor, Victoria Kent o Margarita Nelken, ingresaron en la masonería, aunque tras el triunfo del golpe militar por el bando nacional tuvieron que exiliarse a varios países, donde convivieron con las logias constituidas por españoles en México, Brasil o en algunos países europeos como Francia. A continuación, la masonería será duramente perseguida durante la Guerra Civil y la dictadura de Francisco Franco Bahamonde, quien quiso iniciarse en la masonería, principalmente en la logia Acacia de Tenerife y, en segundo lugar, en la de Lukus (Larraix, una ciudad de la provincia de Larache, en el norte de Marruecos), pero no lo consiguió en ambas ocasiones, tras recibir una bola negra en su balotaje (sistema de evaluación del ingreso de los masones basado en bolas blancas o negras). Esto lo pretendía conseguir principalmente porque el poder real existe en los militares de distintas graduaciones, de los cuales muchos de ellos, estuvieran alineados con el Gobierno de la República, el conservadurismo o incluso el fascismo, eran masones. El dictador, al no poder iniciarse en la logia, a modo y semejanza de su hermano Ramón Franco Bahamonde, llega a prohibir la masonería con la publicación de severas leyes, como la ley de represión de la masonería y el comunismo (ratificada y sancionada el 1 de marzo de 1940), o incluso con el Tribunal de Orden Público, constituido en 1963 para retomar las competencias de la ley anterior. En fin, como se comprueba en las fuentes, Franco acabaría fusilando a unos 10.000 masones, como aporta la documentación del Archivo Histórico de Salamanca. Cuatro años después de la muerte del dictador, la masonería retomó sus trabajos, tras haber sido clausurados desde 1938, gracias al fallo favorable de una sentencia de la Audiencia Nacional. Y hoy en día, los masones son profesionales libres, de cualquier condición social, como maestros, funcionarios, militares, médicos, abogados, catedráticos, científicos, artistas, etc.

APÉNDICES

APÉNDICE 1. LAS LOGIAS MASÓNICAS

Les Amis Fidèles de Napoleón, Le triomphe de l'Amitié, en Barcelona; L'Alliance en Burgos, La Double Alliance, La Triple Harmonie y Les Vrais Amis Réunis de Cádiz; Les Amis de la Réunion de Figueras; Napoleón le Grand de Gerona; La Réunion Espagnole y Les Amis de l'Ordre de La Coruña; Les Amis de l'Honneur et de la Verité, L'Age d'Or y Les Philadelphes, asentados en Madrid; Les Freres Unis de la ciudad donostiarra; Les Commandeurs du Teyde, sita en Santa Cruz de Tenerife; Les Amis de la Charité y La Sincerité, situada en la ciudad de Santander; Le Gibraltar Français de Santoña; Les Amis de l'Honneur de Sevilla; Sainte Josephine des Amis Reunis, localizada en Talavera de la Reina; Les Amis Reunis de Saint-Joseph de la ciudad de Vitoria y Saint-Jean de l'Union Sincere, afincadas en Zaragoza; las logias de La Beneficencia de Josefina, Santa Julia, Almagro y, por último, San Juan de Escocia de la Estrella de Napoleón.

APÉNDICE 2. EL IDEARIO MASÓNICO A TRAVÉS DEL BOLETÍN OFICIAL DEL GRAN ORIENTE DE ESPAÑA (1876-1881)

Sintetizamos el ideario masónico reflejado en las páginas del Boletín Oficial del Gran Oriente de España (BOGODE) entre los años 1876 y 1881:

1.º La masonería como institución. Sus fines y objetivos. Su defensa y su anhelada unión. El pensamiento masónico establecía que a diferencia de las religiones y los partidos cuyo fin no era perdurable, la masonería había acompañado a la humanidad desde sus orígenes, puesto que su misión comprendía a todas las edades históricas, marchaba a la vanguardia del progreso humano y aspiraba a ejercer en el mundo su influencia por los caminos de la virtud, por cuanto era trascendental para el progreso regular y ordenado de la sociedad profana. Con esta fe en el fin universal de la institución, el masón se consagraba al servicio de la prosperidad de sus congéneres. Para mayor abundamiento, un rasgo fundamental que definía a la masonería era el ser una institución caritativa y humanitaria y que esperaba ver realizados, mediante la fraternal unión de todos los hombres, los bellos ideales de la humanidad: amor a la patria, amor a la libertad, respeto a la justicia y amor al Creador. Y además, al ser una institución progresiva en su más alto sentido a lo largo del tiempo, había sido destructora de las tiranías y afirmaciones políticas, sociales y religiosas que se habían realizado, sin su concurso jamás se hubieran obtenido. De ahí que se afirmase que la humanidad tenía una deuda con la masonería.

Por otra parte, era imprescindible defender la institución frente a los ataques que recibía por parte de las autoridades civiles y religiosas y más aún cuando al frente de ella se encontraban personalidades políticas de la envergadura de Práxedes Mateo Sagasta. La orden había sido mal juzgada por no ser conocida. Si se la creía enemiga del cristianismo era por el error interesado o por una opinión crasa. En cuanto a la unión de los masones, es una idea persistente que recorre abundantemente las páginas del boletín. Fragmentación escandalosa contra las sagradas leyes de la institución, en las que la soberanía sobre cada territorio nacional solo podía ser ostentada por un Gran Oriente. El espectáculo de la masonería española no podía ser más lamentable, al configurarse en el territorio hispano diversos Grandes Orientes que se consideraban legítimos y regulares. La anhelada unión de los masones no solo era para cumplir con la legalidad o regularidad masónica, sino también se imponía con vistas a ejercer influencia en los destinos de la sociedad española. Respecto a la mujer, se trataba de poner en evidencia su situación de inferioridad a causa de la actuación egoísta del hombre.

2.º División de la historia y concepción armónica del mundo a través de las leyes de la naturaleza. En el mundo siempre había existido la lucha entre la libertad y la tiranía y en esa lucha la orden masónica, que buscaba la paz y la tolerancia, condenaba la guerra como expresión infernal de la fuerza bruta. La guerra debía ser sustituida por congresos internacionales de arbitraje. Una explicación genérica sobre las causas de la guerra se ajustaba a una realidad de individuos, no de estructuras, y así se explicaban como causas las ambiciones desatinadas de los poderosos, las supersticiones absurdas, excitadas por mezquinos intereses o espíritus fanatizados.

3.º La masonería y su relación con la política. Era una ley fundamental el respeto a las autoridades políticas y civiles, al igual que en la logia no podían suscitarse discusiones políticas ni tampoco la masonería como tal podía mezclarse en luchas partidistas. La institución, respetando siempre la legalidad política establecida, no aspiraba a dominar el mundo apoderándose por la intriga o las conspiraciones de las riendas del Gobierno, porque su misión era mucho más alta. Sobre la aparición de las revoluciones, ni las precipitaba ni las detenía, pero en los tiempos de la reacción como en los críticos momentos de las grandes agitaciones, dedicaba su actividad y encaminaba sus esfuerzos a suavizar asperezas y evitar catástrofes que podían producirse con el choque de encontrados intereses y de pasiones violentas. El masón debía ser el mejor ciudadano en todos los terrenos, por su virtud y por sus conocimientos basados en la moral. Y no debería admitirse a quien no ofreciera sólidas garantías de virtudes cívicas. Consideraba al liberalismo como el hijo querido de la institución. Y de acuerdo con este concepto, el masón debía luchar por la libertad de los pueblos, la independencia de los poderes y las instituciones, es decir, cumplir el programa ideológico liberal. Y todos los hombres podían tener cabida en la institución siempre que no fuesen enemigos de la libertad.

4.º Patriotismo, nación y fraternidad: el patriotismo era admitido por los masones como una ley fundamental, dado el respeto que se debía atener a la autoridad y el amor a la patria. Este patriotismo llevaba consigo la defensa de la unidad de la misma. El masón debía amar su nación y conservarla, dado que el sentimiento de fraternidad universal no estaba reñido con el sentimiento a su nación. La nación era un organismo social necesario y era de necesidad absoluta para el progreso y el bienestar de la humanidad. Los atentados contra la independencia de la nación no podían hacerse en nombre de principios liberales y civilizadores, puesto que la fraternidad, última expresión y quintaesencia del liberalismo, odiaba mortalmente las agresiones armadas y ya la civilización había condenado el bárbaro derecho a la fuerza. Ante una agresión injusta, que sería bárbara y criminal atacando la independencia de la patria, se debía tener abnegación bastante para sacrificar los intereses individuales en aras de la paz. Si bien dejaba una puerta abierta a la defensa armada si con aquella actitud lastimaba los intereses de la patria y el bienestar de sus conciudadanos.

5.º La masonería y la religión: la creencia racional en un ser supremo como padre omnipotente era consustancial a la doctrina masónica. Y Dios no solo era el creador, sino que también era civilizador y regenerador, porque estatuía la paz y el amor entre los hombres, que debían considerarse iguales y por tanto se rechazaba «el orgullo, la superioridad, las falsas glorias, la usurpación de la soberanía por el derecho de conquista o de nacimiento». Por otro lado, en cuanto a la admisión en la masonería, podían conseguirla todos aquellos que creyesen en un principio supremo creador y estuvieran llenos de humanismo. En consecuencia, se admitían todos los credos religiosos[332].

APÉNDICE 3. INFORMACIÓN PARA AQUELLOS QUE PRETENDEN ENTRAR EN LA MASONERÍA (MADRID, 1936)

«Deseando la sociedad masónica que todo el que manifieste interés en pertenecer a ella se libre del riesgo de sufrir un desengaño, y queriendo dar en tiempo oportuno una prueba de su buena fe, considera justo facilitar a los aspirantes ideas exactas, tanto para que se instruyan en el verdadero objeto de la sociedad, cuanto para que desechen esas vulgaridades que por ignorancia o por maledicencia corren de boca en boca y hacen formar de ella erróneos y ridículos conceptos [...]. La masonería tiene por misión combatir la ignorancia bajo todas sus formas, constituyendo una escuela de enseñanza mutua, cuyo programa se encierra en los siguientes lemas: obedecer las leyes del país, vivir honradamente, practicar la justicia, amar a sus semejantes y trabajar sin descanso por la felicidad humana y su progresiva y práctica emancipación. La masonería no se propone satisfacer ningún interés mezquino, ninguna mira egoísta; su objeto es altamente noble, su misión exclusivamente humanitaria. Ella trabaja por alcanzar la posible perfectibilidad y para fomentar la caridad y la filantropía entre los hombres de todas las clases y condiciones, cualesquiera que sean sus principios políticos o sus creencias religiosas. Pretender el ingreso en esta asociación por intereses privados o por objetos particulares sería un absurdo, y un fracaso para el que lo efectuare sin la abnegación que, como toda sociedad que solo se dedica al bien por el bien mismo, demanda la masonería. De hecho, la masonería tiene secretos y juramentos que no deben quebrantarse: pero ni unos ni otros se oponen en lo más mínimo a la religión, a las leyes ni a la moral. El aspirante que intentare su incorporación por curiosidad no conseguirá su objeto, porque los misterios en que está envuelta la masonería se van comunicando por grados que se confieren, después de muchas pruebas de fidelidad, al que más lo merece y menos lo solicita. El que se liga con juramento y lo quebranta no infiere daño alguno a la sociedad; el mal recae solamente en el que no ha tenido bastante constancia para cumplir el deber que voluntariamente se impuso. La masonería no exige de sus miembros la abjuración de sus principios religiosos, bástale saber que practican la más pura moral y no impone violentamente sus creencias. De este modo la masonería es el centro de unión de todos los hombres de buena voluntad y el lazo que estrecha en cariñosa amistad y fraternal abrazo a quienes, de otro modo, por sus preocupaciones y errores, quedarían separados para siempre. La masonería no necesita poderosos, pero tampoco admite en su seno personas que no tengan una ciencia, arte, oficio o renta con que poder atender a las necesidades de su familia, y sin menoscabar estos primeros deberes, un sobrante para coadyuvar los fines altruistas que practica la masonería, así como algún tiempo para su asistencia a las reuniones o para el desempeño de las comisiones que pudieran encomendársele, no pudiendo negarse a ello sin legítima causa justificada. En los templos masónicos, donde se rinde culto a la fraternidad universal, no se pueden admitir discordias, pleitos ni riñas entre sus miembros: toda diferencia debe arreglarse entre ellos fraternalmente. El que intente ingresar en la orden debe estar dispuesto a llevar a la práctica estos principios extirpando de su corazón todo sentimiento de animosidad o prevención contra cualquiera de sus hermanos. El que aspire a afiliarse en la masonería debe ser honrado, social, política y moralmente considerado. Fiel a sus superiores, amigo de sus iguales y padre de sus inferiores. Deben huir del juego, de la embriaguez, de la usura, de las deudas y de todos los vicios, prestando a sus hermanos cuantos socorros les permitan las circunstancias»[333].

APÉNDICE 4. LA INFLUENCIA GRECO-EGIPCIA EN LOS RITUALES MASÓNICOS DEL SIGLO XVIII EN LA OBRA *SETHOS* DEL ABAD JEAN TERRASSON

La civilización egipcia se considera una de las más destacadas sociedades secretas y mistéricas de la historia. La Europa ilustrada intentó analizarla como medio de entender su propia sociedad burguesa. Por ello, la obra del abad Jean Terrasson (Lyon, 1670-París, 1750) es uno de los mejores intentos de contextualización de las prácticas rituales de la masonería dieciochesca, por la confluencia de las pruebas iniciáticas, análogas a las establecidas en las sociedades mistéricas, al igual que también describe el afrocentrismo, una tendencia instaurada en Egipto, convirtiéndolo en la efigie cultural del continente africano durante el helenismo. Este libro influirá en distintas obras de arte contemporáneo: piezas operísticas como *La flauta mágica* de W. A. Mozart; novelas, como las de Sherlock Holmes de A. Conan Doyle o *Pinocho* de C. Collodi; movimientos independentistas, como el de Simón Bolívar, o actos revolucionarios franceses como los del marqués de Lafayette, que inciden en la sociedad francesa dieciochesca. El abad Jean Terrasson aúna elementos místicos con el análisis de fuentes griegas, principalmente Diodoro de Sicilia, consiguiendo en estas líneas una exégesis entre la religión y las costumbres ptolemaicas. La obra se desarrolla en Egipto y su protagonista es Sethos, hijo del faraón Sesestros, que reúne modos coptos y parentescos con los héroes de la guerra de Troya, factores que permitirán al autor introducir en su novela profundos tintes legendarios acompañados de un exiguo apoyo documental[334]. Sethos estudia, en las academias de Arte y Ciencias[335] de la ciudad de Menfis, las distintas ramas del conocimiento, ya que para ser iniciado en la corporación mistérica deberá realizar una serie de pruebas en el interior de la gran pirámide, según reza la siguiente inscripción: «Quien quisiera entrar por este camino en soledad y sin mirar hacia atrás, deberá purificarse por el fuego, el agua y el aire, y si él (el iniciado) pudiese vencer al espanto de la muerte, saldrá del seno de la tierra y verá la luz, y tendrá derecho a preparar su alma a la revelación de los misterios de la gran diosa Isis»[336]. Una vez preparado, Sethos debe descender al mundo subterráneo para iniciarse según los postulados corporativos. En la iniciación hay elementos místicos, como la purificación del alma del neófito, antes de su ingreso en la corporación. Acto seguido, el postulante realizará las pruebas de fuego, agua y aire según la teoría presocrática de Empédocles[337]. Tras su término, al poco tiempo de que Sethos inicie su descenso, tres vigilantes le avisan del cierre del recinto sagrado para evitar ser reconocido por los profanos cuando el príncipe egipcio ingrese en él. Después, el postulante accede a una estancia oscura, análoga a la de los rituales masónicos de carácter escocista[338], denominada cámara oscura o gabinete de reflexión durante la primera mitad del siglo XVIII[339], en la que el recipiendario tendrá que resolver una serie de catecismos (preguntas). Esta estancia subterránea es citada en la *República* de Platón[340] y en los misterios de Eleusis. En ella los postulantes consumen una sustancia psicotrópica llamada *kykeón* (ciceón)[341], que les permitirá ser recibidos en la corporación isíaca. Tras la toma del brebaje, los recipiendarios se enfrentan a distintas pruebas iniciáticas preliminares menores, concluyendo con una iniciación final de doce días de duración[342]. En el segundo volumen, Sethos realiza distintos viajes por el continente africano para conseguir que se reconstituya el imperio en decadencia por medio del control de las transacciones comerciales. Como colofón, Sethos rechaza, tras haber sido iniciado en los distintos misterios de Isis, seguir el aprendizaje ofreciéndose en cuerpo y alma a los sacerdotes del templo, otorgándole el autor francés un elemento cristiano que también se aprecia en algunas logias masónicas francesas de la primera mitad del siglo XVIII[343]. J. Terrasson era un abad católico, helenista, latinista, filósofo y destacado hombre de letras francés de finales del XVII y mediados del XVIII, nacido en Lyon en 1670, que falleció en la capital francesa el 15 de septiembre de 1750 a la edad de ochenta años[344]. El joven Jean vivió en una familia acomodada burguesa, siendo el segundo de tres hermanos: André (1668-1723) y Gaspard (1680-1752). En su infancia fue un brillante alumno, obteniendo las mejores calificaciones de su promoción. Años más tarde, en su adolescencia y madurez, estudiaría Humanidades y Filosofía, finalizándolas con un impoluto expediente[345]. Ello le permitió ingresar en 1707 como miembro de la Academia de las Inscripciones, departamento dependiente de la Real Academia de las Ciencias Francesas, donde dedicaría gran parte de su estudio a la Arqueología y a las Ciencias Auxiliares. Estudió Ingeniería, licenciándose en 1716, y fue nombrado al poco tiempo inspector adjunto de importantes obras arquitectónicas. En 1719 obtuvo una plaza como profesor de Filosofía griega y latina en el Collège de France (París), donde enseñó métodos didácticos y publicó diversas novelas históricas y ensayos científicos[346]. Finalmente, el

29 de mayo de 1732 alcanzó su meta al convertirse en académico y presidente de la Real Academia Francesa tras la defunción de C. J. Baptiste Fleuriau de Morville, siendo recibido por L. Guergy, influenciado por madame de Lambert. Su excelsa publicación científica fue admirada por Voltaire, quien defendió que sus novelas históricas eran de gran calidad y plasticidad. Según el Dr. D. Huckvale, J. Terrasson fue iniciado en la masonería, aunque se desconoce el nombre de la logia. Esto provocó que algunas de sus publicaciones influyeran en la configuración de distintos ritos masónicos durante los siglos XVIII y XIX. Entre sus obras más destacadas se puede resaltar el *Ensayo crítico sobre la Ilíada de Homero* (1715), donde unifica la ópera con la historia de la Grecia arcaica. Al año siguiente publica *Manual de Epicteto* (1716), en el que analiza la filosofía estoica del pedagogo griego. Cuatro años más tarde edita sus textos *Escritos en letra M*** en el nuevo sistema de financiación y en particular del reembolso de las anualidades* (1720), que forman parte de una vasta obra relacionada con las prácticas económicas francesas. También publica la obra *Sethos. La historia o la vida derivada de los monumentos, historias del antiguo Egipto* en tres volúmenes (1731), en los que analiza el concepto mistérico de la sociedad egipcia, siendo publicada como una novela histórica y ficticia. A pesar de ello, Jean Terrasson se convirtió en el primer erudito francés del siglo XVIII que analizó en una misma obra la mística egipcia, el afrocentrismo y las bases simbólicas de los rituales masónicos dieciochescos. Otra de sus magnas obras es la *Historia universal de Diodoro de Sicilia* (1737-1744), un exhaustivo análisis en varios volúmenes sobre la figura del historiador griego. *La academia de las damas* (1750) es un diálogo erótico entre un caballero y la poetisa dama de la corte lisboeta L. Sigea. Su última gran obra, *Filosofías aplicables a todos los objetos de la mente y razón en las reflexiones de las obras* (1754), es una reflexión de elementos filosóficos y teológicos relacionados con el placer y el dolor. En conclusión, Jean Terrasson está considerado como un distinguido erudito y hombre de letras que profesó la religión católica mientras aunó en sus obras la antigüedad mistérica y las prácticas rituales de los francmasones dieciochescos, inspiradores de algunos libretos operísticos como *La*

flauta mágica, escrita por Emanuel Schikaneder y musicalizada por Wolfgang Amadeus Mozart.

Los egipcios poseen, al igual que la cultura grecorromana, un panteón politeísta, destacando en las sociedades mistéricas Osiris, Isis y Tifón, tres hermanos fruto de la relación matrimonial entre Horus y Nut. En la obra también de Terrasson se citan algunos semidioses egipcios: Sesostris, que es el primer monarca del reino de los hombres y miembro de la estirpe de Menes, fundador de Egipto. Sesostris o Sesonchis, como lo denomina en algunas ocasiones el abad Jean Terrasson, es un faraón egipcio y padre del príncipe Sethos, que actúa justamente promulgando diversas leyes y normas, construyendo obeliscos y templos, dividiendo Egipto en treinta y seis nomos, estableciendo fuertes relaciones comerciales con los enclaves orientales y occidentales e instaurando la capital en Menfis para mantener el auge y la virtud de Egipto, con el único objeto de conseguir que la metrópolis se convierta en un emporio comercial e institucional. El abate francés cita en su novela a Manetón, un historiador y sacerdote greco-egipcio, que menciona a Sethos de Sophis, análogo al protagonista de la obra, el cual está inscrito en los archivos secretos del templo de Heliópolis. El príncipe Sethos se inicia en los misterios de Isis y Osiris durante el periodo del faraón Ptolomeo Filadelfo, doscientos años después de la invasión de Egipto por las tropas del rey persa Cambises[347]. También el escritor de Sebbenitos defiende en su obra *Historia de Egipto* que Sesonchis pretende legar un próspero reino para el futuro de sus hijos y súbditos sin entrar en conflictos armados. A pesar de esto, surge una lucha fratricida entre Daluca y Sethos por la disputa de la corona que dirimirá quién será elegido como sucesor tras la muerte de su padre. De hecho, basándose en los testimonios de Plutarco, *De Isis y Osiris* y *Las moralia*[348], el abad francés hace alusión a los ritos de iniciación y misterios egipcios en los que se iniciará el príncipe Sethos en una de las estancias subterráneas, tras la práctica de distintas ceremonias y sacrificios que le permitirán ingresar en la cofradía mistérica[349], contentando a los dioses y siguiendo la tradición consuetudinaria basada en distintos honores divinos y acciones morales. Los iniciados deben entrar en el laberinto y llegar, tras una marcha a pie de diez jornadas, a las proximidades del lago Moeris, conocido como lago de Osiris, situado en la región de El Fayum, donde están enterrados los antiguos faraones. En conclusión, se arguye que tras la conexión de los textos helénicos, la iniciación mistérica debe ser similar a la de los textos fundacionales masónicos del siglo XVIII. Esto se concibe como que la masonería francesa se nutre de estos testimonios para atestiguar que sus rituales portan elementos de las iniciaciones mistéricas egipcias. Esta hipótesis no se puede defender *sensu stricto*, ya que la masonería especulativa se desarrolla en 1723 con las constituciones de James Anderson, un pastor luterano que instauró, junto a su colega John Theophilus Desaguliers, las bases de la masonería especulativa[350].

En el segundo libro el abad francés alude a la transmutación de los metales «de Hermes Trimegistro»[351], introduciendo al lector en los principios alquímico-cabalísticos[352] establecidos en las logias masónicas modernas, que inciden en la eliminación de todo elemento metálico antes de ingresar en la corporación masónica (dinero, hebillas de cinturón, etc.)[353]. Ello permite que en Egipto se puedan estudiar las artes liberales, principalmente la geometría, en las distintas academias menfitas[354], como lugar intelectual en la antigüedad[355], análoga a la Academia Francesa de las Ciencias de París. La geometría es el arte liberal por antonomasia estudiado en los misterios egipcios, en los que se inculcan sus conocimientos a través de la comprensión gnóstica, aludiendo al origen de las columnas prediluvianas[356] por el contacto caldeo y posteriormente helénico. En definitiva, Egipto es una sociedad particular sustentada por dos columnas marmóreas, la geometría y astronomía, que corresponden con las primeras palabras sagradas de los iniciados que deben aprender durante su experiencia en la corporación mistérica. Los aspirantes en la corporación deben guardar una serie de secretos que jamás podrán ser desvelados a los profanos, reuniéndose en asambleas, que son lugares reservados al conocimiento secreto donde el príncipe Sethos es formado e iniciado[357]. En este procedimiento iniciático, los recipiendarios adquieren diversas instrucciones y enseñanzas que les permitirán iniciarse en los misterios de Isis y Osiris, al mismo tiempo que estudian las nuevas ciencias y artes del antiguo Egipto. La educación del príncipe Sethos es espiritual y ascética, por la que abandona el elemento corpóreo, descendiendo al interior de la gran pirámide, bajando los setecientos cuatro escalones hasta llegar a una cámara subterránea, y quedando al albur del elemento metafísico. Por ello, la iniciación de Sethos le hará más fuerte mental e intelectualmente, permitiéndole ingresar en la corporación isíaca a través de la transmisión, al oído, de las palabras sagradas por el gran sacerdote o maestro[358], de igual forma que en las logias modernas[359]. En el tercer libro se alude a la educación mistérica de la clase dirigente egipcia, ya que el conocimiento iniciático solo debe transmitirse entre miembros de alta posición social. Entonces, por su condición regia, el príncipe Sethos debe convertirse en el jefe de los compañeros, emulando a la masonería moderna con la figura del venerable maestro. En la iniciación egipcia, Sethos tiene inquietudes y formula una serie de observaciones preliminares: la entrada en la caverna y el ascenso iniciático en el grado correspondiente en la masonería escocista (francesa)[360]. El príncipe egipcio deberá esforzarse y aprender los misterios de Isis y Osiris, profundizando en el conocimiento iniciático. Tras resolver ambas disyuntivas, Sethos efectuará su entrada en la pirámide, donde conocerá las ceremonias, los secretos y las máximas de la corporación (reglas, estatutos, catecismos, etc.) para introducirse en los trabajos rituales, de forma similar a las constituciones de las logias masónicas del XVIII[361]. La recepción de Sethos es especial y extraordinaria por las virtudes del postulante real, resolviendo las pruebas con soltura que, según los principios jurídicos egipcios, deben ser imprescindibles para los faraones y ministros. Al concluir con éxito la primera prueba en la superficie, Sethos es conducido a la realización de distintos trabajos corporativos, como traer agua de los pozos. Terminada su tarea es reconducido a la entrada de la pirámide para iniciar el *descensos ad inferos* (Homero, *Odisea*, XI), aunque para ingresar en la corporación el aspirante debe continuar por un camino que concluye en una cámara subterránea. El postulante sigue el trayecto marcado, donde se encuentra con una pequeña puerta y dos pequeñas salidas sitas al final del pasillo y vigiladas por tres hombres armados con lanza y casco, que representan el símbolo del dios Anubis, análogo a Orfeo. Cuando avanza el recipiendario, uno de los tres hombres detiene al postulante para comentarle que debe seguir su camino divino con coraje y valor. Acto seguido, otro de los vigilantes expone: «Si eres desgraciado puedes volver sobre tus pasos sin detener vuestro retorno». Esta forma de acción permite arrepentirse al aspirante que no quiera iniciarse en los misterios. El postulante puede retroceder sobre sus pasos, ascendiendo a la superficie por una de las puertas. Poco después, el recipiendario sigue su camino, debe esperar un momento y al finalizarlo se le alumbra con una luz tenue[362]. Acto seguido, el postulante entra en una cámara cuadrangular con dimensiones de 100 x 100 pies y elementos decorativos. Sethos desciende y ocupa una porción de la superficie (8 x 30 pies) en la que podrá realizar las distintas pruebas iniciáticas, de forma similar a las prácticas rituales de las antiguas sociedades mistéricas europeas y asiáticas, siendo recibido en los misterios de Isis y Osiris. El aspirante, tras ser recibido, pasa la primera puerta, donde puede contemplar la luz. Posteriormente los hombres armados que custodian las puertas deben conducirle a la entrada de los templos subterráneos, en donde no se puede desvelar ni divulgar ningún elemento relativo a la iniciación. Por ello, el príncipe debe cumplir una serie de obligaciones y máximas, sin difundir a los profanos las palabras sagradas. Las ceremonias son similares a las de Orfeo, al igual que la presencia de catacumbas, como en el caso de Dante en el descenso a los infiernos, aludiendo a las alegorías mitológicas griegas. Por otro lado, la iniciación se concibe como una estructura metafísica tripartita, desarrollada en diferentes pruebas referidas a los elementos terrestres, como la del fuego, la del agua y la del aire, que tendrán que ir acompañadas por sus correlativas purificaciones y alegorías, al igual que en los misterios de Ceres[363]. En conclusión, la enseñanza directa permite que el neófito alcance los conceptos mistérico-iniciáticos en toda su extensión con la ayuda de las directrices del maestro. Ello incide en un exhaustivo aprendizaje que se verá reflejado en las expectativas del aspirante. Se aprecia, pues, un paralelismo entre los misterios de Isis, Osiris, Mitra, Eleusis, Ceres etc. con los modernos rituales masónicos escocistas del siglo XVIII por la superposición gradual, la realización de las pruebas y la transmutación de los metales. De este modo, se dividen las sociedades en mistéricas, portadoras de una serie de secretos complejos, e iniciáticas, en las que el postulante no pasa más de seis horas en su inmersión iniciática, siendo su única meta la purificación del alma, dividida en: invocación, instrucción y enseñanza sagrada. En definitiva, la iniciación es el único camino hacia la virtud, entendida como renovación místico-espiritual, concluyendo con la elevación como la voz del deber. Ello motiva que los iniciados estén preparados para desempeñar dichas tareas como seres virtuosos, recibidos en la corporación. El cuarto libro del primer volumen de la obra de Sethos habla del afrocentrismo dirigido por la civilización egipcia en contraposición a la cartaginesa. En la iniciación egipcia se localizan algunos sacrificios expiatorios y distinguidas ceremonias solares que hacen alusión al elenco de divinidades del país del Kemet (Nilo). Al igual que en los ritos egipcios, en las corporaciones iniciáticas cartaginesas no se deben mantener conversaciones con los profanos, ya que si no, se desvelarían los secretos. Por ello, se deben ejecutar de forma correcta las primeras pruebas iniciáticas, debido a que estas permitirán la entrada en la pirámide y, por ende, la iniciación de los postulantes. Los aspirantes serán recibidos en la ciudad de Menfis como virtuosos, permitiéndoles llevar una vida agradable y pacífica en la corporación mistérica[364]. Además, deben guardar el título honorable de ser iniciado, equiparado al de los reyes o personajes de la alta sociedad egipcia[365], mientras repiten un recital y una ceremonia similares a los de los cartagineses, los cuales emplean varias jornadas para la realización de distintas procesiones, manifestaciones y distintos actos iniciáticos en los subterráneos. La iniciación es un momento en el que el postulante debe situarse delante de la estatua triple que guarda la entrada a la gran pirámide, humillándose ante las divinidades de la corporación mistérica. Tras esto, el gran maestro, vinculado con la figura del sacerdote, consagra al recipiendario obligándole a obedecer y rendirse ante todo lo supranatural, en primer lugar ante Isis, en segundo lugar Osiris y en tercer lugar Tifón. Durante el tercer día, el mismo ritual se dedica a Horus, dios del secreto y del silencio. Trascurrido este tiempo el iniciado formula una promesa y jura no dialogar ni tener conversación con ningún profano de lo acontecido durante los doce días de iniciación. Sin embargo, en el caso en que el postulante revele el secreto transmitido, será declarado culpable y pagará con su vida, siendo sacrificado al revelar el juramento y los secretos de la corporación. Esto lo realiza Sethos cuando entra en la gran pirámide y desciende a los infiernos o a las estancias subterráneas, en las que pasa un tiempo en silencio. En primer lugar realiza el primer nacimiento con una serie de meditaciones y estudios sin alejarse de la puerta de acceso. Posteriormente, Sethos seguirá una serie de instrucciones[366] y ejercicios espirituales, análogos a los del grado de aprendiz en la masonería moderna, donde aprenderá distintos conocimientos religiosos, morales, físicos y matemáticos, siguiendo, a tenor de lo expuesto por la obra de Jean Terrasson *Sethos, histoire, ou Vie tirée des monumens, anecdotes de l'ancienne Égypte*, una educación reglada, extremadamente rígida, que le permitirá al joven príncipe alcanzar la perfección iniciática[367]. En los templos superiores, el neófito deberá aprender la lengua, la pronunciación, la historia y los deberes morales, es decir, una educación exhaustiva durante diez años en los que podrá asistir a sacrificios del santuario de forma análoga a los grados masónicos. A la edad de dieciocho años el postulante conoce el verdadero secreto tras iniciarse en la corporación mistérica, convirtiéndose en un agregado iniciático del colegio sacerdotal de Menfis, donde no podrá expresarse en público ni con los aspirantes tras el transcurso de siete años, al igual que el grado de aprendiz masón[368]. Como colofón, la iniciación mistérica es similar a los ritos usados en las logias francesas con la fórmula *mystos* (silencio), en la que el aprendiz masón debe guardar silencio, dejándose guiar e influenciar por los compañeros o maestros, desempeñando, por lo tanto, los distintos trabajos rituales. Por ello, las ceremonias son parecidas, ya que las logias dieciochescas toman dichos elementos con carácter simbólico[369]. En el quinto libro se describe la salida del príncipe Sethos de la cámara[370], lo que le permitió haber sido recibido en la corporación tras haber superado las distintas pruebas[371].

El príncipe realiza estas pruebas para mantener la estructura jerárquica y las instituciones legadas por su predecesor, estableciendo el control de Egipto en una doble capital, Menfis y Tebas. De hecho, se aprecia en esta publicación un exhaustivo estudio de carácter etnológico y antropológico[372]. En fin, Jean Terrasson analiza en su libro sexto los periplos del príncipe Sethos por el continente africano y los dominios asiáticos para establecer las distintas relaciones comerciales en los distintos enclaves, como fenicios, etíopes, sudaneses, etc. Por otro lado, el contacto cultural permite a Egipto convertirse en la efigie del continente africano por su milenaria cultura y por su poder centralizado[373], mientras forja distintas alianzas comerciales. Finalmente, Sethos puede apreciar las distintas costumbres de los diferentes pueblos del continente africano —etíopes o sudaneses—, así como sus estudios antropológicos, lingüísticos y folclóricos, que inciden en la hegemonía imperialista egipcia[374]. Concluye la fuente con una serie de anotaciones culturales sobre las distintas costumbres establecidas en las instituciones africanas como información sustancial que permite la comprensión del misterio egipcio[375]. Al final del primer volumen se localizan una serie de anotaciones y curiosidades literarias que explican el significado de los textos egipcios como fuente de información cultural; las ciencias en Egipto (escultura, pintura, música, arquitectura, etc.) son estudiadas y analizadas por el príncipe Sethos, factores que inciden en la iniciación del príncipe egipcio. En la institución egipcia, Sethos aprendió los distintos procedimientos iniciáticos[376] que serán utilizados como fuente en las logias masónicas de la Europa ilustrada[377], principalmente en aquellas que trabajan los rituales escocistas[378]. Por ello, la conexión con los textos grecorromanos (Platón, Aristóteles, Plutarco o Diodoro de Sicilia) que son citados por el abad J. Terrasson permiten mantener cierto rigor histórico en su obra. Como colofón, el abate francés introduce algunas teorías clásicas de Fidias, Praxíteles o Aristóteles y ciertos mitos en sus textos, como el de Aquiles o la heroica ciudad de Troya. Por último, para transmitir en sus líneas el secreto de la corporación isíaca al igual que en las logias, donde se practican los rituales escocistas, nutridos de los elementos mistéricos filohelenos, confiriendo, de esta forma, el ritual de iniciación.

NOTAS

[1] Gil González, Fernando, *La Inquisición, ¿decadencia, abolición o reconversión?*, Colex, A Coruña, 2020, p. 122.

[2] RAE: www.rae.es.

[3] Pérez Galdós, Benito, *Episodios nacionales*, Capítulo I: *Napoleón en Chamartín*, Alianza Editorial.

[4] El Sol de Cádiz (17 de octubre de 1812): http://hemerotecadigital.bne.es/issue.vm?id=0004380650.

[5] *Ibídem*, http://hemerotecadigital.bne.es/issue.vm?id=0004380650.

[6] Ferrer Benimeli, José Antonio, *Masones, comuneros y carbonarios*, Siglo XXI, Madrid, pp. 145-146.

[7] Martínez de las Heras, Agustín, en Javier Fernández Sebastián y Juan Francisco Fuentes (eds.), *Diccionario político y social del siglo XIX español*, Alianza Editorial, Madrid, 2023.

[8] Gil González, Fernando, *Inquisición: ¿decadencia, ascenso o reconversión?*, Colex, A Coruña, 2020, p. 165.

[9] Valdunciel, Laura, «Los Montes de Piedad recuperan protagonismo en España», en J. C. Ayala (coord.), *Conocimiento, innovador y emprendedores: Camino al futuro*, Universidad de La Rioja, Logroño, 2007, pp. 748-757.

[10] Encíclica *Humanum genus*, emitida, sancionada y publicada por León XIII el 20 abril de 1884: http://www.homilia.org/NewAge/humanumGenus.pdf.

[11] Calvo González Regueral, Fernando, *Homo bellicus. Una historia de la humanidad a través de la guerra*, Editorial Arzalia, Madrid, 2021, p. 341.

[12] Martínez de las Heras, Agustín, «Masonería», en J. Fernández Sebastián y J. F. Fuentes (eds.), *Diccionario político y social del siglo XIX*, Alianza Editorial, Madrid, 2000, pp. 442-443.

[13] Gil González, Fernando, *Masonería y Sociedad de Naciones*, Amarante, Salamanca, 2023.

[14] Gómez, José Luis, *Entrevista a un masón*, Editorial Séneca, Ciudad de México, 2006.

[15] Gil González, Fernando, *¿Masonas en la Ilustración?*, Ed. Masónica, Oviedo, 2021, p. 272.

[16] Lacoco, Nicola, *Historia oculta de la masonería*, Ed. Masónica, Oviedo, 2016, p. 298.

[17] Jato, José Miguel, *Fragmentos de la masonería espiritual*, Ed. Masónica, Oviedo, 2019, p. 256.

[18] *Cantar de los Cantares*, 1, 6.1.

[19] Gittins, Ian, *Revelación del código masónico. Secretos de la llave de Salomón*, México, 2007, p. 203.

[20] Digesto, 47, 22, 4; Plutarco, *Numa*, 15 y Plinio, *Hist. Nat.*, 34, 1. Cfr. Alvarado Planas, Javier, *Heráldica, simbolismo y usos tradicionales de las corporaciones de Oficio; las marcas de cantero*, Ed. Hidalguía, Madrid, pp. 13-22.

[21] Janne, F., *Die Baülhutten des deutschen Mittlaters*, Leizpig, 1876. Traducido por Julio Paulis.

[22] *Codex Iustinianeo*, 1, 23, 7.

[23] MGS; Scriptores, 30, 2.

[24] Coletta, Lisa, *The Legacy of the Grand Tour*, Fairleight Dickinson University Press, Vancouver, 2015, p. 226.

[25] Alvarado Planas, Javier, *Monarcas masones y otros príncipes de la Acacia*, Ed. Dykinson, Madrid, 2017, pp. 11-26.

[26] Gil González, Fernando, *La masonería en la Ilustración: ¿Sociedad secreta o con secretos?*, Cyan, Madrid, 2020, p. 46.

[27] Canales Aliende, J. M., «Actualidad y utilidad de las constituciones de Anderson», *Advocatus*, vol. 15 (2017), pp. 59-69.

[28] *Constituciones de Anderson*. Scholosser, José, *Orígenes de la masonería*, Montevideo, 1996.

[29] *Ibídem.*

[30] *Ibídem.*

[31] *Ibídem.*

[32] *Ibídem.*

[33] Anónimo, *Desfontaine Lettre de M. L'abbe...*, en *Le ecole des Franc-Maçons*, Jerusalén, 1744, pp. 6-7 y 11. Cfr. La Tierce, Louis Franóise, *Histoire, Obligations et Status de la Tres Venerable Confraternité des Francmaçons*, Libreries de Sciences Ocultes W. N. Schors, Ámsterdam, 1747, pp. 80-86.

[34] *Los secretos de los liberi muratori revelados al público*, 1786.

[35] Ferrer Benimeli, José Antonio, «El francmasón entre la Ilustración y el iluminismo», en *Homenaje a Pedro Sainz Rodríguez*, Tomo II, Madrid, 1986, pp. 235-256.

[36] Ídem, Masonería, *Iglesia, Revolución e Independencia*, Universidad Javierana, Cali (Colombia), 2015, p. 272.

[37] Entick, John, *The Pocket Companion and History of Freemasons... and Apology for the Free and Accepted Masons*, Scott, Londres, 1754, pp. 243-244.

[38] Koselleck, Reinhart, *Crítica y crisis. Un estudio sobre la patogénesis del mundo burgués*, Ed. Trotta, Madrid, 2007, pp. 64-73.

[39] Ferrer Benimeli, José Antonio, *La masonería española: la historia en sus textos*, Ed. Itsmo, Madrid, 1996, pp. 11-16.

[40] Alvarado Planas, Javier, *Masones en la nobleza de España*, La Esfera de los Libros, Madrid, 2016, pp. 77-82.

[41] Real Cédula del 31 de agosto de 1814: https://bvpb.mcu.es/es/catalogo_imagenes/grupo.do?path=164946.

[42] García Munición, Ezequiel, Tesis doctoral: *Militares y masonería*, UCM, Facultad de Ciencias Políticas y Sociología, Madrid, pp. 103-104.

[43] Alcalá Galiano, Antonio, *Recuerdos de un anciano*, Imprenta Central de Víctor Sanz, Madrid, 1878, Tomo I, p. 210.

[44] Ferrer Benimeli, José Antonio, *La Masonería*, Cronología, Madrid, 2005, p. 244.

[45] Martínez Millán, José, «Inquisición y masonería», en *La masonería española (1728-1939)*, Exposición, Alicante-Valencia, 1989, pp. 117-122.

[46] Gil González, Fernando, *La represión de las nuevas formas de sociabilidad. Inquisición y Masonería a través de los procesos judiciales del siglo XVIII*, UNED, Madrid, p. 309.

[47] Radouer, Françoise, «Utilidad de un catálogo de masones-diputados a Cortes», en Ferrer Benimeli, J. A. (coord.), *La masonería en la Historia de España. Actas del I Symposium de Metodología Aplicada a la Historia de la Masonería Española. Zaragoza, 20-22 de junio de 1983*, 1989, pp. 55-103.

[48] Ferrer Benimeli, José Antonio, «El conde de Aranda, ese gran desconocido», *Argensola. Revista de Ciencias Sociales del Instituto de Estudios Alto-Aragoneses*, 71-78 (1971-1974), pp. 23-52.

[49] *Ibídem*, p. 38.

[50] *Ibídem*, pp. 23-52.

[51] Moreno Alonso, Manuel, «La represión de la masonería por Fernando VII», en *La Masonería Española (1728- 1939)*, pp. 123-130.

[52] Ferrer Benimeli, José Antonio, *La masonería española. La historia en sus textos*, Madrid, 1996, pp. 49-52. Cfr. Biblioteca Nacional de París, ms. FM 560.

[53] Alvarado Planas, Javier, *Masones en la nobleza de España*, Madrid, 2016, pp. 77-82.

[54] Queipo de Llano, José María, conde de Toreno, *Historia del levantamiento, guerra y revolución de España*, BAE, Madrid, 1953, p. 408.

[55] Brey Blanco, José Luis, «Liberalismo, nación y soberanía en la Constitución española de 1812», en Álvarez Vélez, María Isabel (coord.), *Las Cortes de Cádiz y la Constitución de 1812: ¿la primera revolución liberal española?*, Madrid, Colección Bicentenario de las Cortes de Cádiz, Cortes Generales, Zaragoza, 2012, pp. 69-108.

[56] MARQUÉS DE VALDELOMAR, Abraham, *El partido fernandino y la masonería*, Prensa Española, Madrid, 1974, pp. 202-203.

[57] MORENO ALONSO, Manuel, «Lucha contra los masones en España hacia 1820. Razones contemporáneas de una persecución», en J. A. Ferrer Benimeli (coord.), *La masonería en la historia de España*, Zaragoza, 1985, pp. 41- 53.

[58] ALVARADO PLANAS, Javier, *Masones en la nobleza de España*, La Esfera de los Libros, Madrid, 2016, pp. 109-120.

[59] FERRER BENIMELI, José Antonio, «Las Cortes de Cádiz, América y la masonería», *Cuadernos Hispanoamericanos*, 460 (octubre de 1988), p. 34.

[60] ESCUDERO LÓPEZ, José Antonio, *Las sociedades secretas ante la legislación española del siglo XIX*, en Ferrer Benimeli, J. A. (coord.), 1989, Zaragoza, pp. 511-544.

[61] ALVARADO PLANAS, Javier, *Masones en la historia de España*, La Esfera de los Libros, Madrid, 2016, pp. 109-120.

[62] AHN, Madrid, Osuna, 317.

[63] MORENO ALONSO, Manuel, «La represión de la masonería por Fernando VII», en *La masonería española (1728- 1939), Exposición*, Alicante-Valencia, 1989, pp. 123-130.

[64] AGP, Fernando VII, Papeles Reservados, tomo 18.

[65] AGP, Fernando VII, Papeles Reservados, escrito del año 1822, Tomo 67, fol. 210 vto.

[66] *Ibídem.*

[67] ÁLVAREZ LÁZARO, Pedro, «La Institución Libre de Enseñanza y el universalismo masónico europeo», *Revista de Occidente*, 101 (octubre de 1989), pp. 88-106.

[68] STEVENSON, David, *The origins of the Freemasonry: Scotland's Century, 1590-1710*, Cambridge University Press, Cambridge, 1988.

[69] *Las constituciones de Anderson de 1723. La Constitución de 1723*, traducción de F. Climent Torrent, 1936.

[70] MORGAN, G., *Los francmasones. Sus secretos revelados*, Evergreeen, Bath, 2008.

[71] LANGLET, P., *Textes foundateurs de la franc-maçonnerie*, Dervy, París, 2006, pp. 404-407. Traducción realizada por Fernando Gil González.

[72] AHN, Consejos, Alcaldes de Casa y Corte, año 1751, fols. 314-315.

[73] FERRER BENIMELI, José Antonio, «Las Cortes de Cádiz, América y la masonería», *Cuadernos Hispanoamericanos, América y las Cortes de Cádiz*, 460 (octubre de 1988), pp. 7-34.

[74] El matinal *El Sensato*, publicado en Santiago de Compostela el 26 de septiembre de 1811, número 7, pp. 105-111.

[75] VARELA GONZÁLEZ, Isaura, «Inquisición y sociedades secretas en el primer tercio del siglo XIX», en Ferrer Benimeli, J. A. (coord.), *La masonería española. Represión y exilios*, vol. II, Ed. CEHM, Almería, 2010, pp. 797-810.

[76] *Diario Mercantil:* http://hemerotecadigital.bne.es/details.vm?o=&w=2254-5301&f=issn&l=500.

[77] *Ibídem*: http://hemerotecadigital.bne.es/details.vm?o=&w=2254-5301&f=issn&l=500.

[78] Ramos Santana, A., «De Cádiz a las Cabezas de San Juan y viceversa. El pronunciamiento de Riego», *Andalucía en la Historia*, 68, pp. 76-79.

[79] Júlbez Campos, M. y Pizarro Llorente, H., «Masonería bonapartista en Madrid (1812-1820) a través de los papeles inquisitoriales, en Ferrer Benimeli, J. A., *La masonería en España, op. cit.*, 1989, pp. 71-78.

[80] Real Cédula del 31 de agosto de 1812.

[81] *Ibídem.*

[82] *Ibídem.*

[83] *Ibídem.*

[84] *Ibídem.*

[85] Gil González, F., «Los masones procesados por el Tribunal de la Inquisición en el Virreinato de la Nueva España en los siglos XVIII y XIX», en Manuel Torres Aguilar, Miguel Pino Abad y Carmen Losa Contreras (eds.), *Poder, Sociedad y Administración de Justicia en la América Hispana (siglos XVI-XIX)*, vol. II, Dykinson, Madrid, pp. 1289-1304.

[86] Ferrer Benimeli, J. A., *La masonería española. La historia en sus textos*, Itsmo, Madrid, 1996, pp. 49-52.

[87] Torres-Cuevas, Eduardo, «The complicated origins of Cuban Masonry: The temple of the Theological Virtues», *REMHLAC*, 2013, Número Especial, pp. 106-113.

[88] Alonso, Manuel, La represión de la masonería..., *op. cit.*, pp. 123-130.

[89] Real Cédula de Fernando VII, 31 de agosto de 1813.

[90] *El Sol de Cádiz*: http://hemerotecadigital.bne.es/issue.vm?id=0005411972.

[91] Constituciones de James Anderson.

[92] Díez-Morrás, F. J, «Masonería y revolución liberal en España. La confederación de Comuneros», *REHMLAC*, vol. 11, n. 2 (Junio/julio de 2002), pp. 1-27.

[93] Real Cédula de Fernando VII publicada el 31 de agosto de 1813.

[94] Polo, R., «Masonería y literatura, dos ámbitos en confluencia», *Revista La Página*, 77, Año XXI, n. 1, Santa Cruz de Tenerife (mayo de 2009), pp. 27-45.

[95] Ferrer Benimeli, José Antonio, *Masonería, Iglesia e Ilustración. Un conflicto ideológico-político-religioso. Las bases de un conflicto (1700-1739)*, volumen I, Fundación Universitaria Española, Madrid, 1976, pp. 54-63.

[96] Suárez Cortina, Manuel, *La España liberal (1868-1917). Política y sociedad*, Editorial Síntesis, Madrid, 2006, pp. 330-341.

[97] Gómez Ochoa, Fidel, «El conservadurismo canovista y los orígenes de la Restauración: la formación de un nuevo conservadurismo moderno», en Suárez Cortina, Manuel (ed.), *La Restauración. Entre el liberalismo y la democracia*, Alianza Editorial, Madrid, 1997, p. 109.

[98] Las publicaciones de Anderson tienen un papel fundamental en la historia de la institución masónica. Además de ser consideradas el texto fundacional de la masonería moderna, rigen aspectos y facetas de la vida en los templos. Son, en definitiva, la guía a seguir por todo buen masón. Cfr. Ferrer Benimeli, José Antonio, 1986, *op. cit. Ibídem*, pp. 57-63.

[99] Dardé Morales, Carlos, «Los partidos republicanos en la primera etapa de la Restauración, 1875-1900», en Jover Zamora, J. M., *El Siglo XIX en España: Doce Estudios*, Editorial Planeta, Barcelona, 1974, pp. 433-464.

[100] Ferrer Benimeli, José Antonio, La masonería española en el siglo XVIII, Historia Siglo XXI, Madrid, 1974. p. 68.

[101] Cfr. Sánchez Ferre, Pere, «Las Constituciones de Anderson en España», *Revista de Historia de la Masonería Latinoamericana y Caribeña*, vol. 8, n. 2 (2017), p. 37.

[102] Ferrer Benimeli, José Antonio, «El krausoinstitucionismo, la masonería y el librepensamiento», en Suárez Cortina, Manuel (coord.), Libertad, Armonía y Tolerancia: La Cultura Institucionista en la España Contemporánea, Editorial Tecnos, Madrid, 2011, pp. 326-327.

[103] Álvarez Lázaro, Pedro, *La masonería, escuela de formación del ciudadano: La educación interna de los masones españoles en el último tercio del siglo XIX*, Universidad Pontificia Comillas, Madrid, 1996, pp. 65-71.

[104] Gran Oriente de España o GOE.

[105] CDMH, Masonería, Sección Especial, Legajo n. A-737, Expediente n. 4, Subexpediente n. 9.

[106] Ferrer Benimeli, José Antonio, *Masonería, Iglesia e Ilustración: Un conflicto ideológico-político-religioso. Las bases de...*, *op. cit.*, pp. 29-34.

[107] Boletín de la logia Francisco Arouet de Ferrol.

[108] Ferrer Benimeli, José Antonio, *La masonería española en el siglo XVIII*, Historia Siglo XXI, Madrid, 1974. p. 68.

[109] Cuando el Tribunal para la Represión de la Masonería y el Comunismo, creado en 1940, juzgue la andadura masónica de uno de los principales políticos republicanos del siglo XX, Alejandro Lerroux, este señalará que el principal motivo de su iniciación, acaecida en 1887, fue el fraternal mutualismo de la organización. Todo parece indicar que su situación económica por aquel tiempo no era nada boyante. Véase Álvarez Junco, José, *El emperador del Paralelo: Lerroux y la demagogia populista*, Alianza Editorial, Madrid, 1990, pp. 41-42.

[110] Hasta fin del siglo, el número de logias existentes en Cataluña superaba las 177, siendo la segunda región de España con mayor número de ellas en activo, solo por detrás de Andalucía. Véase Arbeloa, Víctor Manuel,

Clericalismo y anticlericalismo en España (1767-1930). Una introducción, Editorial Encuentro, Madrid, 2009, p. 311.

[111] Ferrer Benimeli, José Antonio, *Masonería, Iglesia e Ilustración: Un conflicto ideológico-político-religioso. La otra cara del conflicto. Conclusiones y bibliografía*, vol. IV, Fundación Universitaria Española, Madrid, 1976, p. 33.

[112] Sánchez Ferré, Pere, *La maçoneria a Catalunya: 1868-1936*, Edicions 62, Barcelona, 1990, p. 40.

[113] Ibídem, pp. 40-41.

[114] Sánchez Ferré, Pere, *La maçoneria a Catalunya..., op. cit.*, p. 41.

[115] Ureña, Enrique, *Krause, educador de la humanidad*, Universidad Pontificia Comillas, Madrid, 1991, p. 105.

[116] Aunque las cifras de analfabetismo descendieron a lo largo del siglo XIX de una manera continua, en 1887 este alcanzaba al 71,12 por ciento de la población. Para 1900, el porcentaje de analfabetos seguirá siendo todavía elevado.

[117] Boletín Oficial del Gran Oriente Español. Madrid, 15 de julio de 1889, n. 2, p. 3.

[118] Históricamente, el GOE siempre se había sentido identificado como una corporación hostil al constructo político ideado por Antonio Cánovas del Castillo. Véase Gómez Molleda, María Dolores, *La masonería en la crisis española del siglo XX*, Taurus, Madrid, 1986, p. 29.

[119] Véase Álvarez Lázaro, Pedro, *La masonería, escuela de formación del ciudadano..., op. cit.*, pp. 69-70. *Ibídem*, pp. 3-4.

[120] Véase Rueda Hernanz, Germán, *España, 1790-1900. Sociedad y condiciones económicas*, Ediciones Istmo, Madrid, 2006, pp. 239-250.

[121] Suárez Cortina, Manuel, *La España liberal (1868-1917), op. cit.*, pp. 325-330.

[122] Juliá, Santos, *Vida y tiempo de Manuel Azaña, 1880-1940*, Taurus, Madrid, 2008, pp. 292-293.

[123] Ferrer Benimeli, José Antonio, *El krausoinstitucionismo, la masonería y el..., op. cit.*, pp. 336-337. Arbeloa, Víctor Manuel, *Clericalismo y anticlericalismo en España..., op. cit.*, p. 310.

[124] Un análisis clásico y exhaustivo sobre la educación y los distintos tipos de escuelas existentes en el periodo que estamos trabajando puede obtenerse en Turin, Yvonne, *La educación y la escuela en España de 1874 a 1902: Liberalismo y tradición*, edición traducida por Josefa Hernández Alonso, Ediciones Aguilar, Madrid, 1967.

[125] Álvarez Lázaro, Pedro, «Krausistas, institucionistas y masones en la España del siglo XIX», en Álvarez Lázaro, Pedro y Vázquez-Romero, José Manuel (eds.), *Krause, Giner y la Institución Libre de Enseñanza*, Universidad Pontificia Comillas, Madrid, 2005, pp. 132-136. El historiador José Antonio Ferrer Benimeli defiende que los dos fundadores de la ILE,

Francisco Giner de los Ríos y Bartolomé Cossío, al igual que la mayoría de krausoinstitucionistas, nunca fueron masones. Véase FERRER BENIMELI, José Antonio, *El krausoinstitucionismo, la masonería...*, *op. cit.*, p. 314. Cfr. SÁNCHEZ FERRÉ, Pere, *La masonería y los masones españoles del siglo XX. Los pasos perdidos*, Ediciones MRA, Barcelona, 2012, pp. 19-20.

126 En Santander existieron este tipo de asociaciones educativas laicas, cuyo presidente honorario fue el masón y líder del librepensamiento Fernando Lozano Montés. Véase CUEVA MERINO, Julio, *De las clericales y anticlericales: el conflicto entre confesionalidad y secularización en Cantabria (1875-1923)*, Servicio de Publicaciones de la Universidad de Cantabria, Santander, 1994, p. 197.

127 ÁLVAREZ LÁZARO, Pedro, *La masonería, escuela de formación del ciudadano...*, *op. cit.*, pp. 327-328. Aunque el PSOE, junto con su principal medio de comunicación, el periódico *El Socialista*, reconocía los esfuerzos de la masonería en favor de la libertad, la laicidad y la tolerancia, considera a esta un mero títere del sistema capitalista, pues apenas «tiende a combatir el mal económico y político, principales generadores de los males sociales». Véase ARBELOA, Víctor Manuel, «Los socialistas españoles y la masonería», *Historia 16*, 35 (1979), pp. 38-42.

128 *Ibídem*, p. 43.

129 ORTIZ ALBEAR, Natividad, «Masonería y feminismo en tiempos de Sagasta», en Ferrer Benimeli, José Antonio (coord.), *La masonería española en la época de Sagasta. Actas del XI Symposium Internacional de Historia de la Masonería Española*, vol. I, Centro de Estudios Históricos de la Masonería Española, Zaragoza, 2007, p. 281.

130 Gran Oriente Nacional de España (GONE) y, en adelante, GODE (Gran Oriente de España).

131 ORTIZ ALBEAR, Natividad, *Masonería y feminismo en tiempos...*, *op. cit.*, pp. 283-287.

132 ALVARADO PLANAS, Javier, *Masones en la nobleza de España. Una hermandad de iluminados*, La Esfera de los Libros, Madrid, 2016, p. 287.

133 En el mes de septiembre de 1917, el GOE creará una comisión de logias para «recaudar y repartir auxilios a los presos y perseguidos por los sucesos pasados (en referencia a la Asamblea de Parlamentarios y a la huelga general de agosto)». Véase MARTÍN, Luis P., *Los arquitectos de la República: Los masones y la política en España, 1900-1936*, Marcial Pons Historia, Madrid, 2007, p. 41.

134 Véase CDMH, Masonería, Sección especial, Legajo A-737, Expediente n. 4, Subexpediente n. 9.

135 GONZÁLEZ NEIRA, Aquilino, *Rosario de Acuña: Masonería y anticlericalismo burgués*, Eikasia Ediciones, Oviedo, 2005, pp. 291-295.

136 CDMH, Masonería, Sección especial, Legajo A-737, Expediente n. 4, Subexpediente n. 9.

[137] González Neira, Aquilino, *Rosario de Acuña: Masonería..., op. cit.*, pp. 295-300.

[138] Absuelto por el tercero, la condena recaería sobre sus palabras hacia el rey aparecidas en los dos primeros. Véase Rabaté, Collete y Rabaté, Jean Claude, *Miguel de Unamuno: Biografía*, Taurus, Madrid, 2009, p. 403

[139] Alvarado Planas, Javier, *Masones en la nobleza de España. Una hermandad..., op. cit.*, p. 303.

[140] Tusell, Javier y Queipo de Llano, Genoveva G., *Alfonso XIII, el rey polémico*, Taurus, Madrid, 2001, p. 405.

[141] Rabaté, Collete y Rabaté, Jean Claude, *Miguel de Unamuno..., op. cit.*, pp. 403-404, hace todavía más.

[142] La llegada de la intelectualidad española a la masonería se corresponde con el inicio de la década de los años veinte, aumentando considerablemente el número de iniciaciones de personas relacionadas con el mundo de la cultura y de la política a partir de 1924, primer año del régimen dictatorial de Miguel Primo de Rivera. Véase Alvarado Planas, Javier, *Masones en la nobleza de España. Una hermandad..., op. cit.*, p. 304.

[143] Ferrer Benimeli, José Antonio, «El Dr. Luis Simarro y la masonería», en Samaniego Boneu, Mercedes y Arco López, Valentín, *Historia, literatura, pensamiento: Estudios en homenaje a María Dolores Gómez Molleda*, vol. I, Universidad de Salamanca, Salamanca, 1990, p. 426.

[144] Véase Alvarado Planas, Javier, *Masones en la nobleza de España. Una hermandad..., op. cit.*, p. 297.

[145] Ferrer Benimeli, José Antonio, «El Dr. Luis Simarro...», en *op. cit.*, pp. 422-426.

[146] Gómez Molleda, María Dolores, *La masonería en la crisis española del..., op. cit.*

[147] Los manifiestos elaborados, además de pedir una salida pacífica a la cuestión bélica, se decantaban por apoyar la causa de los aliados, al ser esta la que coincide «con los más hondos e indudables intereses políticos de la nación». Aparecía en ellos la firma de importantes personalidades de la generación del 14, como José Ortega y Gasset o Manuel Azaña. Véase Ferrer Benimeli, José Antonio, «El Dr. Luis Simarro...», en *op. cit.*, p. 431.

[148] Alvarado Planas, Javier, *Masones en la nobleza de España. Una hermandad..., op. cit.*, p. 300.

[149] Cfr. Vidal, César, *Los masones. La sociedad secreta más influyente de la historia*, Editorial Planeta, Barcelona, 2005, p. 18.

[150] El artículo completo puede verse en Enríquez del Árbol, Eduardo, «La masonería española y la política: ¿objetivos comunes?», en Ferrer Benimeli, José Antonio (coord.), *Masonería, política y sociedad. III Symposium de Metodología Aplicada a la Historia de la Masonería Española*, vol. I, Centro de Estudios Históricos de la Masonería Española, Zaragoza, 1989, p. 3.

[151] Ferrer Benimeli, José Antonio, *La masonería actual*, Editorial AHR, Barcelona, 1977, p. 80.

[152] *Ibídem*, pp. 82-84.

[153] Alvarado Planas, Javier, *Masones en la nobleza de España. Una hermandad...*, *op. cit.*, pp. 244-246. La definición de masonería señalada por Práxedes Mateo Sagasta, quien fuera su gran maestro entre 1876 y 1881, refleja el compromiso del Gran Oriente de España con la regularidad masónica: «No es un partido, no es una secta, sino que siendo una institución esencialmente caritativa, esencialmente humanitaria y sabia por las enseñanzas que en ella depositaron inteligencias tan grandes (...), aspira a fundir en un solo pensamiento los pareceres diversos, las opuestas opiniones y espera ver realizados, mediante la fraternal unión de todos los hombres, los bellos ideales de la humanidad entera: el amor a la patria, el amor hispano durante el reinado de Alfonso XII fueron órdenes, por lo menos hasta que se produjeron escisiones en sus filas, completamente rigurosas con esta herencia recibida».

[154] Gabriel, Pere, «Las naciones de los republicanos y la batalla de los símbolos en España», en Suárez Cortina, Manuel y Ridolfi, Maurizio (eds.), *El Estado y la nación: Cuestión nacional, centralismo y federalismo en la Europa del sur*, Ediciones Universidad de Cantabria, Santander, 2013, pp. 198-199.

[155] Álvarez Lázaro, Pedro, «Pluralismo masónico en España», en Ferrer Benimeli, José Antonio (coord.), *La masonería en la España del siglo XIX. Actas del II Symposium de Metodología Aplicada a la Historia de la Masonería Española*, vol. I, Junta de Castilla y León, Consejería de Educación y Cultura, Salamanca, 1987, p. 42.

[156] Alvarado Planas, Javier, *Masones en la nobleza de España. Una hermandad...*, *op. cit.*

[157] Ferrer Benimeli, José Antonio, «Masonería española. Siglos XIX y XX», *Tiempo de Historia*, año I, n. 11 (1975), pp. 15-16.

[158] Álvarez Lázaro, Pedro, «Las cámaras Giordano Bruno: un paradigma de anticlericalismo masónico decimonónico», en Ferrer Benimeli, José Antonio (coord.), *Masonería, política y sociedad. III Symposium de Metodología Aplicada a la Historia de la Masonería Española*, vol. I, Centro de Estudios Históricos de la Masonería Española, Zaragoza, 1989, p. 791.

[159] Gómez Molleda, María Dolores, *La masonería en la crisis española del...*, *op. cit.*, pp. 26-27.

[160] Álvarez Lázaro, Pedro, *La masonería. Escuela de formación del ciudadano...*, *op. cit.*, pp. 134-136. Cfr. Alvarado Planas, Javier, *Masones en la nobleza de España. Una hermandad...*, *op. cit.*, p. 262.

[161] Alvarado Planas, Javier, *Masones en la nobleza de España. Una hermandad...*, *op. cit.*, pp. 254-255.

[162] Sánchez Ferré, Pere, *La maçoneria a Catalunya, 1868...*, *op. cit.*, pp. 231-232.

[163] En el caso del Partido Liberal, los distintos avatares sufridos tras la desaparición de Sagasta pueden verse en VARELA ORTEGA, José, *Los amigos políticos: Partidos, elecciones y caciquismo en la Restauración (1875-1900)*, Marcial Pons Historia, Madrid, 2001. Para el Partido Conservador y el nacimiento de una de sus grandes escisiones, el maurismo, véase GONZÁLEZ HERNÁNDEZ, María Jesús, *Ciudadanía y acción. El conservadurismo maurista, 1907-1923*, Siglo XXI, Madrid, 1990. En cuanto a los círculos republicanos, véanse: SUÁREZ CORTINA, Manuel, «Republicanismos y democracia en la España del siglo XIX», en Suárez Cortina, Manuel y Ridolfi, Maurizio (eds.), *El Estado y la nación: Cuestión nacional, centralismo y federalismo en la Europa del sur*, Ediciones Universidad de Cantabria, Santander, 2013, pp. 215-244. SUÁREZ CORTINA, Manuel, *La España liberal (1868-1917): Política...*, *op. cit.*, pp. 212-221.

[164] Véase FERRER BENIMELI, José Antonio, *Jefes de Gobierno masones: España 1868-1936*, La Esfera de los Libros, Madrid, 2007, pp. 51-100.

[165] ALVARADO PLANAS, Javier, *Masones en la nobleza de España. Una hermandad...*, *op. cit.*, pp. 243-244.

[166] MARTÍN, Luis P., *Los arquitectos de la República*, *op. cit.*, pp. 108-109.

[167] HIDALGO NIETO, Victoria, «Masonería y libertad de asociación», en Ferrer Benimeli, José Antonio (coord.), *La masonería en la España del siglo XIX. Actas del II Symposium de Metodología Aplicada a la Historia de la Masonería Española*, vol. II, Junta de Castilla y León, Consejería de Educación y Cultura, Salamanca, 1987, p. 416.

[168] FERRER BENIMELI, José Antonio, «Práxedes Mateo Sagasta, gran maestro de la masonería», en Ídem (coord.), *La masonería española en la época de Sagasta. Actas del XI Symposium Internacional de Historia de la Masonería Española*, vol. I, Centro de Estudios Históricos de la Masonería Española, Zaragoza, 2007, pp. 26-27. Los representantes de las distintas instituciones masónicas debían presentar a la administración, ocho días antes de ser constituidas, los estatutos, reglamentos, lugar de domicilio y recursos con los que contaban para así recibir el visto bueno. Véase Ley de Asociaciones de 1887. Publicada en la Gaceta de Madrid, n. 193. Martes, 12 de julio de 1887.

[169] ARBELOA, Víctor Manuel, *Clericalismo y anticlericalismo*, *op. cit.*, p. 311. Así lo hizo el Gran Oriente Nacional de España en julio de 1887. Véase ALVARADO PLANAS, Javier, *Masones en la nobleza...*, *op. cit.*, p. 230.

[170] Véase HIDALGO NIETO, Victoria, *Masonería y libertad...*, *op. cit.*, p. 422.

[171] FERRER BENIMELI, José Antonio (coord.), *Masonería, política y sociedad. III Symposium de Metodología Aplicada a la Historia de la Masonería Española*, vol. II, Centro de Estudios Históricos de la Masonería Española, Zaragoza, 1989, p. 539.

[172] Ley de Asociaciones de 1887.

[173] ARBELOA, Víctor Manuel, *Clericalismo y anticlericalismo*, *op. cit.*, pp. 311-312.

[174] Zulueta, Luis de, *La oración del incrédulo: Ensayos sobre el problema religioso*, Biblioteca Nueva, Madrid, 1915, p. 82.

[175] Cfr. la carta apostólica de Clemente XII *In eminenti* el 28 de abril de 1738.

[176] Ferrer Benimeli, José Antonio, *La masonería*, *op. cit.*, p. 25.

[177] Ferrer Benimeli, José Antonio, *El krauso-institucionismo, la masonería y el...*, *op. cit.*, pp. 314-320 y Suárez Cortina, Manuel, *El gorro frigio. Liberalismo, democracia y republicanismo en la Restauración*, Sociedad Menéndez Pelayo, Madrid, 2000, p. 191.

[178] Arbeloa, Víctor Manuel, *Clericalismo y anticlericalismo*, *op. cit.*, pp. 312-313.

[179] León XIII, Encíclica *Humanum genus*, 20 de abril de 1884. http://w2.vatican.va/content/leo-xiii/it/encyclicals/documents/hf_l-xiii_enc_18840420_humanum-genus.html.

[180] Suárez Cortina, Manuel, *El gorro frigio. Liberalismo, democracia...*, *op. cit.*, pp. 160-161.

[181] Suárez Cortina, Manuel, *Entre cirios y garrotes: Política y religión en la España contemporánea, 1808- 1936*, Editorial de la Universidad de Cantabria, Santander, 2014, p. 162.

[182] Cueva Merino, Julio de la, *Clericales y anticlericales...*, *op. cit.*, p. 188.

[183] Véase Azaña Díaz, Manuel, *Memorias políticas y de guerra*, vol. I, Crítica, Barcelona, 1981, 4.a ed., p. 421.

[184] Tusquets, Joan, *La francmasonería, crimen de...*, *op. cit.*, p. 19.

[185] Ley del 1 de marzo de 1940 sobre Represión de la Masonería y del Comunismo, n. 62, pp. 1537-1539.

[186] Véase Juliá, Santos, *Historias de las dos Españas*, Ed. Taurus, Madrid, 2004. pp. 287-293.

[187] Tusquets, Joan, *La francmasonería, crimen de...*, op. cit., pp. 50-52.

[188] *Ibídem*, p. 61.

[189] Ferrer Benimeli, José Antonio, *Práxedes Mateo Sagasta, gran maestro*, *op. cit.*, pp. 33-35.

[190] Véase el n. 100 del Boletín Oficial del Grande Oriente Español relativo a noviembre de 1894.

[191] Tusell, Javier y Queipo de Llano, Genoveva, *Alfonso XIII, el rey...*, *op. cit.*, p. 104. 134

[192] Diario de Sesiones, Congreso de los Diputados. Miércoles, 14 de noviembre de 1894, n. 3, pp. 23-24.

[193] Canal, Jordi, *Los instrumentos del infierno: masonería y judaísmo*, *op. cit.*, pp. 62-64.

[194] Diario de Sesiones, Congreso de los Diputados. Miércoles, 14 de noviembre de 1894, *op. cit.*, pp. 24-26.

[195] *Ibídem*, pp. 26-27.

[196] Diario de Sesiones, Congreso de los Diputados. Miércoles, 14 de noviembre de 1894, *op. cit.*, pp. 27-28.

[197] *Ibídem*, p. 28. Alvarado Planas, Javier, *Masones en la nobleza…*, *op. cit.*, p. 272.

[198] Ferrer Benimeli, José Antonio, «España y el Congreso Antimasónico de Trento», en Ídem (coord.), *La masonería española y la crisis colonial del 98. Actas del VIII Symposium Internacional de Historia de la Masonería Española*, Centro de Estudios de la Masonería Española, Zaragoza, 1999, p. 279.

[199] Véase CDMH, Masonería, Sección Especial, Legajo n. 56-A, Expediente n. 2. Villegas sanz, María José, «Aproximación a la ideología de los talleres masónicos madrileños del siglo XIX», en Ferrer Benimeli, José Antonio (coord.), *La masonería en la España del siglo XIX. Actas del II Symposium de Metodología Aplicada a la Historia de la Masonería Española*, vol. II, Junta de Castilla y León, Consejería de Educación y Cultura, Valladolid, 1987, p. 547.

[200] Alvarado Planas, Javier, *Masones en la nobleza…*, *op. cit.*, pp. 33-34.

[201] *Ibídem*, 34-35.

[202] Sánchez Ferré, Pere, *La masonería y los masones…*, *op. cit.*, p. 17.

[203] Alvarado Planas, Javier, *Masones en la nobleza…*, *op. cit.*, pp. 205-206.

[204] Ortiz de Andrés, María Asunción, *Masonería y democracia en el siglo XIX: El Gran Oriente Español y su proyección político-social (1888-1896)*, Universidad Pontificia Comillas, Madrid, 1993, pp. 325-326.

[205] Jorge Torres, Abilio, *La masonería en la sociedad riojana, 1869-1939*, Universidad de la Rioja, Instituto de Estudios Riojanos, Logroño, 2015, p. 75.

[206] Véase González Hernández, María Jesús, *Ciudadanía y acción. El conservadurismo*, *op. cit.*, pp. 126-133.

[207] *Ibídem*, p. 165.

[208] Suárez Cortina, Manuel, *La España liberal (1868-1917): Política…*, *op. cit.*, pp. 206-207.

[209] Ley de Asociaciones de 1887.

[210] Alvarado Planas, Javier, *Masones en la nobleza…*, *op. cit.*, pp. 220-221.

[211] Véase Diario de Sesiones, Congreso de los Diputados. Lunes, 1 de febrero de 1904, n. 115, p. 3589.

[212] *Ibídem*, p. 3591.

[213] *Ibídem*, p. 3594.

[214] González Hernández, María Jesús, *Ciudadanía y acción. El conservadurismo*, *op. cit.*, pp. 68-69.

[215] Ley de 1 de marzo de 1940 sobre Represión de la Masonería y del comunismo, *op. cit.*, p. 1537.

[216] Sánchez Ferré, Pere, *La masonería y los masones españoles*, *op. cit.*, p. 45.

[217] *Ibídem*, p. 46.

[218] Gómez Molleda, María Dolores, *La masonería en la crisis española del...*, *op. cit.*, p. 30.

[219] Véase Suárez Cortina, Manuel, *El reformismo en España. Republicanos y reformistas bajo la monarquía de Alfonso XIII*, Siglo XXI, Madrid, 1986, p. 151.

[220] Pérez Casanova, Guillermo J., «Raemaekers y Picarol: la imagen del ejército alemán en la Gran Guerra desde una perspectiva aliadófila», en Gómez Ochoa, Fidel, Goñi Pérez, José María y Macías Fernández, Daniel (eds.), *La guerra: retórica y propaganda (1860-1970)*, Biblioteca Nueva, Madrid, 2014, p. 121. Hall, Morgan C., *Alfonso XIII y el ocaso de la monarquía liberal...*, *op. cit.*, pp. 202-207. Suárez Cortina, Manuel, *La España liberal (1868-1917): Política...*, *op. cit.*, pp. 196-199.

[221] Hall, Morgan C., *Alfonso XIII y el ocaso de la monarquía liberal, 1902-1923*, Alianza Editorial, Madrid, 2005, p. 36 y Gómez Molleda, María Dolores, *La masonería en la crisis española*, *op. cit.*, p. 30.

[222] Asamblea del GOE.

[223] Gómez Molleda, María Dolores, *La masonería en la crisis española*, *op. cit.*, p. 32.

[224] Véase Martín, Luis P., *Los arquitectos de la República*, *op. cit.*, pp. 69-70; 39-40. Revista *La Luz de la Verdad*, 16, 30 de agosto de 1891, p. 1.

[225] Canal, Jordi, «Los instrumentos del infierno: masonería y judaísmo en la prensa carlista a finales del siglo XIX», en Ferrer Benimeli, José Antonio (coord.), *La masonería española en la época de Sagasta. Actas del XI Symposium Internacional de Historia de la Masonería Española*, vol. I, Centro de Estudios Históricos de la Masonería Española, Zaragoza, 2007.

[226] Meléndez Pelayo, M., *Historia de los heterodoxos*, vol. 2, Madrid, p. 907.

[227] Ceballos Coz, S., «La génesis del mito antiespañol de la masonería borbónica en los años de la Restauración borbónica (1874-1923)», *REHMLAC*, 11, n. 1 (2019), pp. 99-116.

[228] Anderson, James (1973) [1723], *Las Constituciones de los masones libres, que contienen la historia, cargos, regulaciones, etc. de la más antigua y justa fraternidad venerable*, ed. Ligou, Daniel, Lauzeray International, París, p. 51.

[229] Raschke, Bärbel, «Las relaciones de las órdenes secretas andróginas con la masonería; documentos sobre "La Ordre des Hermites de bonne humeur en Sachsen-Gotha (1739-1758)"», en Agencia de Mujeres y Rituales en Órdenes Masónicas Femeninas y Mixtas, eds. Heidle, Alexandra y Snoek, Jan AM, Brill, Leiden, 2008, 21-22; 26.

[230] Chevallier, Pierre, *Les Ducs Sous L'Acacia ou les premiers pas de la Franc-Maçonnerie française 1725-1743*, Editions Slatkine, Ginebra, 1994, pp. 150-151.

[231] LIGOU, Daniel (ed.), *Dictionnaire de la Franc-maçonnerie*, PUF, París, 1991, 3a. ed., p. 454.

[232] SAUNIER, Eric (ed.), *Encyclopédie de la Franc-maçonnerie. Librairie Générale Française*, París, 2000, p. 8.

[233] GASPARD, Françoise, «Donne e Massoneria. ¿Masoneria femminile-massoneria feminista? El caso della Francia», en Ferrer-Benimeli, José A. y Mola, Aldo A., *La massoneria oggi*, eds. Foggia, Bastogi, 1991, 97.

[234] ÁLVAREZ-LÁZARO, Pedro, La masonería, escuela de formación del ciudadano. La educación interna de los masones españoles en el último tercio del siglo XIX, Universidad Pontificia Comillas, Madrid, 2012, 4.a ed., pp. 127-187.

[235] ÁLVAREZ-LÁZARO, Pedro, *Páginas de historia masónica*, Ediciones Idea, Santa Cruz de Tenerife, 2006, pp. 293-296.

[236] BGLE, Madrid, 15 y 30 de julio de 1884, p. 207.

[237] *Ibídem.*

[238] CAPEL-MARTÍNEZ, Rosa María, «La apertura del horizonte cultural femenino: Fernando de Castro y los congresos pedagógicos del siglo XIX», en Durán Heras, María A. y Capel-Martínez, Rosa M. (eds.), *Mujer y sociedad en España: 1700-1975*, Ed. Ministerio de Trabajo e Inmigración, Instituto de la Mujer, Madrid, 1986, p. 140.

[239] Boletín del 15 de julio de 1882, pp. 217-221.

[240] Diario *La Humanidad* (20 de mayo de 1883), p. 106.

[241] FERRER BENIMELI, José Antonio, «Las mujeres y la masonería española en el siglo XIX», *REHMLAC*, vol. 10, n. 2 (2018), pp. 157-193.

[242] Boletín Oficial del Gran Oriente Español, 28 de abril de 1893.

[243] VV. AA., *El espejo masónico* IV, n. 4 (febrero de 1873), pp. 99 y ss.

[244] ALMISAS ALBÉNDIZ, Manuel, *Paso a la mujer. Biografía de Amalia Carvia*, Ed. Suroeste, Cádiz, 2019, p. 454.

[245] BOURLARD, T., *Le petit abécedaire du féminisme selon Maria Deraismes*, Arthéme Fayard, París, 2013.

[246] *Boletín y Revista Masónica del Gran Oriente de España*, 15 de julio de 1882, p. 217.

[247] VV. AA., *Elenco de grandezas y títulos nobiliarios españoles*, Instituto Salazar y Castro CSIC, Madrid, 1968.

[248] PINEDO, Rebca Arce, Dios, *Patria y Hogar: la construcción social de la mujer española por el catolicismo y las derechas en el primer tercio del siglo XX*, Ed. Universidad de Cantabria, Santander, p. 56.

[249] Todas las masonas están representadas en la lista. DE LAS HERAS, A., «Banco de datos sobre la masonería española», en Ferrer Benimeli, J. A., *La masonería en la España del siglo XIX*, vol. 2, CEHME, Zaragoza, pp. 613-615.

[250] *La Humanidad* (20 de abril de 1890).

[251] Ferrer Benimeli, José Antonio, «Las mujeres y la masonería española en el siglo XIX», *REHMLAC* (2018), vol. 10, n. 2, pp. 157-193.

[252] Ramos, María Dolores, *Belén Sárraga o la República como emblema de la fraternidad universal*, Asociación de Historia Contemporánea, 4 de septiembre de 2011. Cfr. Pozuelo, Y., *300 años de masonería*, Ciudad de México, 2021, p. 190.

[253] Ramos, María Dolores, *Belén Sárraga: maestra, médica, periodista y propagandista anarquista*, CNT, Puerto Real.

[254] Almisas, Manuel, «La familia Carvia y la Facultad de Medicina: Una historia de librepensamiento y masonería en el Cádiz de finales del siglo XIX», *Cuadernos de Investigación y Fondos de Archivo*, UCA, CIFA (2), pp. 1-8.

[255] Del Moral, Marta, «Acción colectiva femenina republicana: Las damas rojas de Madrid (1909-1911). Una breve experiencia política», *Hispania* (2007), pp. 541-566.

[256] Correa Ramón, Amelina, «Plumas femeninas en "el fin de siglo": del ángel del hogar a la feminista comprometida: Emilia Serrano García», *Ojáncano, Revista de Literatura española*, Universiy of North Carolina, n. 18, pp. 61-96.

[257] Boletín del Gran Oriente Español (BOGOE) del 15 de agosto de 1892.

[258] Fernández de Riera, Macrino, *Rosario de Acuña en Asturias*, Ed. Trea, Gijón, 2005, pp. 19-20.

[259] Boletín de la logia Hijas de la Unión, n. 5, Gran Oriente Español, p. 190.

[260] Lacalzada de Mateo, María José, «Mercedes de Vargas y Rosario Acuña, el espacio privado, presencia pública y la masonería (1883-1891)», en A. Quies Faz y M. T. Sauret (coords.), *Prototipos e imágenes de la mujer en los siglos XIX y XX*, Universidad de Málaga, Málaga, 2002, pp. 41-72.

[261] Viñals, Carole, «Clara Campoamor en Buenos Aires (1938-1955): Un feminismo trasnacional», *Romace Studies* (2020), 38 (2), pp. 106-116.

[262] Nuñez Rey, Concepción, «Un puente entre España y Portugal: Carmen de Burgos y su amistad con Ana de Castro Osorio», ARBOR, 190, pp. 1-13.

[263] Alonso Seguí, Manuel, «La mujer en la masonería madrileña entre 1869 y 1939», *REHMLAC*, 11, n. 1 (2019), pp. 65-89.

[264] Ferrer Benimeli, José Antonio, «Los masones en la historia contemporánea española», en Ferrer Benimeli, J. A. (coord.), *La masonería. Historia 16*, Extra IV-1977, pp. 57-76.

[265] Ferrer Benimeli, José Antonio, *Jefes de Gobierno masones. España 1868-1936*, Madrid, 2007, pp. 253- 297.

[266] Sánchez Ferre, Pere, «Tradición iniciática y progreso en el cuerpo doctrinal de la masonería española», en J. A. Ferrer Benimeli (coord.), *La masonería en la España del siglo XX*, Toledo, 1996, vol. I, pp. 91-107.

[267] Boletín del GOE y Boletín de la logia Unión de Madrid.

[268] Sánchez Ferré, Pere, «Masonería y colonialismo», en *La Masonería Española (1728-1939)*, Exposición, Alicante-Valencia, 1989, pp. 81-90.

[269] Sánchez Ferré, Pere, «La revista Latomia y la logia Unión de Madrid», en Ferrer Benimeli, J. A., *La masonería en Madrid y en la España del siglo XVIII al XXI*, vol. 1, CEHME, Zaragoza, pp. 115-130.

[270] Romero Salvadó, Francisco, *Historical Diccionary of the Spanish Civil War*, Cambridge University Press, Cambridge, 2013, p. 351.

[271] Álvarez Junco, José, *El emperador del Paralelo*, Editorial RBA, 2011, p. 412.

[272] Domínguez Arriba, Javier, «The judeo masonic enemy in Francoist Propaganda: 1936-1945», en Small, Ch. (dd.), *Global antisemitism: Past and Present, IFTSGAP*, Oxford, pp. 63-70.

[273] https://www.libertaddigital.com/cultura/historia/2019-10-11/jesus-lainz-el-decano-republicano-88970/.

[274] Ley de Represión de la Masonería y el Comunismo, 1 de marzo de 1940.

[275] Álvarez Rey, Leandro, *Los diputados por Andalucía de la Segunda República, 1931-1939*, CEA, Sevilla, pp. 317-327.

[276] Morales Benites, Antonio, *Prensa, masonería y republicanismo. Manuel Moreno Mendoza (1862-1936) y la masonería jerezana*, Servicio de Publicaciones del Ayuntamiento, Jerez de La Frontera, 2008.

[277] Cruz Orozco, José Ignacio, «Los diputados masones en las Cortes de la II República (1931-1936)», en Ferrer Benimeli, J. A. (ed.), *Masonería, política y sociedad*, CEHME, Zaragoza, 1989, pp. 165-190.

[278] Tusell Gómez, Javier, Ruiz Manjón, Octavio y García Queipo de Llano, Genoveva, «Apéndices: los resultados electorales», *Revista de derecho político*, 13 (1981-1982), UNED, Madrid, pp. 237-270.

[279] Ortiz Villalba, Juan, «La persecución durante la Guerra Civil y la posguerra», *Masonería, política y sociedad*, CEHME, Zaragoza, vol. II, 1987, pp. 665-667.

[280] Cuenca Toribio, Manuel, *Parlamentarismo y antiparlamentarismo en la España contemporánea*, Congreso de los Diputados, Madrid, 1995.

[281] Lladó, Albert, «Cien años sin Ferrer Guardia», *Revista de Letras* 14 (2009).

[282] Tusquets, Joan, *Habíamos ganado la guerra*, Ediciones Bruguera, Barcelona, 2007, p. 147.

[283] Frases de la cultura popular durante la dictadura franquista.

[284] Alvarado Planas, Javier, *Masones en la nobleza de España*, La Esfera de los Libros, Madrid, 2016, pp. 315-325.

[285] Morales Ruiz, Juan José, *La publicación de la ley de la represión de la masonería en la España de postguerra*, Institución Fernando el Católico, Zaragoza, 1992, p. 328.

[286] Moreno Gámez, Francisco, «La masonería bajo la dictadura franquista», en *La Masonería Española (1728-1939). Exposición*, Alicante-Valencia, 1989, pp. 137-144.

[287] Según Alonso, Manuel, *La masonería madrileña en la primera mitad del siglo XX*, Sanz y Torres, Madrid, 2019, p. 128.

[288] AHN, 381-384 o 612A-10.

[289] Valín Fernández, Alberto, «La masonería y los militares en la historia de España», *Anuario Brigantino*, 27 (2004), pp. 223-242.

[290] Expediente de Luis Sala n, 19, Legajo 133.

[291] Paz Sánchez, Manuel, *Historia de la francmasonería en Canarias (1739-1936)*, Santa Cruz de Tenerife, Idea.

[292] *Revista Presencia*, 543 (diciembre de 1980).

[293] La causa n. 38466 del Juzgado Especial.

[294] Preston, Paul, *El Gran manipulador. La mentira cotidiana de Franco*, Ediciones B, 2008.

[295] Esto lo apuntan los legajos del Archivo Histórico Nacional, en la sección de Salamanca.

[296] Cfr. Archivo Histórico de la Gran Logia Española en los expedientes 22A, Legajo 184.

[297] Como apunta el canon 2336 del Código Canónico.

[298] Ferrer Benimeli, José Antonio, *El contubernio judeo-masónico-comunista: del satanismo al escándalo de la logia P-2*, Itsmo, Madrid, 1982.

[299] Discurso televisado del papa Francisco.

[300] Núñez Rivero, Cayetano, «La masonería y la Segunda República española: 1931-1939», *Estudios de Deusto* (enero-junio de 2017), pp. 243-270.

[301] Cfr. Boletín Gran Logia Española.

[302] Vidal, César, *Los masones*, Editorial Planeta, Barcelona, 2005, p. 300.

[303] Hurtado, Amador, *La masonería, hoy. Papeles de la Masonería IV*, CIEM, Madrid, 2010, p. 19.

[304] *Gaceta de Madrid* (15 de abril de 1931).

[305] Alvarado Planas, Javier, «La masonería en las bases militares norteamericanas durante el franquismo: la logia Liberty n. 70 de Torrejón de Ardoz en Madrid (1960-1992)», en J. M. Delgado e Y. Pozuelo, *La masonería hispano-lusa y americana. De los absolutismos a las democracias (1815-2015)*, vol. II, Oviedo, 2017, pp. 671-684.

[306] Martínez Chávez, Eva Elizabeth, «Juristas masones del exilo republicano español», en Soberanes Fernández, José Luis y Martínez Moreno, Carlos Francisco, *Masonería y sociedades secretas en México*, UNAM, Ciudad de México, 2018, pp. 365-385.

[307] Ferrer Benimeli, José Antonio, *La masonería española: La historia en sus textos*, Itsmo, Madrid, 1996, pp. 173-174.

[308] Ferrer Benimeli, José Antonio, «Los masones en la historia contemporánea española», en José A. Ferrer Benimeli (coord.), *La masonería, Historia 16*, Extra IV-noviembre de 1977, pp. 57-76. Cfr. Ferrer Benimeli, José Antonio, *La masonería española: La historia en sus textos*, Itsmo, Madrid, 1996, pp. 11-16.

[309] *ABC* (24 de diciembre de 1975), p. 10.

[310] *ABC* (9 de noviembre de 1977), p. 27.

[311] Recurso de apelación en el Tribunal Supremo. Sala Contencioso Administrativo. Sección 1a., sala 4a. Fallo de la sentencia, publicado el 28 de junio de 1979. *ABC* (9 de noviembre de 1977), p. 27.

[312] Rodríguez, Pepe, *Masonería al descubierto: del mito a la realidad*, Ediciones Temas de Hoy, Madrid, pp. 117-135.

[313] Sánchez Ferre, Pere, *La masonería y los masones del siglo XX. Los pasos perdidos*, MRA Ediciones, Barcelona, 2012, p. 300.

[314] Gran Logia de España, *Guía de acogida. Reglas y principios de trabajo en la francmasonería de tradición*, Ed. Gran Logia de España, Barcelona, 2011, p. 42.

[315] Fernández, Ricardo, «El Gran Oriente de Francia», *Revista cultural masónica*, 28 (2017), pp. 43-48.

[316] Federación española del DH: www.elderechohumanoorg/web.

[317] GLSE: glse.org/logias.

[318] Presmanes García, Rosa Elvira, *La masonería femenina en España*, Catarata, Madrid, 2012, pp. 296-297.

[319] Planas Rufino, Patricia, «Masonería femenina: ¿masonería para mujeres o mujeres en masonería?», *Revista Cultura Masónica*, 28 (enero de 2017), pp. 31-40.

[320] Marcos Garzón, Álvaro y Caramés Lage, José Luis, «Gran Oriente Ibérico», *Revista de Cultura Masónica*, 24 (enero de 2016).

[321] VV. AA., «El futuro de la masonería», *Revista Cultura Masónica*, 24, (enero de 2016), p. 152.

[322] Jato, Miguel, «Reflexiones sobre el rito de Menfis ante el tercer centenario», *Revista de Cultura Masónica*, 28 (enero de 2017), pp. 61-66.

[323] Cotte, Roger, «La música masónica», en Ferrer Benimeli, J. A. (coord.), *La Masonería, Historia 16*, Extra IV-Noviembre de 1977, pp. 119-128.

[324] Alvarado Planas, Javier, *Apercepciones sobre la iniciación masónica*, Ed. Masónica, Madrid, 2019, pp. 181-212.

[325] Maistre, Josep, *Memoria inédita al duque de Bruswick*, Masónica, Oviedo, 2014.

[326] Alvarado Planas, Javier, «La masonería en las bases militares norteamericanas durante el franquismo: La logia Liberty n.º 70 en Torrejón de Ardoz (Madrid) 1960-1992», en Pozuelo, Y., *La masonería hispano-lusa*

y americana. De los absolutismos a las democracias (1815-2015), vol. II, CEHME, Zaragoza, 2017, pp. 671-684.

[327] Declaración de Juan Bautista Masuco, PABI, 2006-3, pp. 1-24: http://worldcat.org/identities/np- masuco,%20juan%20bautista.

[328] Cryer, N. B., «Le Franc-Maçonnerie Anglaise I», en Marx, J., *Maçonnerie, Maçonneries*, Ed. Université de Bruxelles, Bruselas, 1990, p. 104. Hiériet, P., *Atuendos de los francmasones. Museo de la francmasonería*, París, 2001, pp. 41-48.

[329] Cfr. Aznar Gil, Francisco, «La Iglesia católica y la masonería: ¿incompatibilidad teológica?», en Ferrer Benimeli, J. A., *Masonería y religión. Convergencias, oposición, ¿incompatibilidad?*, Madrid, 1996, pp. 204-229.

[330] Canon 1373 del Código Canónico de 1983.

[331] Gil González, Fernando, *Los ritos masónicos en la Europa ilustrada*, Ed. Masónica, Oviedo, 2019, p. 164.

[332] Enríquez del Árbol, Eduardo, «El pensamiento masónico-político de Sagasta como gran maestro del Gran Oriente de España (1876-1881)», en J. A. Ferrer Benimeli (coord.), *La masonería española en la época de Sagasta. XI Symposium Internacional de Historia de la Masonería Española*, vol. I, Logroño, 2007, pp. 369-399.

[333] Archivo Histórico Nacional, Sección Guerra Civil, Salamanca, leg. 537 A, exp. 5.

[334] Norman, Louis Françoise, *The Shock of the Ancient: Literature and History in Early Modern France*, Chicago University Press, Chicago, 2011, p. 116.

[335] Cassard, André, *Histoire Pittoresque de la Franc Maçonnerie et des societés secrètes ancienes et modernes*, Ed. Pagmerre, París, 1843, pp. 77-78.

[336] Terrasson, Jean, *Sethos, histoire, ou Vie tirée des monumens, anecdotes de l'ancienne Égypte*, Libro III, París, 1731, p. 182.

[337] Rele, Giovanni y Antiseri, Darío, *Historia del pensamiento filosófico y científico*, vol. 1: Antigüedad y Edad Media, Editorial Herder, Milán, 2010, p. 46.

[338] Pozuelo Andrés, Yvan, «La masonería: ¿una organización discreta? Cuestión de definición», *REHMLAC*, vol. I, n. 2 (2009), pp. 72-74.

[339] Cassard, André, *Histoire Pittoresque de la Franc Maçonnerie et des societés secrètes ancienes et modernes*, *op. cit.*, p. 93.

[340] Más Torres, Salvador *et al.* (eds.), *La República*, Ed. Akal, Madrid, 2009, p. 654.

[341] Es una sustancia que altera psicológicamente las funciones de los seres humanos. Cfr. Hom., *Od.*, X, 234.

[342] Sala, Cécile, «La sociabilidad masónica francesa en la encrucijada de las fronteras fraternales y profanas: El ejemplo de la ciudad de Perpignan en el siglo XVIII», *REHMLAC*, vol. I, n. 2 (2009), p. 16.

[343] Langlet, Philip, *Les deux colonnes de la Francmaçonnerie: La pierre et le sable* (Tesis doctoral inédita), Ed. Universidad de Limoges, Limoges, 2008, pp. 90-93.

[344] Huckvale, David, *Ancient Egypt in the Popular Imagination: Building a Fantasy in Film, Literature, Music and Art*, Mcfarland & Co Inc., Londres, 2012, p. 89.

[345] Sedillon, M. Louis, «Les Professeurs de Mathemátiques et de Physique Générale au Collège de France», extracto del *Bulletino de Bibliografía e di Storia delle Science Mathematiche e Fisiche*, t. II (agosto-diciembre de 1869), Roma, 1869, p. 140.

[346] Nornam, Louis Francoise, *The Sock of the Ancient: Literature and History in Early Modern France*, Chicago University Press, Chicago, 2011, p. 116.

[347] Assaman, Jan, *La flauta mágica: Ópera y misterio*, Akal Música, Madrid, 2005, p. 134. Padró, Josep, *Historia del Egipto faraónico*, Alianza Editorial, Madrid, 1999, p. 426. Moyer, I. S., *Egypt and the limits of the hellenism*, Cambridge University Press, Londres, 2011, p. 73. Terrasson, J., *Sethos, histoire, ou Vie tirée des monumens, anecdotes de l'ancienne Égypte, op. cit.*, libro I, 1731, pp. 2-6.

[348] Terrasson, J., *Sethos, histoire, ou Vie tirée des monumens, anecdotes de l'ancienne Égypte, op. cit.*, libro I, 1731, pp. 8-14.

[349] Portal, Frédéric, *Les symboles des Égytiens compareaux a ceux des hébreaux*, Librerie Orientale de Madame V. Dondey-Dupré, París, 1840, p. 12.

[350] Nègrier, Françoise, *Textes fundateurs de la tradition maçonnique, 1390-1760*, París, 1995, p. 381.

[351] Vail, Carlos, *Los misterios antiguos y la masonería moderna*, Ed. R. Maynadé, Barcelona, 1938, p. 30.

[352] Wirth, Oscar, *El simbolismo hermético y su relación con la alquimia y la francmasonería*, Biblioteca UPASIKA, Colección Masonería, Santiago de Chile, 1910, p. 36.

[353] Guénon, René, *Iniciación y realización espiritual*, Ed. Sanz y Torres, Madrid, 2008, p. 140.

[354] Terrasson, Jean, *Sethos, histoire, ou Vie tirée des monumens, anecdotes de l'ancienne Égypte, op. cit.*, libro II, 1731, pp. 85-89.

[355] Cfr. en Boucher de la Richarderie, *Sethos... Notice*, 1813, pp. 5-13.

[356] Alvarado, Javier, «Saberes translaticios: la leyenda de las dos columnas prediluvianas», *Glossae European Journal of Legal History*, 10 (2013), pp. 57-58; Terrasson, Jean, *Sethos, histoire, ou Vie tirée des monumens, anecdotes de l'ancienne Égypte, op. cit.*, libro I, 1731, pp. 94-97.

[357] Cfr. ostraca de un poblado de artesanos en Deir-el Medina. En ella se prohíbe la no revelación del conocimiento de los secretos. Hornung, Erik, *El Uno y los Múltiples*, Ed. Trotta, Biblioteca de Ciencias bíblicas y orientales, Madrid, 1999, p. 85.

[358] Terrasson, Jean, *Sethos, histoire, ou Vie tirée des monumens, anecdotes de l'ancienne Égypte, op. cit.*, libro I, 1731; libro II, pp. 132-142.

[359] Carr, Henri, *The Institution of Freemasons. The Early Masonic Catechism*, 1963, pp. 83-86.

[360] Polo, Ricardo, *El protector. Una aproximación diferente a los orígenes de la masonería*, Editorial Masónica, Oviedo, 2010, pp. 197-198; Hall, M. P., *The lost keys of Free-Masonry*, Ed. Philosophical Research Society, L. A. (California, EE. UU.), 2000, p. 137. Cfr. Bogdan, Henrik, *An Introducing of High Degrees of Free Masonry*, Heredom, vol. 14, 2006, pp. 1-40; Guénon, René, *Iniciación y realización espiritual, op. cit.*, 2008, p. 90. Ragón, Jean Marie, *Curso filosófico de las iniciaciones antiguas y modernas, op. cit.*, 1930, p. 11.

[361] Terrasson, J., *Sethos, histoire, ou Vie tirée des monumens, anecdotes de l'ancienne Égypte, op. cit.*, 1731, libro III, pp. 159-176. Localizado en Hom., *Od.*, Canto XI. Cfr. Homero, *La Odisea*, Akal, Madrid, 1989, p. 384.

[362] Ferrer Benimeli, José Antonio, *La masonería en el siglo XVIII*, Editorial Siglo XXI, 1986, p. 77.

[363] Terrasson, Jean, *Sethos..., op. cit.*, libro III, 1731, 1986, pp. 186-187; Lafiteau, Josep Françoise, *Moers de los Salvages ameriquains: comparées aux Moers des premiérs temps*, t. I, París, 1724, p. 313; Anónimo, *El verdadero francmasón*, Imprenta D. P. Becume, Burdeos, 1825, p. 17. Terrasson, Jean, *Sethos..., op. cit.*, libro III, 1731, pp. 194-196; Desaguliers, René, *Reinasssance Traditionelle*, 47 (julio de 1981), p. 161; Terrasson, Jean, *Sethos..., op. cit.*, libro III, 1731, pp. 197-203; *Ibídem*, p. 208. Ceremonias mistéricas romanas. La Tierce, Louis Franóise, *Histoire, Obligations et Status de la Tres Venerable Confraternité des Francmaçons*, Libreries de Sciences Ocultes W. N. Schors, Ámsterdam, 1747, pp. 80-86.

[364] Banier, Antoine, *Origine del fables*, t. 2, París, 1724, p. 266; Terrasson, Jean, *Sethos..., op. cit.*, libro III, 1731, pp. 210-222; Langlet Philip, *Textes foundateurs de la franc-maçonnerie, 1390-1760*, París, pp. 175-180; Terrasson, Jean, *Sethos..., op. cit.*, libro IV, 2006, pp. 242-287.

[365] Koselleck, Reinhart, *Crítica y crisis. Un estudio sobre la patogénesis del mundo burgués*, Madrid, 2007, pp. 64-73.

[366] Stevenson, David, *The Origins of the Freemasonry: Scotland's Century, 1590-1710*, Cambridge University Press, Londres, 1988, p. 247. Terrasson, Jean, *Sethos..., op. cit.*, libro IV, 1731, pp. 303-304. Anónimo, *Textos franceses divulgativos 1736-1748, op. cit.*, 2012, p. 275. Traducción del autor del libro. Cfr. Gil González, Fernando, *La represión de las formas de sociabilidad*, Ed. UNED, Madrid, p. 617.

[367] Terrasson, Jean, *Sethos..., op. cit.*, libro IV, 1731, pp. 307-309.

[368] Knoop, Douglas y Carr, Henry, *The Early Masonic Catechism*, Manchester University Press, Manchester, 1963, p. 243.

[369] Terrasson, Jean, *Sethos..., op. cit.*, libro V, 1731, p. 440.

[370] *Ibídem*, pp. 167-170.

[371] Anónimo, *Jachin and Boaz*, Ed. Phographic Sciences Corporation, Londres, 1984, pp. 1-7. Cfr. Terrasson, Jean, *Sethos...*, *op. cit.*, libro V, 1731, pp. 365-400.

[372] Beaurepaire, Pierre Yves, «Le temple masonnique: Un espace de paix religieuse et de dialogue interconfessionel dans l'Europe del siécle XVIII», *Review Socio Anthropologie*, 17-18 (2006).

[373] Terrasson, Jean, *Sethos...*, *op. cit.*, libro VI, 1731, p. 478.

[374] *Ibídem*, pp. 500-578.

[375] Platón, *República*, Ed. Espasa-Calpe, Madrid, 1971, p. 9.

[376] Simon, Jacques, *Rituel des trois premiers degrés selon les cahiers*, Editions de La Hutte, París, 2010, pp. 15-48.

[377] Ward, Eric, «The Birth of Freemasonry», *A.Q.C.*, 91 (1978), pp. 76-86.

[378] Terrasson, Jean, *Sethos...*, *op. cit.*, libro VI, 1731, p. 579.

FUENTES HISTÓRICAS Y DOCUMENTALES

ABC, 24 de diciembre de 1975, p. 10.

ABC, 9 de noviembre de 1977, p. 27.

A.H.N. (Archivo Histórico Nacional).

Centro Documental de la Memoria Histórica.

CDMH, Masonería, Sección Especial, Legajo n. 56-A, Expediente n. 2. CDMH, Masonería, Sección Especial, Legajo n. A-737, Expediente n. 4, Subexpediente n. 9.

C.D.M.H., Masonería, Sección Especial, Legajo n. A-626, Expediente n. 8, Subexpediente n. 1, Boletines Oficiales y Revistas Masónicas.

Boletín Oficial del Gran Oriente de España. Madrid, 5 de mayo de 1876. Boletín Oficial del Gran Oriente Español. Madrid, 15 de julio de 1889, n. 2. Boletín Oficial del Grande Oriente Español. Madrid, noviembre de 1894, n. 2.

Diario de Sesiones, Congreso de los Diputados. Miércoles, 14 de noviembre de 1894, n. 3. Diario de Sesiones, Congreso de los Diputados. Lunes, 1 de febrero de 1904, n. 1.

Encíclica *Humanum genus*, emitida, sancionada y publicada por León XIII el 20 de abril de 1884.

Ley de 1 de marzo de 1940 sobre Represión de la Masonería y del Comunismo, n. 62.

Ley de Asociaciones de 1887. Publicada en la *Gaceta de Madrid* 193. Martes, 12 de julio de 1887.

Legislación del Estado de la Ciudad del Vaticano. León XXIII, Encíclica *Humanum genus*, 20 de abril de 1884. Diario de Sesiones del Congreso de los Diputados.

Legislación de España. Revista *La Luz de la Verdad*, 16, 30 de agosto de 1891.

BIBLIOGRAFÍA

AGUADO-HIGÓN, Ana, «Los feminismos: movimientos sociales y teorías críticas en la España contemporánea», en De la Calle-Velasco, María D. y Redero-San Román, Manuel (eds.), *Movimientos sociales en la España del siglo XX*, Ediciones Universidad de Salamanca, Salamanca, 2008.

ALVARADO PLANAS, Javier, «Saberes translaticios: la leyenda de las dos columnas prediluvianas», *Glossae European Journal of Legal History*, 10 (2013), pp. 57-58.

—, «La masonería en las Bases militares norteamericanas durante el franquismo: la logia Liberty n.º 70 de Torrejón de Ardoz en Madrid (1960-1992)», en J. M. Delgado e Y. Pozuelo, *La masonería hispano-lusa y americana. De los absolutismos a las democracias (1815-2015)*, vol. II, Oviedo, 2017, pp. 671-684.

—, *Monarcas masones y otros príncipes de la Acacia*, 2 vols., Dykinson, 2017, p. 1270.

—, *Masones en la nobleza de España. Una Hermandad de Iluminados*, La Esfera de los Libros, Madrid, 2016.

—, *Apercepciones sobre la iniciación masónica*, Ed. Masónica, 2019, p. 280.

ÁLVAREZ JUNCO, José, *El emperador del Paralelo: Lerroux y la demagogia populista*, Alianza Editorial, Madrid, 1990.

—, Mater Dolorosa. *La idea de España en el siglo XIX*, Taurus, Barcelona, 2001.

ÁLVAREZ LÁZARO, Pedro, *Krausistas, institucionistas y masones en la España del siglo XIX*, en Álvarez Lázaro, Pedro y Vázquez-Romero, José Manuel (eds.), *Krause, Giner y la Institución Libre de Enseñanza*, Universidad Pontificia Comillas, Madrid, 2005.

—, «Las Cámaras Giordano Bruno: un paradigma de anticlericalismo masónico decimonónico», en Ferrer Benimeli, José Antonio (coord.), *Masonería, política y sociedad. III Symposium de Metodología Aplicada a la Historia de la Masonería Española*, vol. I, Centro de Estudios Históricos de la Masonería Española, Zaragoza, 1989.

—, «Pluralismo masónico en España», en Ferrer Benimeli, José Antonio (coord.), *La masonería en la España del siglo XIX. Actas del II Symposium de Metodología Aplicada a la Historia de la Masonería Española*, vol. I, Junta de Castilla y León. Consejería de Educación y Cultura, Salamanca, 1987.

—, *La masonería. Escuela de formación del ciudadano: La educación interna de los masones españoles en el último tercio del siglo XIX*, Universidad Pontificia Comillas, Madrid, 1996.

—, *Páginas de historia masónica*, Ediciones Idea, Santa Cruz de Tenerife, 2006.

—, «La mujer masona española: una minoría marginada en un colectivo marginal», en Marín- Eced, Teresa y Pozo-Andrés, M. (eds.), *Las mujeres en la construcción del mundo contemporáneo*, Diputación Provincial, Cuenca, 2002a, pp. 137-156.

—, «Las escuelas laicas y racionalistas en la época fundacional del Ministerio de Instrucción Pública y Bellas Artes», en Álvarez Lázaro, Pedro (ed.), *Cien años de educación en España*, Ministerio de Educación, Cultura y Deporte, Madrid, 2002b, pp. 255-269.

—, «Mujer y masonería», *La Página*, XXI (1) (2009), pp. 71-95.

—, *La masonería, escuela de formación del ciudadano. La educación interna de los masones españoles en el último tercio del siglo XIX*, Universidad Pontificia Comillas, Madrid, 1996.

—, *Masonería y libre pensamiento en la España de la Restauración*, Universidad Pontificia Comillas, Madrid, 1985.

—, *La masonería, escuela de formación del ciudadano. La educación interna de los masones españoles en el último tercio del siglo XIX*, Universidad Pontificia Comillas, Madrid, 2012, 4.a ed.

Álvarez-Lázaro, Pedro y Paz-Sánchez, Manuel de, «Fuentes y documentos para la Historia de la Educación en su relación con la Masonería española. Historia de la educación», *Revista interuniversitaria*, 9 (1990), pp. 277-298.

Anderson, James, *Las Constituciones de los masones libres, que contienen la historia, cargos, regulaciones, etc. de la más antigua y justa fraternidad venerable*, 1723, ed. Ligou, Daniel, Lauzeray International, París, 1973.

Anónimo, *Textos franceses divulgativos 1736-1748*, 2012, p. 275. Traducción del autor del libro.

Anónimo, *Jachin and Boaz*, Ed. Phographic Sciences Corporation, Londres, 1984, pp. 1-7.

Arbeloa, Víctor Manuel, «Los socialistas españoles y la masonería», *Historia 16*, 35 (1979), pp. 37-48.

—, *Clericalismo y anticlericalismo en España (1767-1930), una introducción*, Editorial Encuentro, Madrid, 2009.

Artola, Miguel, *Partidos y programas políticos, 1808-1936*, Ediciones Aguilar, Madrid, 1977.

Assaman, Jan, *La flauta mágica: Ópera y misterio*, Akal Música, Madrid, 2005, p. 134.

Azaña Díaz, Manuel, *Memorias políticas y de guerra*, vol. I, Crítica, Barcelona, 1981, Barcelona; Edicions 62, 1990[4].

Banier, Antoine, *Origine des fables*, t. 2, París, 1724, p. 266.

Beaurepaire-Hernández, Pierre Yves, «Le temple masonnique: Un espace de paix religieuse et de dialogue interconfessionel dans l'Europe del siècle XVIII», *Review Socio Anthropologie*, 17-18, 2006.

—, *La república universal de los francmasones. Historia de una utopí* Universidad Pontifica Comillas, Madrid, 2017.

Bolado García, José, «Rosario de Acuña: palabra y testimonio en la causa de la emancipación femenina», en Ferrer Benimeli, José Antonio (coord.), *La masonería española y la crisis colonial del 98. Actas del VIII Symposium Internacional de Historia de la Masonería Española*, Centro de Estudios de la Masonería Española, Zaragoza, 1999.

Canal, Jordi, «Los instrumentos del infierno: masonería y judaísmo en la prensa carlista a finales del siglo XIX», en Ferrer Benimeli, José Antonio (coord.), *La masonería española en la época de Sagasta. Actas del XI Symposium Internacional de Historia de la Masonería Española*, vol. I, Centro de Estudios Históricos de la Masonería Española, Zaragoza, 2007.

Capel-Martínez, Rosa María, «La apertura del horizonte cultural femenino: Fernando de Castro y los congresos pedagógicos del siglo XIX», en Durán Heras, María A. y Capel-Martínez, Rosa M. (eds.), *Mujer y sociedad en España: 1700-1975*, Ministerio de Trabajo e Inmigración, Instituto de la Mujer, Madrid, 1986.

Carr, Harry, «The Institution of Freemasons», en *The Early Masonic Catechisms*, Manchester University Press, Manchester, 1963, pp. 83-86.

Cassard, André, *Histoire Pittoresque de la Franc Maçonnerie et des societés secrètes ancienes et modernes*, Ed. Pagmerre, París, 1843, pp. 77-78.

Chevallier, Pierre, *Les Ducs sous L'Acacia ou les premiers pas de la Franc-Maçonnerie française: 1725-1743*, Editions Slatkine, Ginebra, 1994.

Cierva y Peñafiel, Juan de la, *Notas de mi vida*, Instituto Editorial Reus, Madrid, 1955.

Cueva Merino, Julio de la, *Clericales y anticlericales: el conflicto entre confesionalidad y secularización en Cantabria (1875-1923)*, Servicio de Publicaciones de la Universidad de Cantabria, Santander, 1994.

Dardé Morales, Carlos, «Los partidos republicanos en la primera etapa de la Restauración: 1875-1900», en Jover Zamora, José María, *El siglo XIX en España: Doce estudios*, Planeta, Barcelona, 1974.

Delselmme, Paul, *Les écrivains francsmaçons de Belgique*, Bibliothèques de l'Université libre de Bruxelles, Bruselas, 2004.

Desmed, Roger, «Examen du problème de l'émancipation de la femme par la loge "Les Amis Philanthropes" vers 1860», *Revue de l'Université de Bruxelles. Franc-maçonnerie, Symboles, Figures, Histoire*, 3-4 (1977), 386-413.

Domínguez Arribas, Javier, «Juan Tusquets y sus Ediciones Antisectarias (1936-1939)», en Ferrer Benimeli, José Antonio (coord.), *La historia de la masonería, op. cit.*

—, *El enemigo judeo-masónico español en la propaganda franquista (1936-1945)*, Marcial Pons, Madrid, 2009.

Duarte, Ángel, *El republicanismo. Una pasión política*, Cátedra, Madrid, 2013. Ed. Universidad de Limoges, Limoges, 2008, pp. 90-93.

Enríquez del Árbol, Eduardo, «Un espacio de paz y progreso: la logia femenina "Hijas de la Regeneración n. 124" de Cádiz en el último tercio del siglo XIX», en Ramos-Palomo, María D. y Vera-Balanza, María T. (eds.), *Discursos, realidades, utopías: la construcción del sujeto femenino en los siglos XIX-XX*, Anthropos Editorial, Barcelona, 2002, pp. 373-398.

—, «La masonería española y la política: ¿objetivos comunes?», en Ferrer Benimeli, José Antonio (coord.), *Masonería, política y sociedad. III Symposium de Metodología Aplicada a la Historia de la Masonería Española*, vol. I, Centro de Estudios Históricos de la Masonería Española, Zaragoza, 1989.

Escudero, José Antonio, «Las sociedades secretas ante la legislación española del siglo XIX», en Ferrer Benimeli, José Antonio (coord.), *Masonería, política y sociedad. III Symposium de Metodología Aplicada a la Historia de la Masonería Española*, vol. I, Centro de Estudios Históricos de la Masonería Española, Zaragoza, 1989.

Fagoaga, Concepción, «De la libertad a la igualdad: laicistas y sufragistas», en Segura, Cristina y Nielfa, Gloria (eds.), *Mujeres y hombres en la historia. Homenaje a María Carmen García-Nieto*, Ediciones del Orto, Madrid, 1996, pp. 171-198.

Fernández, Ricardo, «El Gran Oriente de Francia», *Revista Cultural Masónica*, 28 (2017), pp. 43-48.

Ferrer Benimeli, José Antonio, *La masonería en el siglo XVIII*, Editorial Siglo XXI, Madrid, 1986.

—, «El Dr. Luis Simarro y la masonería», en Samaniego Boneu, Mercedes y Arco López, Valentín, *Historia, Literatura, Pensamiento: Estudios en Homenaje a María Dolores Gómez Molleda*, vol. I, Universidad de Salamanca, Salamanca, 1990.

—, «El krausoinstitucionismo, la masonería y el librepensamiento», en Suárez Cortina, Manuel (coord.), *Libertad, armonía y tolerancia: La cultura institucionista en la España contemporánea*, Editorial Tecnos, Madrid, 2011.

—, «España y el Congreso Antimasónico de Trento», en Ídem (coord.), *La masonería española y la crisis colonial del 98. Actas del VIII Symposium Internacional de Historia de la Masonería Española*, Centro de Estudios de la Masonería Española, Zaragoza, 1999.

—, «Masonería española. Siglos XIX y XX», *Tiempo de Historia*, 11, año I (1975), pp. 4-30.

—, «Práxedes Mateo Sagasta, gran maestre de la masonería», en Ídem (coord.), *La masonería española en la época de Sagasta. Actas del XI Symposium*

Internacional de Historia de la Masonería Española, vol. I, Centro de Estudios Históricos de la Masonería Española, Zaragoza, 2007.

—, *Jefes de Gobierno masones: España 1868-1936*, La Esfera de los Libros, Madrid, 2007.

—, *La masonería actual*, Editorial AHR, Barcelona, 1977.

—, *La masonería española en el siglo XVIII*, Historia Siglo XXI, Madrid, 1974.

—, *Masonería, Iglesia e Ilustración: Un conflicto ideológico-político-religioso*, Fundación Universitaria Española, Madrid, 1976: Vol. I: *Las bases de un conflicto (1700-1739)*. Vol. IV: *La otra cara del conflicto. Conclusiones y bibliografía.*

Gabriel, Pere, «Las naciones de los republicanos y la batalla de los símbolos en España», en Suárez Cortina, Manuel y Ridolfi, Maurizio (eds.), El Estado y la nación: Cuestión nacional, centralismo y federalismo en la Europa del sur, Ediciones Universidad de Cantabria, Santander, 2013.

Gaspard, Françoise, «Donne e Massoneria. ¿Masoneria femminile-massoneria feminista? El caso della Francia», en Ferrer-Benimeli, José A. y Mola, Aldo A. (eds.), *La massoneria oggi*, Bastogi, Foggia, 1991, pp. 94-112.

Gil González, F., *¿Masonas en la Ilustración?*, Ed. Masónica.es, Oviedo, 2021.

—, *Inquisición: ¿decadencia, abolición o reconversión?*, Colex, A Coruña, 2020.

—, *La masonería en la Ilustración. ¿Sociedad secreta o con secretos?*, Cyan, Madrid, 2019.

—, *La represión de las nuevas formas de sociabilidad: Inquisición y masonería a través de procesos judiciales en el siglo XVIII*, UNED, Madrid, 2016.

—, *Los ritos masónicos de la Ilustración*, Ed. Masónica.es, Oviedo, 2019.

—, *Masonería y Sociedad de Naciones*, Amarante, Salamanca, 2023.

Gil González, F. et al., *La masonería: Mito e historia*, Universidad de Sevilla, Sevilla, 2020.

GLSE: web: glse.org/logias.

Gómez Molleda, María Dolores, *La masonería en la crisis española del siglo XX*, Taurus, Madrid, 1986.

Gómez Ochoa, Fidel, «El conservadurismo canovista y los orígenes de la Restauración: la formación de un nuevo conservadurismo moderno», en Suárez Cortina, Manuel (ed.), La Restauración, entre el liberalismo y la democracia, Alianza Editorial, Madrid, 1997.

González Hernández, María Jesús, *Ciudadanía y acción. El conservadurismo maurista, 1907-1923*, Siglo XXI, Madrid, 1990.

González Neira, Aquilino, *Rosario de Acuña: Masonería y anticlericalismo burgués*, Eikasia Ediciones, Oviedo, 2005.

Gran Logia de España, *Guía de Acogida. Reglas y Principios de Trabajo en la Francmasonería de Tradición*, Ed. Gran Logia de España, Barcelona, 2011.

Guénon, René, *Iniciación y realización espiritual*, Ed. Sanz y Torres, Madrid, 2008, p. 140.

Guingue, Christian, *Les grands textes maçonniques. Poésie publiée en 1737: Les Francmaçons, songe. De la Maçonnerie d'Adoption*, 2014: http://www.guigue.org/priv/guitex12.htm.

Hall, Morgan C., *Alfonso XIII y el ocaso de la monarquía liberal, 1902-1923*, Alianza Editorial, Madrid, 2005.

Hidalgo Nieto, Victoria, «Masonería y libertad de asociación», en Ferrer Benimeli, José Antonio (coord.), *La masonería en la España del siglo XIX. Actas del II Symposium de Metodología Aplicada a la Historia de la Masonería Española*, vol. II, Junta de Castilla y León. Consejería de Educación y Cultura, Salamanca, 1987.

Hotinguer-Craig, Sylvia, «Un contexto para una masona, librepensadora, feminista y republicana: Belén de Sárraga (1872-1950)», *REHMLAC. Revista de Estudios Históricos de la Masonería*, 5, (1) (2013), pp. 141-164: http://rehmlac.com/recursos/vols/v5/n1/rehmlac.vol5.n1- shottinger.pdf.

Huckvale, David, *Ancient Egypt in the Popular Imagination: Building a Fantasy in Film, Literature, Music and Art*, McFarland & Co, Jefferson, 2012.

Jorge Torres, Abilio, *La masonería en la sociedad riojana, 1869-1939*, Universidad de la Rioja, Instituto de Estudios Riojanos, Logroño, 2015.

Juliá, Santos, *Historias de las dos Españas*, Taurus, Madrid, 2004.

—, *Vida y tiempo de Manuel Azaña, 1880-1940*, Taurus, Madrid, 2008.

Koselleck, Reinhart, *Crítica y crisis. Un estudio sobre la patogénesis del mundo burgués*, Trotta, Madrid, 2007, pp. 64-73.

Lacalzada de Mateo, María J., «Libertad, igualdad, humanismo: el perfil olvidado de Concepción Arenal», en Fagoaga, Concepción (ed.), *1898-1998. Un siglo avanzando hacia la igualdad de las mujeres*, Dirección General de la Mujer, Madrid, 1999, pp. 45-75.

—, *Mujeres en masonería*, Clavell Cultura, Barcelona, 2006.

—, *Concepción Arenal: mentalidad y proyección social*, Prensas Universitarias de Zaragoza, Zaragoza, 2012.

La Tierce, Louis Françoise, *Histoire, Obligations et Status de la Tres Venerable Confraternité des Francmaçons*, Libreries de Sciences Ocultes W. N. Schors, Ámsterdam, 1747, pp. 80- 86.

Lafiteau, Josep Françoise, *Moers des Salvages ameriquains: comparées aux Moers des premiérs temps*, t. I, París, 1724, p. 313.

Langlet, Philip, *Les deux colonnes de la Francmaçonnerie: La pierre et le sable* (Tesis doctoral inédita).

Ligou, Daniel (ed.), *Dictionnaire de la Franc-maçonnerie*, PUF, París, 1991[3].

López Casimiro, Francisco, «Aproximación a un catálogo de diputados masones durante la Restauración», *Boletín de la Real Academia de Extremadura de las Letras y las Artes*, t. XXI (2013), pp. 579-632.

—, «Diputados masones en el reinado de Alfonso XIII». *Isla de Arriarán: Revista Cultural y Científica*, 42-43 (2016), pp. 159-210.

Marcos Garzón, Álvaro y Caramés Lage, José Luis, «Gran Oriente Ibérico», *Revista de Cultura masónica*, 24 (enero de 2016).

Martín, Luis P., «Modelos y culturas políticas en la masonería española contemporánea», *Studia Histórica, Historia Contemporánea*, 23 (2005), pp. 83-102.

—, *Los arquitectos de la República: Los masones y la política en España, 1900-1936*, Marcial Pons Historia, Madrid, 2007.

Martínez Chávez, Eva Elizabeth, «Juristas masones del exilo republicano español», en Soberanes Fernández, José Luis y Martínez Moreno, Carlos Francisco (eds.), *Masonería y sociedades secretas en México*, UNAM, Ciudad de México, 2018, pp. 365-385.

Martínez López, Fernando, «Manuel Ruiz Zorrilla en el exilio. La protección de masones y republicanos franceses (1875-1895)», en Ferrer Benimeli, José Antonio (coord.), *La masonería española en la época de Sagasta. Actas del XI Symposium Internacional de Historia de la Masonería Española*, vol. II, Centro de Estudios Históricos de la Masonería Española, Zaragoza, 2007.

Más Torres, Salvador et al. (eds.), *La República*, Akal, Madrid, 2009, p. 654.

Mateo-Avilés, Elías, *Masonería, protestantismo, librepensamiento y otras heterodoxias en la Málaga del siglo XIX*, Diputación Provincial, Málaga, 1986.

Nash, Mary, *Mujer, familia y trabajo en España (1875-1936)*, Editorial Anthropos, Barcelona, 1983.

Nègrier, Françoise, *Textes fundateurs de la tradition maçonnique, 1390-1760*, París, 1995, p. 381.

Norman, Larry F., *The Shock of the Ancient: Literature and History in Early Modern France*, Chicago University Press, Chicago, 2011, p. 116.

Ortiz Albear, Natividad, «Masonería y feminismo en tiempos de Sagasta», en Ferrer Benimeli, José Antonio (coord.), *La masonería española en la época de Sagasta. Actas del XI Symposium Internacional de Historia de la Masonería Española*, vol. I, Centro de Estudios Históricos de la Masonería Española, Zaragoza, 2007.

—, *Mujeres masonas en España. Diccionario biográfico (1868-1939)*, Ediciones Idea, Santa Cruz de Tenerife, 2007.

Ortiz de Andrés, María Asunción, *Masonería y democracia en el siglo XIX: El Gran Oriente Español y su proyección político-social (1888-1896)*, Universidad Pontificia Comillas, Madrid, 1993.

Padró, Josep, *Historia del Egipto faraónico*, Alianza Editorial, Madrid, 1999, p. 426.

Pérez Casanova, Guillermo J., «Raemaekers y Picarol: la imagen del ejército alemán en la Gran Guerra desde una perspectiva aliadófila», en Gómez Ochoa, Fidel; Goñi Pérez, José María y Macías Fernández, Daniel (eds.),

La guerra: Retórica y propaganda (1860-1970), Biblioteca Nueva, Madrid, 2014.

PLANAS RUFINO, Patricia, «Masonería femenina: ¿masonería para mujeres o mujeres en masonería?», *Revista Cultura Masónica*, 28 (enero de 2017), pp. 31-40.

POLO, Ricardo, *El protector. Una aproximación diferente a los orígenes de la masonería*, Editorial Masonica.es, Oviedo, 2010, pp. 197-198.

POZUELO ANDRÉS, Yvan, «La masonería: ¿Una organización discreta? Cuestión de definición», *REHMLAC*, 2, vol. I (2009), pp.72-74.

PRESMANES GARCÍA, Rosa Elvira, *La masonería femenina en España*, Catarata, Madrid, 2012, pp. 296-297.

PRESTON, Paul, *El Holocausto español: Odio y exterminio en la Guerra Civil y después*, Debate, Barcelona, 2017.

PRIETO, Indalecio, *De mi vida: Recuerdos, estampas, siluetas, sombras*, 1956.

RABATÉ, Collete y RABATÉ, Jean Claude, *Miguel de Unamuno: Biografía*. Taurus, Madrid, 2009.

RAGON, Jean-Marie, *Manuel complet de la Maçonnerie d'Adoption ou Maçonnerie des Dames*, Collignon, libraire-éditeur, París, 1860.

RAMOS-PALOMO, María D., «Belén de Sárraga: una "obrera" del laicismo, el feminismo y el panamericanismo en el mundo ibérico», *Bética*, 28 (2006), pp. 689-708.

RAMOS-PALOMO, María D. y RODRÍGUEZ-LÓPEZ, Sofía, «Acción política y movimiento de mujeres durante el siglo XX», en Ramos-Palomo, María D. (ed.), *Andalucía en la historia. Reflexiones sobre política, trabajo y acción colectiva*, Centro de Estudios Andaluces, Sevilla, 2012, pp. 57-87.

RASCHKE, Bärbel, «Las relaciones de las órdenes secretas andróginas con la masonería; documentos sobre la Ordre des Hermites de bonne humeur en Sachsen-Gotha (1739-1758)», en Heidle, Alexandra y Snoek, Jan AM (eds.), *Agencia de Mujeres y Rituales en Órdenes Masónicas Femeninas y Mixtas*, Brill, Leiden, 2008.

RELE, Giovanni y ANTISERI, Darío, *Historia del pensamiento filosófico y científico*, vol. 1: *Antigüedad y Edad Media*, Herder, Milán, 2010, p. 46.

RÉVAUGER, Cécile, «Les femmes et la francmaçonnerie, des origines à nos jours», *REHMLAC. Revista de Estudios Históricos de la Masonería*, 4 (2) (2013), pp. 11-29: http:// revistas.ucr.ac.cr/index.php/REHMLAC/article/view/12154.

RODRÍGUEZ, Pepe, *Masonería al descubierto: del mito a la realidad*, Ediciones Temas de Hoy, Madrid, 2006, pp. 117-135.

RUEDA HERNANZ, Germán, *España, 1790-1900. Sociedad y condiciones económicas*, Ediciones Istmo, Madrid, 2006.

SAILLARD, Simone (ed.), *Leopoldo Alas Clarín: El hambre en Andalucía*, Prensas Universita ires du Mirail, Toulouse-Le Mirail, 2001.

SALA, Cécile, «La sociabilidad masónica francesa en la encrucijada de las fronteras fraternales y profanas», *REHMLAC*, 1 (2009), pp. 1-16.

SÁNCHEZ FERRÉ, Pere, *La masonería y los masones del siglo XX. Los pasos perdidos*, MRA Ediciones, Barcelona, 2012, p. 300.

—, «Las Constituciones de Anderson en España», *Revista de Historia de la Masonería Latinoamericana y Caribeña*, 2, vol. 8 (2017), pp. 37-48.

—, *La maçonería a Catalunya (1868-1936)*, Ediciones 62, Barcelona, 1990.

SANFELIU, Luz «Del laicismo al sufragismo. Marcos conceptuales y estrategias de actuación del feminismo republicano entre los siglos XIX y XX», *Pasado y Memoria. Revista de Historia Contemporánea*, 7 (2008), pp. 59-78.

SAUNIER, Eric (ed.). *Encyclopédie de la Franc-maçonnerie*, Librairie Générale Française, París, 2000.

SEDILLON, M. Louis, «Les Professeurs de Mathemátiques et de Physique Générale au Collège de France», Extrait du *Bulletino de Bibliografía e di Storia delle Science Mathematiche e Fisiche*, t. II (agosto-diciembre de 1869), Roma, 1869, p. 140.

SIMÓN-PALMER, María del Carmen, «Puntos de encuentro de las mujeres en el Madrid del siglo XIX», *Revista de dialectología y tradiciones populares*, 56 (1) (2001), pp. 183-202.

SOUCY, Dominique, *Masonería y nación: Redes masónicas y políticas en la construcción identitaria cubana (1811-1902)*, Ediciones Idea, Santa Cruz de Tenerife, 2006.

STEVENSON, David, *The Origins of the Freemasonry: Scotland's Century, 1590-1710*, Cambridge University Press, Londres, 1988, p. 247.

SUÁREZ CORTINA, Manuel, *La España liberal (1868-1917): Política y sociedad*, Editorial Síntesis, Madrid, 2006.

—, «Republicanismos y democracia en la España del siglo XIX», en Suárez Cortina, Manuel y Ridolfi, Maurizio (eds.), *El Estado y la nación: Cuestión nacional, centralismo y federalismo en la Europa del sur*, Ediciones Universidad de Cantabria, Santander, 2013.

—, *El gorro frigio. Liberalismo, democracia y republicanismo en la Restauración*, Sociedad Menéndez Pelayo, Madrid, 2000.

—, *El reformismo en España. Republicanos y reformistas bajo la monarquía de Alfonso XIII*, Siglo XXI, Madrid, 1986.

—, *Entre cirios y garrotes: Política y religión en la España contemporánea, 1808-1936*. Editorial de la Universidad de Cantabria, Santander: 2014.

TERRASSON, J., *Sethos, histoire, ou Vie tirée des monumens, anecdotes de l'ancienne Égypte*, 1731.

TURIN, Yvonne, *La educación y la escuela en España de 1874 a 1902: Liberalismo y tradición*, edición traducida por Josefa Hernández Alonso, Ediciones Aguilar, Madrid, 1967.

Tusell, Javier y Queipo de Llano, Genoveva G., *Alfonso XIII, el rey polémico*, Taurus, Madrid, 2001.

Tusquets, Juan, *La francmasonería, crimen de lesa patria*, Ediciones Antisectarias, Burgos, 1936.

Ureña, Enrique, *Krause, educador de la humanidad*, Universidad Pontificia Comillas, Madrid, 1991.

Vail, Carlos, *Los misterios antiguos y la masonería moderna*, Ed. R. Maynadé, Barcelona, 1938, p. 30.

Valdunciel, Laura, «Los Montes de Piedad recuperan protagonismo en España», en Ayala, J. C. (coord.), *Conocimiento, innovador y emprendedores: Camino al futuro*, Ed. Universidad de La Rioja, Logroño, 2007, pp. 748-757.

Varela Ortega, José, *Los amigos políticos: Partidos, elecciones y caciquismo en la Restauración (1875-1900)*, Marcial Pons Historia, Madrid, 2001.

Vidal, César, *Los masones, la sociedad secreta más influyente de la historia*, Editorial Planeta, Barcelona, 2005.

Villegas Sanz, M. José, «Aproximación a la ideología de los talleres masónicos madrileños del siglo XIX», en Ferrer Benimeli, José Antonio (coord.), *La masonería en la España del siglo XIX. Actas del II Symposium de Metodología Aplicada a la Historia de la Masonería Española*, vol. II, Junta de Castilla y León, Consejería de Educación y Cultura, Valladolid, 1987.

VV. AA., «El futuro de la masonería», *Revista Cultura Masónica*, 24 (enero de 2016), p. 152.

Walker, Donald J., *Spanish Women and the Colonial Wars of the 1890*, Louisiana State University Press, Baton Rouge, 2008.

Wirth, Oscar, *El simbolismo hermético y su relación con la alquimia y la francmasonería*, Biblioteca UPASIKA, Colección Masonería, Santiago de Chile, 1910, p. 36.

Zulueta, Luis de, *La oración del incrédulo: Ensayos sobre el problema religioso*, Biblioteca Nueva, Madrid, 1915.